新文科·普通高等教育人力资源管理专业系列教材

人事测评
——理论与方法

主　编　李　明　杨　倩
副主编　刘选会　赵卫星　刘佰明

西安交通大学出版社

内容简介

本书以人事测评的各种方法和实践应用作为核心内容，系统、详细地阐述了相关的测评原理、设计实施过程及相关应用，同时突出新技术对人事测评的影响以及大数据测评的应用。本书共分为十二章，涉及理论基础篇、测评方法篇、设计应用篇三篇，涵盖人事测评概述、人事测评基本原理、笔试、心理测验、面试、评价中心、人事测评指标体系的构建、人事测评的实施、人事测评质量分析、人事测评报告、人事测评的具体应用、VR大数据人事测评等内容。

本书既可以作为高等院校管理类专业学生的教材，也可以作为从事人事测评工作的管理者的参考书，还可以供企业作为人事测评的工具书使用。

图书在版编目(CIP)数据

人事测评：理论与方法 / 李明，杨倩主编. — 西安：西安交通大学出版社，2024.9. — ISBN 978-7-5693-3897-3

Ⅰ.D035.2

中国国家版本馆CIP数据核字第2024H9L582号

书　　名	人事测评——理论与方法
	RENSHI CEPING——LILUN YU FANGFA
主　　编	李　明　杨　倩
责任编辑	史菲菲
责任校对	柳　晨
封面设计	任加盟
出版发行	西安交通大学出版社
	（西安市兴庆南路1号　邮政编码710048）
网　　址	http://www.xjtupress.com
电　　话	(029)82668357　82667874(市场营销中心)
	(029)82668315(总编办)
传　　真	(029)82668280
印　　刷	西安日报社印务中心
开　　本	787mm×1092mm　1/16　印张 16　字数 377千字
版次印次	2024年9月第1版　2024年9月第1次印刷
书　　号	ISBN 978-7-5693-3897-3
定　　价	49.80元

如发现印装质量问题，请与本社市场营销中心联系。

订购热线：(029)82665248　(029)82667874
投稿热线：(029)82665379
读者信箱：511945393@qq.com

版权所有　侵权必究

前言 Foreword

随着经济全球化、产业转型以及大数据与人工智能等新兴技术的发展,企业所面临的外部环境日益复杂、竞争加剧,企业对人力资源管理与开发的专业化程度要求越来越高。人事测评作为人力资源管理与开发的技术基础,也需要更加科学合理,与时俱进。

本书以人事测评的理论、方法、应用为出发点,力图体现理论与实践、学术性与实用性相结合。每章通过"引导案例"引入主题,中间穿插示例介绍测评原理与方法在实践中的应用,章末设有"本章小结"与"复习思考题"供读者练习。

本书在编写过程中得到了企业导师的大力支持,是校企合作集体智慧的结晶。本书主要由西安工业大学李明副教授编写,杨倩教授、刘选会副教授参与了全书框架设计与校对工作。企业导师北京潜质大数据科学研究院常务院长、领途教育咨询(北京)有限公司 CEO(首席执行官)刘佰明,陕西润智考试服务有限责任公司杨兴,西安交通空间综合开发运营有限公司赵卫星参与了全书框架设计、案例选择等工作。

在编写过程中,我们参阅了国内多位专家学者的人力资源管理方面的著作或者译著,也参考了同行的相关教材和案例资料,在此向他们表示崇高的敬意和衷心的感谢。参考的文献和资料,已尽可能列示于参考文献。如有疏忽请指出,我们将在重印、再版时一并修订。

本书的编写毕竟是一种新的尝试,欠妥、遗漏甚至错误之处在所难免,我们真诚地希望广大读者不吝赐教。

编　者

2024 年 4 月

目录 Contents

第一篇　理论基础篇

第一章　人事测评概述 ··· 002
第一节　人事测评相关概念释义 ·· 003
第二节　人事测评的类型与原则 ·· 006
第三节　人事测评的历史与发展 ·· 010

第二章　人事测评基本原理 ··· 018
第一节　个体与岗位差异理论 ··· 018
第二节　人岗匹配理论 ··· 021
第三节　人事测评可测理论 ·· 023
第四节　测量理论 ·· 025

第二篇　测评方法篇

第三章　笔　试 ·· 032
第一节　笔试概述 ·· 033
第二节　笔试的实施流程 ·· 036
第三节　笔试设计 ·· 041
第四节　笔试的题型与编制 ·· 045

第四章　心理测验 ··· 054
第一节　心理测验概述 ··· 055
第二节　心理测验的组织实施 ··· 060
第三节　能力测验 ·· 064
第四节　成就测验 ·· 071
第五节　人格测验 ·· 073
第六节　职业兴趣测验 ··· 078

第五章　面　试 ·· 083
第一节　面试概述 ·· 084
第二节　面试试题的编制 ·· 089
第三节　面试的规范化流程 ·· 092

第四节　面试的方法与技巧 ………………………………………………… 098

第六章　评价中心　106
　　第一节　评价中心概述 ……………………………………………………… 107
　　第二节　公文筐测试 ………………………………………………………… 113
　　第三节　无领导小组讨论 …………………………………………………… 122
　　第四节　其他测评技术 ……………………………………………………… 135
　　第五节　评价中心设计和实施 ……………………………………………… 140

第三篇　设计应用篇

第七章　人事测评指标体系的构建　146
　　第一节　人事测评指标体系概述 …………………………………………… 147
　　第二节　人事测评指标设计的原则和基本方法 …………………………… 150
　　第三节　人事测评指标体系设计步骤 ……………………………………… 154
　　第四节　人事测评指标体系应用示例 ……………………………………… 160

第八章　人事测评的实施　163
　　第一节　人事测评方法的选择与设计 ……………………………………… 164
　　第二节　人事测评方法的设计应用 ………………………………………… 170
　　第三节　人事测评实施流程 ………………………………………………… 174

第九章　人事测评质量分析　181
　　第一节　人事测评的误差分析 ……………………………………………… 181
　　第二节　人事测评误差的控制 ……………………………………………… 184
　　第三节　信　度 ……………………………………………………………… 186
　　第四节　效　度 ……………………………………………………………… 191

第十章　人事测评报告　197
　　第一节　人事测评报告概述 ………………………………………………… 198
　　第二节　人事测评报告的撰写 ……………………………………………… 201
　　第三节　人事测评报告的分析与应用 ……………………………………… 208

第十一章　人事测评的具体应用　211
　　第一节　各类岗位人员的人事测评 ………………………………………… 212
　　第二节　新技术对人事测评的影响 ………………………………………… 222

第十二章　VR大数据人事测评　230
　　第一节　VR大数据人事测评概述 …………………………………………… 231
　　第二节　VR大数据人事测评报告解读 ……………………………………… 238
　　第三节　VR大数据人事测评的应用 ………………………………………… 247

参考文献　249

第一篇

理论基础篇

第一章 人事测评概述

学习目标

1. 掌握人事测评的概念与作用；
2. 熟悉人事测评的类型和基本原则；
3. 了解人事测评的发展历程和趋势。

引导案例

人事测评技术助力 ZN 集团人才盘点

ZN 集团成立于 2001 年，经过不断的发展，已成长为省属国有企业中能源产业门类较全、电力装机容量最大的能源企业。伴随能源行业的快速发展，ZN 集团需要更多年轻的、优秀的人才支撑企业未来的持续发展。为全盘掌握年轻员工的能力素质结构及储备现状，拓宽选人用人的视野和渠道，完善人才成长动力机制和培养机制，为日后人才培养、选拔任用工作提供更多可塑之才，ZN 集团启动了人才盘点项目，旨在通过盘点将潜质好、素质佳的优秀年轻人才纳入公司人才库进行重点培养。

1. 统一人才标准，科学设计盘点流程，层层测评筛选

结合集团各分、子公司的战略发展对人才的要求，将人才盘点目的定位为筛选出有发展潜力承担未来管理角色的年轻员工，提炼出管理者需要具备的能力要素、个性倾向、管理潜质，并将其作为人才标准，由此合理选取各评价要素所适用的测评工具，最大化保证盘点的科学性及严谨性。盘点过程主要采用笔试、圆桌工作会议及面试三种方式。

2. 专业定制测评题目，精准把脉人才优劣势

题目的专业性主要体现在两个方面：一是圆桌工作会议所选题目高度模拟了能源行业面临的实际工作情况，贴合行业特色，与标准、通用的题目相比，能够使被评价者在作答时更有真实工作的感觉，也更有利于表达出自己的想法；二是所选题目的区分度合理，评价者能够有效地对被评价者进行评价，有针对性地了解每名被评价者的优劣势情况，避免出现所有人的评价都好或都不好的情况。

3. 提供盘点结果后续建议，助力应用落地

把进入面谈环节的员工，统一纳入分公司人才库，根据员工综合素质和成熟度的差异，划分出不同的档次类别，并同时给企业高层领导、组织人事部门、评价者提供分类结果反馈，帮助其了

解人才库人员的整体能力素质现状及成熟度。

在项目后期特别对纳入人才库的年轻人才进行了一对一沟通,让被评价者有机会了解自己的测评结果,正视自己的优势和不足,促进人才队伍的成长与发展。

从个人层面来看,对纳入人才库的年轻人才进行的一对一沟通,可以让他们客观认识自身现状,反思进步空间,产生强烈提升个人能力素质的愿望,形成了良性循环。从组织层面来看,测评结果可以让企业对公司员工队伍总体能力素质现状进行摸底,发现具有潜力的人才,为人才晋升和培养提供参考。

第一节 人事测评相关概念释义

一、人事测评的含义

人事测评是现代人力资源管理与开发学科体系中的一门新兴学科,在各级各类组织的人力资源管理中发挥着重要作用。为了更好地理解人事测评的含义,需要先界定几个概念。

(一)人事和人事管理

人事就是社会生产过程中所呈现出来的人与事之间的质和量上的动态对应关系。量上的对应关系是指一定数量的事要求相应数量的人去做,而一定数量的人只能做一定数量的事;质上的对应关系是指不同类型和特点的、不同难易和繁简程度的事都要求有相应的人去做。动态对应是指事件本身在变化和发展,人的生理、心理及各方面的素质也在不断变化,人和事之间的相互适应是一种动态的适应。人事管理是对人事关系的管理,其目的在于调整好各方面的人事关系,使人与事以及共事人之间的相互关系达到最佳状态,以最优化的方式实现组织目标,实现事得其人、人尽其才、人岗匹配。

(二)素质

在学者的研究与企业的管理实践领域,"素质"又被称作"能力""资质""才干"等。素质是指个体完成一项工作与任务所具备的基本条件和基本特点,通常包括心理素质、品德素质、能力素质、文体素质和身体素质五个方面,是驱动一个人产生优秀工作绩效的各种个性特征的集合,它反映的是可以通过不同方式表现出来的个人的知识、技能、个性与内驱力等。素质是判断一个人能否胜任某项工作的前提,是决定并区别绩效差异的个人特征。

素质结构即素质的构成,是指构成素质的基本成分或因素以及诸因素之间的关系。对于素质结构的划分,不同的学者有不同的看法。素质洋葱模型提出动机、个性、自我形象与价值观、社会角色、态度、知识、技能几个核心要素,由内至外具有逐渐可被观察、衡量的特点。麦克利兰素质模型提出了21项通用素质要项,并将21项素质要项划分为六个具体的素质族,同时依据每个素质族中对行为与绩效差异产生影响的显著程度划分为2~5项具体的素质。六个素质族及其包含的具体素质为:①管理族,包括团队合作、培养人才、监控能力、领导能力等;②认知族,包括演绎思维、归纳思维、专业知识与技能等;③自我概念族,包括自信等;④影响力族,包括影响力、关系建立等;⑤目标与行动族,包括成就导向、主动性、信息收集等;⑥帮助与服务族,包括人际理

解力、客户服务等。素质五结构模型提出素质通常包括心理素质、品德素质、能力素质、文化素质和身体素质五个方面,这五个方面并非孤立存在的,而是相互依存、相互制约的。

(三)测评

测评是指"测"和"评"两项活动,先测量,后评定。"测"主要是测评主体采用科学的方法收集被测评者在主要活动领域中行为的表征信息,包括测评者的耳闻、目睹、体察与调查。它是以认识与评判被测评者的某些特性为目的,以科学的测量、评价工具为手段的特定的信息收集活动。

"评"主要是测评主体采用科学的方法针对某一人事测评目标做出量值与价值判断,或者直接从表征信息中引发与推断某些素质特性的过程,包括评论、评价与评定,主要是针对一定测评目标的量值与价值的品评,但也包括直接对被测评者的分析与评论。虽然测评离不开测量与评价,但并不等于测量与评价的机械相加,它是一种建立在对个体特征信息"测"与"量"的基础上的分析判断。

在测评过程中,测评者通过"测"与"量"的活动,获得所要搜集的信息,然后将它们与确定的标准进行比较认识。这里的认识不是仅凭测评主体的感性经验,而是积极地借助于一定的测量评价工具,把最终的比较和判断建立在对客观的行为事实与特征信息的搜集、测量和分析上,并且把分析判断的结果采用语言或分数的形式进行定性或定量的转化与解释,由此反映被测评者有关特性的客观情况。

(四)人事测评

人事测评又叫素质测评,就是对人与事之间的适应关系进行定量和定性相结合的测量和评价。人事测评是在人事管理领域里应用专门工具和方法,依据科学的测量和评价原理,针对特定的人事管理目的如招聘、安置、考核、晋升、培训等,对人员进行多方面系统的测量和评价,进而为人事管理、开发提供可靠的参考依据。

二、人事测评的作用

传统的人力资源管理以岗位为中心,岗位分析与岗位评估是人力资源管理的基础。但是,现代人力资源管理以素质为中心,关注岗位的任职者,对人员素质的测量与评价才是人事测评的核心内容。只有同时关注岗位要求与任职者的素质才能更好地发挥人力资源管理各项职能的基础性作用。以往对任职者的忽视,需要企业更加关注人事测评的方法与技术,真正地使得人力资源部门从事务型工作向技术型工作转移,这样人力资源管理才能更好地服务于企业组织。

(一)战略人力资源管理方面

战略人力资源管理是基于企业战略的未来人力资源管理战略与具体的实施规则。人事测评在战略人力资源管理层面发挥着越来越重要的作用。

1. 继任者计划

继任者计划是指一种持续的、一贯的、有组织的程序,用以寻找、培养、支持和充实公司各个岗位的接班人队伍,以应付可预期或不可预期的职位空缺,并保证组织运营的持续性。继任者计划能否取得成效的关键在于继任者的素质标准设定是否科学、合理,以及企业是否能够甄别出具有持续培养潜力的继任者。前者强调素质标准问题,后者强调人事测评问题。因此,人事测评在继任者计划的实施中非常关键。首先,根据公司关键领导岗位的胜任素质模型对现在的高层领导团队(他们被认为是合格的候选者)进行测评。其次,对公司的关键员工的绩效进行测评,从而确定重点培养对象。

2. 人力资源盘点

人力资源盘点是对组织人力资源现状的认识与分析,是其他人力资源管理工作的基础。在人力资源盘点工作中,最常用的是对员工进行潜能测评。潜能测评关注的是员工比较稳定的个性和能力特征,而个性和能力是影响个人业绩的重要因素,也是影响企业核心能力是否持久并不断创新的基础因素。进行潜能测评的主要工具有结构化面谈、心理测验和情境测验等。

3. 领导力开发

领导力开发即领导力提升,是指通过实施一系列科学的方法与手段来实现个体领导能力的开发。比较常见的领导力开发方法包括高管领导力开发、EMBA(高级管理人员工商管理硕士)教育及EDP(高管发展计划)等。人事测评在领导力开发中的主要作用就是确定开发的内容,即应当培养和开发候选人的哪些能力,找到他们的能力差距以及能力不足,从而针对性地设计领导力培训与开发项目。

(二)职能人力资源管理方面

1. 招聘选拔

传统的人员招聘,仅仅是看学历、工作经历等表面信息,因而招聘成功率不高。如果中高级管理职位招聘失误,则损失的就不仅仅是几个月的工资和企业资源,还可能是稍纵即逝的发展良机,从而影响企业的发展速度和经济效益。人事测评在对招聘岗位进行深入分析之后,可对应聘者的能力、个性进行深入了解,对其与招聘岗位之间的匹配程度做出评价,并提出将来的使用和调配建议。这不仅大大提高了招聘的成功率,还使日后对其管理变得有章可循。

2. 培训开发

传统的人事管理对人力资源基本上是一种物化式的"仓库管理"。人事管理人员把每个职员物化为档案袋,当作物质,像记录设备的型号、性能、价格等资料那样建立个人档案。"活"的人力资源管理变成了"死"的档案保管。人与人之间的差别只看得见性别、年龄、职务、工种上的区别,看不出素质上的差异。结果造成人才的积压与埋没,导致人力资源的巨大浪费。人事测评不但能发现优秀人才,而且能明确各人所长、各人所短,用人所长,避人所短,取长补短,优化组合,并通过培训开发人的潜能。

3. 绩效考核

在组织人员使用中我们需要了解员工的工作状态是否达到组织与岗位的要求,因此需要对员工进行绩效考核。从广义上讲,考核属于人事测评的内容,人员考核不仅要考核工作业绩,而且要考核员工对组织的忠诚度、对工作的投入度、对同事的态度等方面。随着组织经营环境和经营目标的变化,组织需要随时掌握人力资源的状况,以确保组织人才发展的需要,实现组织的经营目标。

4. 薪酬管理

宽带薪酬理论已经被很多企业付诸实现,但是问题是如何确定同一岗位不同任职者的差异以决定这些人的薪资差异?大量调查发现很多决策者都凭主观判断来决定下属的薪资差异,或者使用学历、资历等指标决定任职者的薪资差异,从而导致薪酬缺乏公平性,结果是不公平的薪资待遇很难被员工接受,这在一定程度上会影响员工的积极性。绩效差异的主要原因是个体胜任素质水平存在差异。人事测评是发现绩效差异的重要方法,只有基于有效的人事测评基础上的薪酬管理才能增强其公平性。

(三) 个体与组织发展方面

1. 个体择业与发展

人事测评对刚刚毕业的学生和所有职场中的人有着十分重要的意义。全面正确地了解自己的能力、性格和兴趣,发现自己的长处与短处,是个人在社会上生存与发展的基础。使用人事测评可以帮助个人进行自我认知,有针对性地做好职业生涯规划。人事测评有利于个人的发展,通常在人事测评时会有一个指标体系(参考系)与被测评者的行为特征进行比较,以确定其素质的构成与水平,每个被测评者都有积极上进、自我荣誉、自我尊重、自我实现的愿望,人事测评可以使被测评者明确自己的优势和弱点,及时确定或调整自己的人生方向,从而有效地规划人生,避免走不必要的弯路。

2. 团队建设

优秀的团队不是团队中成员的简单叠加,而是取决于成员之间素质的高匹配性和高凝聚力等,这些都与人力资源管理活动相联系。人事测评不但为人力资源管理中的各个环节提供科学依据,还能实现人力资源的动态管理;人事测评可明确人员选拔、配置、考核、开发等方面的科学化程度,从而为建设一个优秀的团队提供依据。

第二节　人事测评的类型与原则

一、人事测评的类型

人事测评针对测评对象、实施者、实施范围、测评形式、测评参照系的不同会有不同的分类。

(一) 按测评对象划分

按测评对象划分,人事测评主要包括两种类型:以个人为中心的测评和以岗位为中心的测评。

1. 以个人为中心的测评

以个人为中心的测评是指围绕人的自然特性、社会特性和职业特性而进行的测评。人是自然与社会的统一体,人的自然性包括生理基础、本能及心理潜能,人的社会性是个体在与社会的相互作用中通过社会实践建立起来的。除自然和社会特性外,人在社会中往往还从事着某种职业，显示出某种职业的特性。一个人要想客观地了解自己，了解自己的能力优势、职业兴趣、适合从事的工作等，可以有针对性地选择测评工具进行系统的测评。

2. 以岗位为中心的测评

以岗位为中心的测评是基于一个特定岗位的任职资格或胜任素质而进行的测评。它是在建立特定岗位的素质标准后，围绕这个特定岗位所要求的素质而开展的系列测评活动。以岗位为中心的测评一般应用于人才选拔、晋升、诊断、培训与开发等人力资源管理过程，如以市场部经理岗位为中心的测评活动。

(二)按实施者划分

按实施者划分，人事测评有自我测评、他人测评、群体测评、上级测评、同级测评与下级测评等种类。自我测评指由被测评者本人对自己所进行的测评活动。例如，毕业生对自己职业兴趣的测评。他人测评指由被测评者以外的人对被测评者开展的测评活动，通常所讲的人事测评活动是指他人测评活动。群体测评指由某一群体共同组织对某一类人员进行的测评。例如研究生考试涉及各种测评主体，包括命题组、审查组和阅卷组等。在上级测评、同级测评与下级测评的人事测评方式中，最常见的方式就是360度考核。上级测评主要根据一定考核周期内的工作成果进行测评，同级测评主要根据被测评者在工作中表现的协作能力、团队组建能力进行测评，下级测评主要根据被测评者在工作中表现的领导能力、对下属的关心和培养进行测评。

(三)按实施范围划分

按实施范围划分，人事测评可以依据参与人员的数量、测评目标及选择的测评工具分类。

1. 按参与人员的数量多少划分

按参与人员的数量多少划分，人事测评可分为个体测评和团体测评。个体测评是指在单次测评活动中只有一个被测评者的测评活动。团体测评是指在单次测评活动中有两个及以上的被测评者的测评活动。

2. 按测评目标划分

在进行人事测评时，实施者可能有一个或多个测评目标。根据测评目标的多少，人事测评的实施范围也是不同的，可分为选拔性测评、配置性测评、开发性测评、诊断性测评和鉴定性测评。

选拔性测评是一种以选拔优秀人员为目的的人事测评。选拔性测评的主要特点是特别强调测评的区分功用，测评标准的刚性最强，测评过程特别强调客观性，测评指标具有灵活性。在进行选拔性测评操作中，必须坚持公平性、公正性、差异性、准确性与可比性等基本原则。配置性测评以人事合理配置为目的。配置性测评的主要特点是测评具有针对性、客观性、严格性、准备性。开发性测评是一种以开发素质潜能与组织人力资源为目的的测评。开发性测评具有勘探性、配合性、促进性等特点。诊断性测评是以服务于了解素质现状为目的的人事测评。诊断性测评的主要特点是测评内容十分精细或者全面广泛，测评过程寻根究底，测评结果不公开，测评具有较强的系统性。鉴定性测评是以鉴定与验证某种(些)素质是否具备或者具备程度大小为目的的人事测评。鉴定性测评的主要特点是测评结果是对被测评者素质结构与水平的鉴定，测评侧重于被测评者现有素质的价值与功用，测评的范围比较广泛，测评结果要有较高的信度与效度。在操作与运用鉴定性测评时，应注意全面性、充足性、可信性、权威性或公众性等基本原则。

3. 按选择的测评工具划分

在进行人事测评时，实施范围也会受到所选择的测评工具的影响。例如，选择360度考核方式，则实施范围要包括与被测评者有关系的所有人员；选择关键绩效指标考核方法，仅仅需要对其关键绩效指标进行考核即可。

（四）按测评形式划分

人事测评根据测评形式划分，主要包括笔试、面试、情境测评、计算机测评及操作测评五种方式。

笔试是被测评者按要求在纸面上完成测评过程的方式。它可以有效测量被测评者的基本知识、专业知识、综合分析能力和文字表达能力等方面。面试是测评者根据测评目标对被测评者提出有关问题，并由被测评者进行回答的过程。它是以测评者与被测评者的面对面交谈与观察作为主要手段，由表及里测评被测评者的知识、能力、经验等有关素质的一种测评方式。情境测评是指设置一个模拟场景，要求被测评者扮演某一角色去处理各种事务、各种问题和矛盾，测评者观察被测评者在完成任务过程中的心理与行为表现，据此来对被测评者的素质及潜力进行科学评价的一种方式。计算机测评是将心理测验或笔试内容开发为计算机软件，让被测评者在计算机上完成测评活动，或完成人机对话。操作测评是指被测评者在测评过程中进行实地演练，来展现被测评者的实际操作能力的测评方式。

（五）按测评参照系划分

人事测评根据测评的参照系可以分为常模测评和标准测评两种类型。常模测评是将被测评者的测评结果与对某一特定人群测评结果的平均成绩进行对比，来确定被测评者在特定人群中的素质水平。例如，干部选拔测评中所依据的标准，常常需要在"高个之中拔高个"，前一个"高个"便成了选拔测评中的"准常模"。在人力资源活动中，标准测评是指建立特定岗位的素质标准后，围绕这个特定岗位所要求的素质标准对被测评者开展的系列测评活动，它一般用来确定岗位的胜任程度或职业胜任程度。例如，确定某公司部门主管的素质标准后，对该公司所有部门主管进行测评，以判定部门主管的胜任程度。

二、人事测评的主要原则

整个人事测评过程必须遵循一些重要而基本的原则。这些原则既是人事测评实践经验及其技能技巧的科学总结，又是人事测评实践的思想方法。

（一）客观测评与主观测评相结合

所谓客观测评与主观测评相结合是指在人事测评过程中，既要尽量采取客观的测评手段与方法，又不能忽视主观性综合评定的作用，既要强调客观性，又不能完全追求客观性，要最大限度地发挥测评工具客观性与测评主体主观能动性的作用,让它们彼此优势互补,而不要相互对立。客观测评与主观测评相结合,应具体体现在制定测评目标体系、选择手段方法以及评判与解释结果的全过程中,应该是一个有机的结合过程,而不是机械的相加过程。

(二)定性测评与定量测评相结合

所谓定性测评,就是采取经验判断与观察的方法,侧重从行为的性质方面对素质进行测评;而定量测评,就是采取量化的方法,侧重从行为的数量特点方面对素质进行测评。任何事物都有质与量的形式,光是定性测评,只反映了素质的性质特点;仅是定量测评,可能会忽视素质的质量特征。此外,只从定性内容上去测评素质是不深入的,往往是一种模糊的印象判断;而仅仅从定量形式方面去测评素质,则往往是不完全的,是一种表面的与形式的测评。

(三)静态测评与动态测评相结合

静态测评是指对被测评者已形成的素质水平的分析评判,是以相对统一的测评方式在特定的时空下进行测评,不考虑素质前后的变化。静态测评的优点是便于横向比较,可以看清被测评者之间的相互差异及是否达到了某种标准,但忽视了被测评者的原有基础与今后的发展趋向。动态测评则是根据素质形成与发展的过程而不是结果进行人事测评,是从前后的变化情况而不是当前所达到的标准进行人事测评。这种动态测评有利于了解被测评者素质的实际水平,有利于指导、激发被测评者的进取精神。但缺点是,不同的被测评者的测评结果,不便于相互比较。

静态测评与动态测评相结合还表现在方法上。心理测验一般是静态的,而评价中心、面试与观察评定具有动态性,要两方面相结合,让被测评者在各种活动中充分表现出自己的才能,在与主测者的交谈中展示自己的优良素质。

因此,在人事测评中既要看目前所达到的水平标准,又要看过去的基础与将来发展的潜能;既要采取问卷、考试等统一的静态形式,又要采取评价中心、面试等动态的方法来测评人的素质。

(四)人事测评与绩效测评相结合

人事测评是对一个人的德、能、识、体的素质的测评,而绩效测评是一种业绩实效的考查评定。素质与绩效互为表里,素质是取得绩效的条件保证,而绩效是素质高低的事实证明。因此,应该从人事测评中预测绩效,从绩效测评中来验证素质。

(五)分项测评与综合测评相结合

所谓分项测评,是把素质分解为一个个的项目分别独立地进行测评,然后将测评结果简单相加。所谓综合测评,则是对综合素质的各个方面进行整体系统的测评。

人事测评是一种相当复杂的行为系统,对它进行必要的分解、逐项测评,有助于提高测评的准确性,但是素质被分解为一个个要素之后,不少整体特征就可能被弱化,尽管最后进行相加,也反映不了其原貌。这相当于把人的手、脚砍下之后再接上,其身体功能已无法恢复原样。因此,在实际测评中,应将分项测评与综合测评相结合。

第三节 人事测评的历史与发展

人事测评的思想古已有之,早在1000多年前我国就有了科举考试,以为统治者选拔官员。分析国内外人事测评的有关思想与方法,了解人事测评历史发展的轨迹,对人事测评的深入理解与研究是十分必要的。

一、中国古代人事测评

(一)测评内容

中国古代人事测评的内容,包括性、绩(功、黜)、德、才、识、智。"性"相当于人员的心理素质。孔子认为智、仁、勇、艺、礼、乐是人员的六大优秀素质;孟子认为仁、义、礼、智是人性中的四种优秀素质。"绩"一般又称为"功",即今天所说的绩效。在我国古代还有从"绩"的反面"黜"即"过失"的多少来考评"绩"的。"德"包括道德品质与一般的个性品质。《尚书》中有"九德"之说,九德,即宽而栗、柔而立、愿而恭、乱而敬、扰而毅、直而温、简而廉、刚而塞、强而义。

"才""识""智"的测评充分体现在"六艺"(礼、乐、射、御、书、数)之中。在三国和唐朝时期的人才选举中,"才"与"智"是首要的标准。唐太宗说:"朕任官必以才……若才,虽仇如魏徵,不弃也。"

(二)测评指标

纵观古代人事测评的活动,用来揭示性、德、才、智、识等测评内容的指标有"言""行""气""色""服饰""事""血缘""五行""九征""五物"等,但概括起来,不外乎言、行、事、物,即日常言行、特定情景下的言行、工作绩效、生理因素与特征等中介标志。

(三)测评方式

中国古代人事测评方式主要有选、举、考三种方式。"选"的具体形式有"宾兴制"和"禅让制"。"宾兴制"是西周时期的一种原始民主推选制,一般是召集乡里众民,把最具贤与能的人推选出来,担任官职。"禅让制"是一种自我筛选的机制,它是以贤能为标准,通过让位的办法来评选首领。《尚书·尧典》记载,尧晚年在选择继承人时,曾要四岳出任,四岳认为他们不能胜任,便让位于舜,舜后来又让位于禹。"举"的具体形式有察举、荐举、贡举、保举等。所谓察举是通过比较的方式来选择人才,其特点是察言观行,考行究德。为了保证察举的人才质量,察举演变为贡举和保举。贡举强调下级对上级察举人才的义务性,有助于强化下臣对朝廷察举人才的光荣感和质量感。保举则把察举人所察举人才的质量与其所应担负的责任直接相连。荐举是以察举为基础,即少数权威知名人士向朝廷推荐他们认为优秀的人才。"考"包括考查、考试、考绩、考验。它的具体形式有九品中正制、科举制、考课制、试用、试事、军功制、比武竞技等。

(四)测评技术

中国古代人事测评活动所采取的技术,主要有问、听、观、访、察、忖、论、试等。这都是今天我们所用的面试、履历资料调查、组织考查、外调、考试、演讲、情景辩论、工作模拟等测评技术的早期表述形式。

二、西方人事测评的产生与发展

(一)西方人事测评的产生——早期的心理测试

19世纪80年代,法国颁布了义务教育法。由于不同的儿童智力水平不同,为了区分智力正常的儿童和智力落后的儿童,对智力落后儿童进行特殊教育,急需通过一种方法来有效鉴别儿童的智力。

法国心理学家比奈将智力看作是人的一种高级心理活动,并以高级判断推理能力为核心因素,与西蒙共同编制出世界上第一个成功的智力测验量表——比奈-西蒙智力量表,从而将智力测验成功地运用于教育领域,使人们看到了心理测验的广泛应用前景,完成了心理测量的奠基工作。比奈-西蒙智力量表发表以后,在世界各地引发了对智力测验的兴趣,许多国家都将该量表翻译成本国语言加以修订应用。例如,1916年,美国心理学家推孟的斯坦福-比奈智力量表就是一次成功的修订。推孟首次采用了智商的概念,制订了严密的施测程序,并确定了智力等级的分类方法。斯坦福-比奈智力量表较之比奈-西蒙智力量表有了很大的进步。

早期的心理测验成为现代人事测评的基础,为现代人事测评提供了便利的测评工具,为现代人事测评的产生做出了极大的贡献。

(二)西方人事测评的发展

(1)军事上的广泛应用。第一次世界大战期间,许多心理学家认为,通过测量官兵的智力水平可以帮助军队对官兵进行选拔和分派。为了将心理测验成功地推广到拥有百万之众的军队中,心理学家设计了能够适合于大规模群体施测的团队测验,从1917年3月到1919年1月期间,200多万名官兵参加了测试,效果显著。

(2)管理科学的有力促进。20世纪初期管理科学的创立与传播有力地促进了人事测评理论的发展。管理科学的创始人泰勒认为,企业应该采取科学和客观的方法来研究如何有效地设计工作,要科学地挑选工人,对他们进行培训、教育,并使之拥有工作所需要的技能,从而直接提出了人事测评对生产活动的重要性。

此后,人际关系学派又提出了"社会人""需求层次理论""双因素理论"等,这些理论认为组织只有了解员工的需要,才能提高员工的满意度和生产力。在这些管理思想的指导下,企业在人员的人事测评中,不但对员工的知识和技能进行测评,而且对员工的需要、动机、性格、兴趣等心理特征进行测评。人事测评理论有了进一步的发展,于是人事测评理论逐渐应用于工业之中。许多组织开始运用人事测评理论制订适合其组织的测评手段和方法。

(三)西方人事测评的成熟

进入20世纪中期,统计学、心理学等学科的发展为人事测评理论和实践的成熟奠定了基础,人事测评的研究进一步完善。

(1)心理学的发展。人格心理学中的特质理论、行为理论、权变理论是现代人事测评的主要基础。特质理论是最早关于管理人员测评的研究理论。特质理论假设管理者的人格特征不同于普通被管理者,以此来找出管理者与被管理者在人格上的差异。行为理论从研究管理者的内在特征转移到研究管理者的行为上。行为理论的代表研究有工作中心与员工中心理论、管理方格理论等。权变理论又称情境理论，它是将管理者的行为与情境结合起来考虑管理方式的理论。费德勒认为，管理者的能力取决于群体的工作环境、领导者的风格和个性以及领导方法对群体的适合程度。

（2）统计学的发展。人事测评的可测性还需归功于统计学的发展。我国古代在人才选拔中虽蕴含着人事测评的基本思想，但由于没有受到足够的数学理论的支持，因此人事测评一直停留在较为原始的阶段。现代数学特别是多元统计学的发展，如多元回归、因素分析、聚类分析、判断分析等方法的应用对人事测评的发展产生了重大影响，使得人事测评的信度、效度、区分度、独立性得到有效的技术支持。离散数学的发展及其成果使得人事测评中大量非连续数据处理成为可能。另外，模糊数学和层次分析方法等数学理论与方法也方便了我们进行科学和客观的人事测评。

（四）当代西方人事测评

当代西方人事测评已经发展到较为成熟的阶段，形成了相对独立的一门学科。具体来讲，当代西方人事测评主要包括以下几种。

（1）心理测验。其中，比较有影响的心理测验，包括早期的比奈-西蒙智力测验、斯坦福-比奈智力测验，还有罗夏墨迹测验、主题统觉测验等。

（2）面试。有关研究认为，人的内在素质必然会通过外显的行为表现出来，通过面试可以在较短时间内了解应试者的仪表风度、知识的广度与深度、实践经验与专业能力、兴趣爱好与活力、自我控制能力与情绪稳定能力及口头表达能力。由于面试能够在短时间内了解应试者的众多信息，信息利用率高，同时还能减少测评的时间与经费成本，因此在众多测评方式中，面试日益受到人们的重视。

（3）评价中心。评价中心是20世纪50年代出现的一种测评方式，它采用多种测评方法对人员的素质进行测评，如公文处理、无领导小组讨论、角色扮演、演讲、案例分析、事实判断、面试等形式，观察被测评者的特定行为。

（4）其他分析方法。除以上三种基本方法外，还有一些辅助性的测评方法，如书面介绍信息的分析、履历档案的分析、工作取样法与实证分析法、绩效考评法、员工推荐法等。这些方法与以上三种测评方法相比，在形式上属于"小型"的方法，费用低、用人少、使用简单，但它们在人事测评中的辅助作用也不容忽视。

三、我国现代人事测评的发展

我国现代的人事测评研究在20世纪二三十年代就已经出现，后因抗日战争的影响被迫中断。新中国成立后，在计划经济体制和传统管理体制下，人员素质管理和开发的自由度很小，人力资源测评工作自然也得不到重视。改革开放后，我国经济体制逐步由计划经济向市场经济转变，为适应经济体制改革，人员管理和开发开始被提上议事日程，一些单位对人才考核和选拔的方法进行了探索，开始对人员的德、智、能、绩进行定性和定量相结合的评价，与传统的重定性、轻定量，重历史表现、轻发展潜能的考核及选拔方法相比，更合理一些。20世纪80年代之后，我国人事测评的发展可以粗略地划分为三个阶段。

1. 恢复阶段(1980—1988年)

此阶段的特点是恢复了心理测验,并开始学习和借鉴国外的测验编制技术和方法,但主要应用于教育领域,只有少数心理学工作者和测评专家会在经济领域中初步开展人事测评的应用研究。如中国科学院心理研究所修订了测量领导行为的PM量表,对企业管理人员开展测评并取得了较好的成效。但此时人事测评事业仍处于萌芽时期,影响比较小。整个社会对人事测评的认识还不够,大多数人还不了解现代人事测评是干什么的,有什么用,行政、事业和企业单位仍习惯于传统的选人用人方法。此外,从事该领域研究与实践的学者比较少,适用于企事业单位选人、用人的测评手段和工具也很缺乏。

2. 初步发展阶段(1989—1997年)

1989年1月,中共中央组织部、人事部联合下发通知,要求国家行政机关补充工作人员时,要贯彻公开、平等、竞争的原则,通过考试考核,择优录用。这标志着国家公务员录用考试制度开始建立。从此,要想进入公务员序列就要经过客观化考试,现代人事测评技术也开始应用于国家机关的人才选拔。到1992年年底,全国29个省份及国务院3个部门都不同程度地采用了人事测评技术招募工作人员。在对高级人才的选拔与任用中,人事测评技术也开始应用。北京、上海、广东等一些省市的组织部门也开始使用结构化面试、情景模拟测试等技术选拔厅、局级领导干部。

许多企业也意识到人员素质的重要性,对如何发现、鉴定和发展优秀人才日益重视,人事测评开始引起人们的广泛关注。由于企业界人员素质管理的自由度更大,因此对人事测评技术的研究和应用较行政事业单位走得更远、发展更快。

3. 繁荣阶段(1998年至今)

经过多年的探索与研究,我国的人才选拔已从过去单一的政治考核逐步走向科学全面的测评。当今社会上存在的招聘、职称晋升以及机关人员录用等考试都离不了人事测评技术。目前,各类用人单位有了相对灵活的用人主权,个人也有了更多的择业自由和机会。特别是我国加入世界贸易组织(WTO)以来,对外开放的力度不断加强,国际交流日益增多,大量的外资企业和合资企业带来了先进的生产技术和管理经验,其中也包括人员素质管理和人事测评的技术和手段,这使得人事测评逐渐为大众所接受和认同。对高级管理和技术人才的招聘、选拔必须依赖现代的人事测评技术,这就促进了我国人事测评技术的快速发展。目前,我国人事测评手段不断完善,人事测评的研究和应用机构也不断增多,标志着我国人事测评事业进入了繁荣发展时期。

四、人事测评的发展趋势

纵观近年来我国人事测评理论与实践的发展,人事测评应用主要有以下趋势。

(一)测评方法继续向以情景模拟为主的评价中心技术发展,且持续改进

不同的素质特征有其适用的最佳测评技术,因此各种技术的综合应用是人事测评的发展趋势。目前以情景模拟为主的评价中心技术得到了广泛的应用。评价中心的变化趋势是内部不同测评方法的配置组合更为合理,运行效率和工作准确性更高,同时力求降低施测成本,计算机和传统多媒体技术的利用逐渐增多,强化了应用,更加重视培训发展。在应用过程中,人们也对其

进行了持续改进,主要包括单个情景模拟改进和整体改进。单个情景模拟改进包括公文筐通过邮件的形式进行,小组讨论更加结构化,将案例分析和演讲结合等。总的来说,情景模拟的改进有两大特点:更加强调仿真程度以及尝试使情景模拟变得结构化。整体改进包括加入计算机和其他辅助设备,采用"整体情景",越来越多地引入行为访谈和心理测验,强化对评价中心的应用。其中,基于行为和情景的结构化可计分访谈成为主流。心理测验主要集中在和工作相关的个性特征、职业兴趣、工作基本能力以及态度和价值观等测验。

(二)从评价中心到发展中心,测评服务范围逐步扩大,在原有招聘与选拔基础上扩展到人才管理其他模块,更加注重人才发展,测评业务链条从人才管理的单一环节走向全流程

人事测评聚焦于如何让测评与前后流程对接,测评业务将依靠其自身在人才胜任力的评价和发展方面的优势,逐步向人才管理的全流程渗透,最终帮助企业进入"以人为本"的人才管理流程。比如 CEB SHL 公司,其业务链主要包括 talent acquisition(大批量招聘、校园招聘、管理/专业岗位招聘项目)、talent mobility(人才盘点、人才发展、继任者计划、高潜力人才、评鉴中心、发展中心项目)和 leadership/talent pipeline(搭建领导力/人才梯队)。这条线其实就是人才筛选(外部和内部),然后是人才发展。我们可以看到测评不是单个的业务场景,而往往结合招聘、盘点和发展。再比如知名的马丁森集团,其主要业务以 CAD 模型(C:competence,A:assessment,D:development)为基本框架,根据客户需求制订相应的方案。以其典型的领导力发展项目为例,流程分为前测—培训—发展—后测。对于国内的测评公司,其业务链条也多为如此,而且多数集中于前端(建模和测评),后端更青睐资源整合,比如智鼎公司、北森公司、诺姆四达集团、中智集团等公司都将人事测评服务发展为人才管理和人力资源咨询业务。

(三)人才标准统一,助力人才建模敏捷

随着胜任力模型的普及,分层构建、分序列构建胜任力模型成为组织人才标准精细化的必经步骤,也是人才管理工作的起点和基础。但越来越复杂的模型构建成本高,评估体系烦琐,宣贯麻烦,太个性化而无法对标外部,难以适应组织的变化。

敏捷的人才标准构建将替代现有的复杂的胜任力模型构建方式,比如利用大数据和行业分析得到的人才模型。拥有多套胜任力模型的组织将逐步采用简化的模型和评估语言来替代或优化已有的模型。这使得跨组织/行业的能力对标成为可能,让人才管理工作有的放矢。也有些企业利用专家经验,采用团队共创的专家方式进行胜任力卡片敏捷建模。

(四)评价中心的"e化","互联网+"让人才评价更便捷

"e化",既可以节省人力、物力及时间,使测评活动不再受被测评者数目过大和地理位置过于分散的限制,还可以避免测验的标准答案曝光,保持测验的效度,保护被测评者在测评中的隐私。如一些公司将"评价中心"从线下搬到线上,达到快速便捷,满足跨国性、集团化企业的需求;将"公文处理"e化,完美模拟现代办公场景,提高测试仿真度和代入感;借助微信平台进行微测评;打造了深度融合社交化的人才管理平台,包括社交招聘管理、社交继任管理、社交绩效管理等。

1. 电子邮件公文筐测试

为了更好地反映现代网络办公环境,提高评价中心的表面效度,可以用更加逼真、更具复杂性的电子形式的情境判断测验取代纸笔形式的情境判断测验。电子公文筐成功替代了传统书面文件。使用电子邮件来传递信息,不仅能够实现无纸办公,而且能够更好地反映现代办公环境,提高测验的仿真性,进一步提高评价中心的表面效度。

2. 虚拟测评师团队

评价中心是由多名测评者进行评价的。为了尽量减少评价误差,对测评者在测评原理、评分标准、记分技巧等专业性方面要求较高。将网络技术应用于评价中心,有助于缓解这一难题。因为将网络技术应用于评价中心时,可以实现测试情境的远距离传输,测评者远程参与评价,可将分散在各地的测评专家组成一个网络虚拟的测评者团队。他们可以在其所在地通过授权的账号登录,观看传输过来的视频,从而对被测评者进行评价;亦可凭借网络对被测评者进行适时提问,以及与其他测评者进行讨论等。

3. 多媒体技术的应用

为了更好地使用评价中心技术,可以利用多媒体技术创造出更加逼真、更为丰富、更具复杂性的情景。例如,可以采用视频方式呈现面试、无领导小组讨论的案例资料和测试规则,测评者可以在自己方便的时候观看被测评者的录像,对其进行行为评估,而不必在固定的时间、地点。目前,怡安翰威特公司、北森公司等公司,均将结构化面试、情景模拟等采用在线的形式实现。

(五)人事测评的测验形式中加入了游戏元素

纯游戏形式的评估因为公平性、严谨性等原因,在当下的人才市场仍是不合时宜的,专业的测评公司试图在心理测量科学和趣味互动之间寻求平衡,通过在专业的测评中添加适量的游戏化的元素(如即时反馈、升级闯关等),以实现人才评鉴的精准性和趣味性,提高候选人的参与度,候选人在游戏中能够展示个人的天赋资质以及团队合作、逻辑思维等能力。

游戏化评估仍然以心理评估为主,只是经过定制,加入了游戏化的元素。在游戏化评估中,心理测量的科学性居于首要地位,其次才是添加游戏元素,创造出更具趣味性的工具。在实际测评中,我们可以将情境判断测验中的情境用游戏化的方式展示。

游戏化评估是一种定制类游戏,在被测评者"玩"游戏的过程中以心理测量方式评估其行为。其目的是以心理测量的方式测评某个人在游戏场景中是怎样做出决策的。游戏场景经过谨慎设计,在结构中嵌入了心理测量指标。被测评者必须在具体的场景中做出真正的决策,比如是否要冒险等。通过游戏化评估,我们可以评估被测评者的行为,了解他们的天然偏好和认知能力,如事务处理能力、创新能力等。

(六)人事测评方式科技化,数据采集行为化,人事测评的范畴将更为多元化和非结构化

基于社交网站的测评,行为容易被记录,这些行为包含了人们在社会化交往工具上的所言所行,如网上发帖的时间、回复他人信息的频次、内容、语气,倾向于关注什么内容,乐于分享怎样的话题等,这些行为因为在网络的社交环境下产生,是真实的行为流露。利用好这些行为信息,结合人事测评理论,应聘者的人格、兴趣、价值观等特点立即鲜活生动,有助于企业更早对应聘者进行判断。国外已经有测评公司开始利用基于网络的社交招聘互动信息对人的特点进行盘点,如DDI(智睿咨询)公司通过实证研究发现在社交性网站上回复原帖数量越多的人比回复数量少的人更可能在创意性工作中表现更好。

基于组织内部系统搜集行为数据,人才行为数据的采集将更加日常化、无意识化和行为化。员工在内部系统中的邮件文字、电话信息、社交沟通频次、沟通对象、学习行为、关注焦点、推荐人才、宣传公司、活动参与度等都会被采集和分析,会与正式评估数据(绩效考核结果、360度评估、敬业度等)一起用于对人才的行为风格、学习偏好、工作兴趣、离职倾向做出评估和预测。在生理参数上,利用心率、肌电生物反馈仪进行测谎,压力管理也会逐步开始被接纳和尝试。当然,现行的人事测评工具和情景模拟技术并不会被全盘替换,仍然会作为重要的手段帮助我们去探索员工行为背后的意识和动机。

(七)AI(人工智能)技术开始应用在测评中

目前,已经有成形的产品出现在市面上。全美在线(ATA)公司推出了自主研发、自主知识产权的智能监考机器人(ATA AI Proctor)。AI面试技术也在国内一些测评公司开始使用,比如猎聘、嗨优测评等平台。当然,AI人事测评还不成熟,尚处于探索阶段,AI缺少情感因素,无法深度沟通,一般还用于劣汰,无法代替评价中心和面试等技术。

(八)测评进入基于数据的积累、分析和应用阶段

一批拥有大量测评和研究数据的测评机构,将依据数据的分析和挖掘提出更多适合中国企业的人才管理模式,让人力资源管理者在更多领域受益,比如进行人才画像,分析学习需求,推送合适的学习课程,制订发展方案等。

本章小结

- 人事就是社会生产过程中所呈现出来的人与事之间的质和量上的动态对应关系。人事管理是对人事关系的管理。
- 素质是指个体完成一项工作与任务所具备的基本条件和基本特点,通常包括心理素质、品德素质、能力素质、文体素质和身体素质五个方面,是驱动一个人产生优秀工作绩效的各种个性特征的集合。
- 测评是指"测"和"评"两项活动。"测"主要是测评主体采用科学的方法收集被测评者在主要活动领域中行为的表征信息。"评"主要是测评主体采用科学的方法针对某一人事测评目标做出量值与价值判断,或者直接从表征信息中引发与推断某些素质特性的过程。
- 人事测评是对人与事之间的适应关系进行定量和定性相结合的测量和评价。
- 人事测评的功能体现在战略人力资源管理、职能人力资源管理、个体与组织发展方面。
- 人事测评针对测评对象、实施者、实施范围、测评形式、测评参照系的不同会有不同的分类。
- 西方人事测评经历了由生涩到成熟的发展过程,逐渐形成了一套系统的理论与实践工具;我国人事测评起步时间较早但发展缓慢,20世纪90年代才走向繁荣阶段;随着科技进步与客户、业务需求的深入,人事测评的发展趋势体现出科技化、业务化与人性化。

复习思考题

1. 人事测评的概念是什么?
2. 人事测评的功能有哪些?
3. 试述人事测评的类型。
4. 简述人事测评的主要原则。
5. 试论述中国人事测评与西方人事测评的区别与联系。
6. 试分析当代人事测评的发展趋势。

第二章 人事测评基本原理

学习目标

1. 掌握个体差异原理与岗位差异原理；
2. 掌握人岗匹配理论的基本观点及其四大匹配；
3. 理解人事测评的可能性和现实性及黑箱理论；
4. 辨析经典测量理论、概化理论和项目反应理论。

引导案例

对招聘主管的质疑

张小姐在一家IT（信息技术）公司担任招聘经理，主要职责之一就是考察和评估前来应聘的人员，为各个岗位招聘和选拔有胜任力的人选。年初公司与人才测评公司合作。人才测评公司结合每个招聘岗位建立了岗位测评指标体系，每位应聘者都要经过心理测评和面试两种方式测评。但随着岗位测评指标体系投入使用，张小姐的难题也接踵而至了。招聘选拔的员工在试用期工作中人岗匹配度较差，用人部门主管对张小姐采用人才测评公司的做法提出了诸多疑问，认为人才测评方法无效，不能测评出复杂多变的人，不适合人员招聘，既费钱又费力，等等。面对质疑张小姐倍感压力。难道人才测评非但不能为招聘工作助上一臂之力，还为张小姐徒增烦恼吗？

第一节 个体与岗位差异理论

一、个体差异理论

个体差异是指人与人之间在个性特征上所存在的差异。这些差异是由遗传、环境和个体能动性等多种因素共同作用形成和发展的，体现出素质的复杂性，可归纳为两点：一是个体倾向性差异，表现为人的兴趣、需要、信念、理想等方面的差异；另一是个性心理特征差异，表现为人的气质、能力、性格三方面的差异。

（一）个体倾向性差异

个体倾向性差异，包括兴趣、爱好、需要、动机、信念、理想、世界观等方面的差异。个体倾向性是人在与客观现实相互作用的过程中,所表现出来的心理倾向总和。它决定人的心理活动的选择性、对事物不同的态度以及各种行为模式,标志着一个人憧憬什么、企求什么、争取什么、坚信什么、喜欢什么、嫌弃什么和什么驱使他活动等。可以说,个体倾向是个体潜在的力量,是人进行一切活动的动力,它制约和调节人的所有行为过程,是个体特性中最积极、最活跃的因素。个体倾向性的各因素,如需要、动机、兴趣、世界观等都是相互联系、彼此影响的,但世界观是其中的主导因素,它决定一个人总的心理倾向。

(二)个性心理特征差异

个性心理特征差异,包括能力、气质与性格等方面的差异。个性心理特征是指一个人带有倾向性的、本质的、比较稳定的心理特征的总和,它决定一个人的风格、行为方式与活动效率。这些差异具体表现在气质差异、能力差异和性格差异三个方面,这里重点分析气质差异和能力差异。

1. 气质差异

气质是指个人行为全部动力特点的总和。早在公元5世纪,古希腊医生希波克拉底根据人体内的四种液体,把人的气质分为多血质、胆汁质、黏液质和抑郁质四种类型。而生理学家、心理学家巴甫洛夫关于高级神经活动类型特点的研究,把高级神经活动划分为抑制型、兴奋型、安静型和活泼型四个类型。从表2-1可以看出,希波克拉底的四种气质类型与巴甫洛夫高级神经活动类型是相对应的。

表 2-1 气质与神经类型的行为特点

气质类型	神经活动类型	强度	平衡性	灵活性	行为特点
胆汁质	兴奋型	强	不平衡	不灵活	攻击性强,易兴奋,不易约束,不可抑制
多血质	活泼型	强	平衡	灵活	活泼、好动,反应灵活,好交际
黏液质	安静型	强	平衡	不灵活	安静、坚定、迟缓,有节制,不好交际
抑郁质	抑制型	弱			胆小畏缩,消极防御,反应强

胆汁质又称兴奋型,属于不可遏制的类型。这种人往往精力充沛,热情、泼辣,情感和语言动作发生强烈而难以控制,反应速度快,但不灵活,具有明显的外倾性。

多血质又称活泼型,属于敏捷好动的类型。这种人往往活泼、好动,善于交际,动作速度快,可塑性强,情感易变化,兴趣容易转移。

黏液质又称安静型,属于缄默而沉静的类型。这种人往往平静、沉着,情感反应慢而持久,且不外露,动作迟缓而不灵活,具有明显的内倾性。

抑郁质又称抑制型,属于刻板而羞涩的抑郁类型。这种人往往敏感、多疑,感情比较脆弱,做事小心谨慎,观察敏锐,善于察觉别人观察不到的细小事情。

实际上,只有少数人是四种气质类型的典型代表,多数人是介于各种类型之间的中间类型。每种气质类型的特点,都具有好的一面,又有差的一面。例如,多血质的人情感丰富,工作能力强,容易适应新环境,但注意力不集中,兴趣容易转移。抑郁质的人胆小、孤僻,但感情细腻,做事谨慎小心,观察力强。一个人的气质类型并不决定一个人的社会价值。同一气质类型的人,既可能成为杰出人物,也可能成为平庸之辈。

正是个体气质存在差异,不同气质的人适宜不同的岗位,才使人事测评具有重要性和可能性。如果个体之间不存在气质差异,那么人事测评将无法获得有意义的结果,以及为人事决策提供客观依据,从而人事测评最终将失去其存在价值。因此,可以说,个体气质差异是人事测评存在的客观基础。

2. 能力差异

人的能力差异表现在两个方面:一方面是一般能力存在着差异,如人人都有记忆力,但如果用随机取样的手段对足够大的样本群体进行记忆测验,就会发现有50%的人记忆能力处于中等水平,有25%的人记忆能力高于中等水平,有25%的人记忆能力低于中等水平;另一方面是特殊倾向差异,它强调的是个体的能力具有相对的倾向性,如有人在某一领域表现杰出,而在另一领域则表现平平。

二、岗位差异理论

岗位差异即不同岗位之间的非一致性,它是对企事业单位内部所有岗位,按照工作性质、责任轻重、难易程度、所需资格条件等因素进行区分的结果。个人的工作总有差异性,不同岗位的要求也不同,人们应从事其最合适的工作,以取得最高的工作效能。

(一)工作特征模型

工作特征模型(job characteristics model)提供了这样一种分析框架,从五个方面对工作进行了区分,并分析了工作之间的关系以及对员工生产率、工作动力和满足感的影响。

根据工作特征模型,任何工作都可以从以下五个核心维度进行描述:

(1)技能多样性,指一项工作要求员工使用各种技术和才能从事多种不同活动的程度;

(2)任务完整性,指一项工作要求完成一项完整的和具有同一性的任务的程度;

(3)任务重要性,指一项工作对其他人的工作和生活具有实质性影响的程度;

(4)自主性,指一项工作给予任职者在安排工作进度和决定从事工作所使用的方法方面的实质性自由、独立和自主的程度;

(5)反馈,指个人对其从事工作所要求的工作活动的绩效的直接和清晰程度。

(二)岗位差异的评价指标

随着社会化大生产的发展,社会分工越来越细,不同的工作岗位之间虽有千丝万缕的联系,但各自的工作内容、工作责任、工作范围及工作性质等是不尽相同的,岗位间存在较大的差异,对员工的素质要求也大相径庭。

当员工的素质与岗位的要求相匹配时,则员工可能在今后的工作中取得较大的成绩;否则,即使员工任劳任怨,也难以取得好的工作成绩。也就是说,岗位差异要求通过人事测评找到素质结构与之相符的员工。在劳动管理中,通常从劳动责任、劳动技能、劳动强度、劳动环境和劳动心理五个因素对各岗位进行区分。

(三)工作角色要求

美国社会心理学家乔治·米德是最先使用"角色"一词的。角色是社会学和社会心理学从戏剧中借用的术语,它是由一定的社会地位和身份所决定的,符合一定的社会期望的行为模式。我们引用"角色"一词于工作类别之中,称为工作角色。它是指由于特定环境与工作任务不同而形成的特定工作性质与特征,这种特定的工作性质与特征要求担任角色的人具有相应的素质条件、态度、心理特征与工作行为模式。

职业、职位类别及其工作角色要求,是人事测评的客观要求。社会发展的任何阶段,都存在着一定的社会分工问题,不同产业部门对任职者的素质要求是不尽相同的。即使同一产业中不同职位的任职者也有职级的差异,即便同一等级地位的人,因为职责任务及所处的环境特殊,实际的工作要求也是有所不同的,这就是工作角色的差异。由此可见,工作角色要求是进行人事测评的客观要求,担任一定工作角色的人必须具备相应的素质条件。

同一种工作角色可以由多个人来承担,一个人也可能有承担多种不同角色的潜能。然而,在特定时空条件下,每个人所能承担的工作角色是特定的。显然,这种由职业、职位类别而产生的工作角色对任职者的素质要求与期望作用,提出了人事测评的客观要求,要求每个职位的人选都要合理配置。越是高级的工作角色,其相应的要求也就越高。

第二节 人岗匹配理论

一、人岗匹配理论

人岗匹配理论以个性心理学和差异心理学为理论基础,其理论前提是承认人的个性存在差异,这些个性差异适合于不同的职业。人岗匹配理论最早是由弗兰克·帕森斯教授提出来的,他认为每个人都有一系列独有的特性,不同的职业需要具备不同特性的人员。他把人岗匹配分为两种类型:①条件匹配,即职业所需要的与从业者所掌握的技术、知识之间的匹配。②特性匹配,即职业所需要的与从业者所具有的个性、特点之间的匹配。例如,具有敏感、易动感情、不守常规、个性强、理想主义等人格特性的人,宜于从事审美性、自我情感表达的艺术创作类型的职业。一根木棒在劳动者手里就是劳动工具,拿在罪犯手里就是凶器。人才用得好就可以产生 $1+1>2$ 的效果,反之就会造成人才浪费,得不偿失。用人之道的妙处在于怎么用,如何找到人才与工作的最佳结合点,从而发挥最大的效能。

所谓人岗匹配就是按照人适其事、事宜其人的原则,根据个体间不同的素质和不同的需求将其安排在各自最合适的岗位上,即保持个体素质与工作岗位要求的同构性,保持个体需要与工作报酬的同构性,从而做到人尽其才、物尽其用。如果说通过工作分析对不同的岗位进行描述,可以明确工作环境、工作内容、工作职责和对人的基本要求,那么通过人事测评对个体素质进行测量和评价,则可以明确个体素质结构、素质水平和各自适宜的工作。因此可以说,人事测评作为量"人"的尺子,在人与岗之间架起了桥梁。

人岗匹配包括四个方面(见图 2-1):

(1)工作要求与人的素质相匹配。要做到事得其才,人尽其用,有效使用。

(2)工作报酬与人的需求相匹配。要使酬适其需,人尽其力,最大奉献。

(3)人与人的匹配。要做到人与人之间协调合作,互补凝聚,共赴事功,强调团队精神。

(4)工作与工作的匹配。要使工作之间权责有序,灵活高效,发挥整体优势。

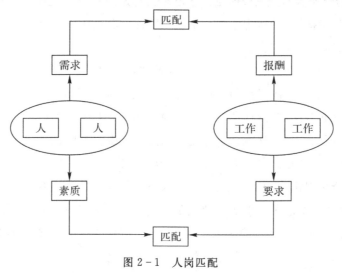

图 2-1 人岗匹配

在这四大匹配中,有一个管理理念的问题,到底是以人为中心还是以工作为中心,传统的管理一般是以工作为中心设计这四大匹配,人围绕着工作来转;现代管理强调以人为本,很多企业开始以人为中心来设计这四大匹配。

二、人岗匹配理论的扩展范畴

人事测评中,不仅要注意人岗匹配,还应重视人与组织匹配、人人匹配和岗岗匹配。

(一)人与组织匹配

人与组织匹配主要是将人放到组织的环境中,考虑组织中员工之间的匹配和员工个人特点与组织特点的匹配。也可以说人的个性,如价值观、性格等方面,要与企业的企业文化相匹配。企业希望招募个人特点与公司企业文化相一致的员工。

施耐德(Schneider)在1987年提出了"吸引—选择—磨合"模型。他认为,求职者容易被吸引到与他们具有相似目标的组织中,与组织内部员工个性不相似的求职者容易被排除在挑选范围之外。个人与组织的匹配意味着高绩效、高满意度和低压力;不匹配意味着低绩效、低满意度和高压力,会迫使员工或者自身做出改变,或者更换工作单位和环境。

对人与组织匹配的研究主要包括个人和组织价值观之间的匹配、个人和组织目标之间的匹配、个体需求和偏好与工作环境特征之间的匹配、个体个性和组织文化之间的匹配。人与组织匹配为我们提供了一个新的视角,对人事测评内容的设计具有指导意义。

人与组织匹配要求在人力资源管理中必须使员工的价值观与组织的价值观相匹配,员工的期望与组织的期望相匹配,员工的责任与组织的责任相匹配。社会心理学者布劳(Blau)认为,员工与企业之间的关系可区分为经济性交换与社会性交换两种形态,并且他指出虽然这两种交换关系存在着差异,但同样都必须建立在互惠的基础上。因此,要做到人与组织的匹配,就要通过素质管理、岗位管理、绩效管理和薪酬管理对员工进行招聘前、招聘中和招聘后的管理,从而用有形劳动契约和无形心理契约双重纽带把员工与组织联系起来。这样一方面,使员工拥有其工作所要求的知识、技能和能力,并培养员工对组织的认同感、归属感和献身精神;另一方面,不断满足员工在内在报酬和外在报酬上的期望和需要。

(二)人人匹配

人人匹配,顾名思义是企业员工与员工之间的匹配。企业中员工的知识、能力、性格都千差万别,人们需要根据自己的个性特点找到合适的工作氛围,适应不同的人际关系,以获得个人需要、兴趣及心理上的满足,从而形成个体性格和差异的互补,最大限度地发挥自己的潜力。

人与人的匹配要求在人力资源管理过程中做到员工与员工之间在知识上互补、能力上互补、性格上互补和气质上互补,从而协调合作,共赴事功。因此,必须通过素质管理,在识人和承认员工差异的基础上,围绕企业战略目标的实现,把差异性的员工组合起来,形成高绩效的工作团队。这样一方面,能使员工较好地分工与合作,提高组织的效率和效能;另一方面,能增加员工的组织归属感和工作投入热情度。需要强调指出的是,人与人的匹配不是静态的、一次性的,必须动态地看待,因而要通过培训开发和职业生涯规划,不断提高员工的就业能力和岗位胜任力,实现员工之间的动态匹配。

(三)岗岗匹配

岗位与岗位的匹配要求在人力资源管理中必须使岗位之间权责有序,灵活高效,确保工作流程发挥整体优势,有利于员工最大效能的发挥。企业必须在岗位分析的基础上进行岗位管理,根据企业的战略要求和企业员工素质的具体情况,对岗位进行设计和再设计,对岗位的价值进行正确的评估和界定,确定合理的工作流程、工作形式和岗位设置,并通过竞聘上岗、岗位轮换、工作团队等多种形式不断提高员工的工作参与感和工作满意度。

第三节 人事测评可测理论

一、原理一:人事测评的可能性

个人的每一个行为(先天的条件反射除外)表现都是其相应心理素质的特定表征。用数学公式可表示为

$$B = f(Q,E)$$

式中:B——个体的行为表现;

f——个体行为的表征方式或机制;

Q——个体的素质;

E——个体面临的环境。

例如,当一个人在公共汽车上看见一位孕妇艰难地站着,就立即站起来把自己的座位让给她。那么

B——给孕妇让座；

f——看见孕妇立即站起来，情感；

Q——善良；

E——孕妇艰难地站着。

该原理表明，人是社会的存在物，其素质可以通过言语行为和非言语行为及对外部世界的反应表现出来。人的素质包括许多方面，这些方面可以划分为一些基本要素，这些要素相互联系、相互区别、相互影响、相互制约，并通过社会活动表现出来，共同揭示人的素质。我们可以通过要素分析来测定人的素质。

人事测评实际上就是测评者对被测评者的信息获取、加工的过程，也就是测评者对被测评者的认知过程，可以概括为由四种成分所组成的模式：①感知系统，即接受由环境提供的信息；②记忆系统，即对输入信息的编码、储存和提取活动；③控制系统，即决定目标的先后顺序，监督当前目标的执行；④反应系统，即控制着一个系统的全部输出。测评者的认知过程并不是按上述顺序单方向进行的，各种成分之间存在着不同方式的相互作用。人事测评之所以能够存在，并作为人力资源开发和管理的基础被广泛应用，是基于其自身所具有的效度和信度特征。

二、原理二：人事测评的现实性

素质是一种相对稳定的组织系统，各个体不尽相同。它可以综合不同环境下的刺激，使个体对这些不同的刺激做出一致的反应行为。用公式可表示为

$$Q = \sum BE$$

式中：Q——素质；

B——个体有代表性的行为；

E——不同环境。

这个公式表示，素质 Q 是不同环境 E 刺激下有代表行为 B 的总和。

一个高素质的人，他不但会在公共汽车上为老人、小孩让座，而且对有困难的人也会热心帮助，在集体宿舍里会克制自己来方便别人，无论是对一面之交还是对亲朋好友，都会友情相待，等等。这里，

Q——善良；

E_1——公共汽车上的老人、小孩；

B_1——让座；

E_2——有困难的人；

B_2——帮助；

E_3——宿舍里的其他人；

B_3——方便；

E_4——一面之交、亲朋好友；

B_4——友好相待；

……

$$Q = \sum BE = B_1E_1 + B_2E_2 + B_3E_3 + B_4E_4 + \cdots + B_nE_n$$

如果说职业类别、角色要求与个体差异的客观存在是人事测评的必要条件,那么对个体素质的认知理论与实践探索,则是人事测评的充分条件。认知的理论和实践是人事测评可能性的基础。人事测评实际上是一种特殊的认知过程,在这一过程中,测评主体借助于某种科学的手段,从人力资源配置与管理的角度去认识求职者的素质。这种认识是借助于一定的测评手段和测评标准来实现的。由此可见,哲学中的认识论与认知心理学,为人事测评的可能性提供了理论基础,而人事配置及其测评的探索活动则提供了实践基础。原理二表明对素质进行测评有现实性和充分性。

三、人事测评的模式:黑箱理论

黑箱理论将系统内部状态认识不清的复杂对象看作一个"黑箱",把外部对它的作用看作输入,而把它对外部的作用看作输出。通过研究任何一个"黑箱"的输入和输出的相互关系,即使还不知道这个"黑箱"的内部状态,也可以按照输入和输出的情况来预测"黑箱"的行动。

当我们想测评某一素质是否存在,且具备多少时,不是直接测评素质本身,而是以一定形式给被测评者输入各种不同的信息,然后观察其所做出的各种行为反应,分析所输出的各种信息,并依据测评标准做出判断。这一模式可表示成图2-2。

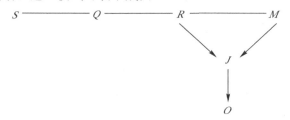

S—输入信息;Q—素质;R—输出信息;M—测评标准;J—分析评判;O—测评结果

图2-2 人事测评模式

当测评情境以文字或图形设计呈现时,测评即是笔试形式;当刺激情境是经过精心设计且以面对面问答或谈话形式出现时,测评则是面试形式;当各种刺激以实际情形出现时,测评则是观察评定形式。

第四节 测量理论

一、经典测量理论

经典测量理论(classical test theory,CCT)从19世纪末开始兴起,于20世纪30年代形成比较完整的体系而渐趋成熟。20世纪50年代格里克森的著作使其具有完备的数学理论形式,而1968年洛德和诺维克的《心理测验分数的统计理论》一书,将真分数理论发展至巅峰状态,并实现了向现代测量理论的转换。真分数理论是经典测量理论的核心。

(一)真分数理论概述

在经典测量理论中,真分数假设是在这一思想基础上提出来的:在刻画一个人的外显行为反应水平时,可据此来间接刻画人的心理特质及其发展状况的水平。同时,这就成了测验的首要条件。

所谓真分数是指测验中不存在测量误差时的真值或客观值。真分数是一个在理论上构想出来的概念,在实际测量中是无法得到的。由于实际测量中误差是不可避免的,因此真分数只能依靠对实测分数进行修订而得出。其数学模型是

$$X = T + E$$

式中,X为实际测得分数;T为假设的真分数;E为测量误差,即随机误差分数。该模型包含以下假设:一是在所讨论的范围内,真分数保持不变;二是误差分数是完全随机的,与真分数相关为零,反复测量后其平均值为零。

据此,真分数的操作定义为:在某一具体测验反复施测的条件下,或在这一测验大量平行施测的条件下,被测评者所得分数的期望值(平均值)。

(二)理论应用

1.应用的情况

真分数假设是人们为刻画人的外显行为反应水平与人的心理特质发展水平之间的关系而架设的一座桥梁,它的作用和价值是巨大的。

经典测量理论是一个线性模型,它表示在观察分数和真分数之间存在线性关系。目前,它已经被广泛应用于各种测评量表的编制和对测评分数的分析解释中,它的许多重要公式已经为广大测评工作者所熟悉。经典测量理论有着较长的历史,并且也发展得比较成熟。当然,真分数理论并没有真正建立起被测评者可观察的外部表现与不可观察的内部潜在特质的关系,所谓"观测分数等于真分数加误差"的模型所给出的仅仅是一种外部的现象性描述,而没有真正去揭露或刻画内部特质与外部表现的实质关系,因此,运用真分数这一特征量来刻画人的心理特质水平,就存在着较大的相对性和模糊性。在实际应用中,尽管它仍然存在许多无法克服的技术问题,尽管它要确认严格意义上的平行测量颇为困难,但人们还是开发了许多获得平行测量(严格说是大体平行测量)的方法和策略。

2.应用的局限性

上述测量理论把影响测验分数的所有因素分成两个,即真分数和测量的随机误差。虽然这种广泛的分类可能对研究物理测量是有用的,但是它不一定是考虑测评的最有用的方式。应用经典测量理论的最严重缺点可能是误差的概念。对内部一致性信度、重测信度和复本信度而言,决定测评误差数量的因素是不同的。我们一般认为信度系数是真分数与真分数加上误差之间的比率,但是如果我们改变估算程序,真分数和一次测评误差的组成成分也发生变化,那么就会发生严重错误。

二、概化理论

(一)理论概述

克龙巴赫于20世纪60年代提出的概化理论(generalizability theory, GT)是测量和研究测评分数一致性的一个可选择的方法。概化理论主要源自经典测量理论和误差分析。概化理论本身由两大块组成:一是理论部分,包括概化研究(generalizability study, G 研究)和决断研究(decision study, D 研究);二是统计部分,包括"误差的变异成分"和"信度系数和指数"。概化理论是经典测量理论与方差分析结合的产物,它将因素设计、方差分量分析等统计方法应用到心理测量理论中,对经典测量理论的信度观进行推广,提出了新的误差分析方法。

经典测量理论的核心问题是测量中存在多少随机误差。概化理论的关注点是我们从一系列测量(如一篇文章测验上的一个分数)到一系列其他可行的测量(如不同研究者对相同的文章划分等级)进行概括的能力。概化理论的核心问题是个体可以进行概括的条件,或我们期望在什么样条件下的结果与这里获得的结果是既相似又不同的。概化理论通过系统研究测评分数的一致性和不一致性的来源来解决这个问题。

(二)理论应用

从测评理论的历史来看,经典测量理论发展了几十年,然后才出现概化理论。概化理论推出不到10年,便成为大量研究的焦点。概化理论已经成为众多研究者的重要研究工具之一,概化理论的技术正在各种研究领域中得到广泛的应用。

概化理论与经典测量理论相比,其首要优势是概念上的而不是统计上的。也就是说,概化理论将信度看作是测验分数使用的一个特征,而不是分数本身的一个特征。例如,概化理论认为,当你制定的决策与人们在一个特质或属性上的相对位置相关,而不是与绝对水平相关时,你的决策将会更可靠。因此,相同系列的测验分数由于分数使用的目的不同,就会存在不同水平的信度。我们相信怎样使用测验分数比分数本身更重要,因此,与统治心理测量学历史的经典测量理论相比,概化理论是一个非常大的进步。

概化理论的另一个优势在于,它为使用经典测量理论过程中无法回答的各种实践性问题提供了答案,概化理论可以用来决定如何将问题和人的数量结合起来,以产生最可靠的评估效果。

三、项目反应理论

(一)理论概述

20世纪中后期,项目反应理论(item response theory, IRT)逐步发展起来。这是人们为克服经典测量理论的局限而提出的现代测量理论。它是以题项反应频次分布和为基础表达潜在心理特征以及测试题和被测评者之间互动关系的理论。当我们编制一个测评时,为了改善和提高测评的信度和效度,在测评之前,应对每个题目进行分析,这就是项目分析。项目分析是指根据被测评者的反应对组成测评的各个题目(项目)进行分析,从而评价其功用的程序和方法。

项目分析包括定性分析和定量分析,定性分析包括考虑内容效度、题目(项目)编写的恰当性和有效性等,定量分析主要是指题目难度和区分度的测量。任何测量的信度、效度最终都依赖于题目的上述性质。

通过项目分析,我们可以选择和修改测评题目,以提高测评的信度和效度。项目分析既能帮助测评使用者评价现有的各种测评,还非常适合特殊的和非正式的测评的编制。

(二)理论应用

从20世纪初开始到现在,经典测量理论一直是心理测量工作的基础,它运用的是线性模型,而近年来测量学家的注意力已转向非线性模型,于是项目反应理论产生。它的起源可以追溯到20世纪30年代中期。到20世纪70年代,该理论在大多数发达国家得到测量学者们的关注并成为其研究的主要课题。

项目反应理论在美国、西欧等地也有广泛应用。一些著名的测验与编制机构,如ETS(美国教育考试服务中心)都在运用项目反应理论编制常模与标准参照测验,许多大型考试,如GRE(美国研究生入学考试)、TOEFL(托福)、GMAT(美国管理学研究生入学考试)等,也用项目反应理论来指导测验的编制、实施和解释。我国也于20世纪80年代引入项目反应理论,取得了一些研究成果,并将之成功运用于教育与心理测量实践中。

项目反应理论的优点是:①被测评者能力的估计值和所施测的项目无关;②项目参数的估计值是和被测评者样本组无关的;③IRT可以提供被测评者能力估计值的精确度指标;④在IRT中,被测评者能力和项目难度在同一量表上。由于项目反应理论具有以上这些优点,解决了经典测量理论中的许多问题,因此成为教育和测量学中的前沿理论,吸引了大量的测量专家去研究并将之应用于实际。

本章小结

- 个体差异是指人与人之间在个性特征上所存在的差异,包括个性倾向性差异和个性心理特征差异。岗位差异即不同岗位之间的非一致性,它是对企事业单位内部所有岗位,按照工作性质、责任轻重、难易程度、所需资格条件等因素进行区分的结果。

- 人岗匹配理论以个性心理学和差异心理学为理论基础,其理论前提是承认人的个性存在差异,这些个性差异适合于不同的职业。所谓人岗匹配就是按照人适其事、事宜其人的原则,根据个体间不同的素质和不同的需求将其安排在各自最合适的岗位上,即保持个体素质与工作岗位要求的同构性,保持个体需要与工作报酬的同构性,从而做到人尽其才、物尽其用。

- 人事测评是可能的,对素质进行测评有其现实性和充分性,通过研究任何一个"黑箱"的输入和输出的相互关系,即使还不知道这个"黑箱"的内部状态,也可以按照输入和输出的情况来预测"黑箱"的行动。

- 测量理论包括经典测量理论、概化理论和项目反应理论等。①经典测量理论是一个线性模型,它表示在观察分数和真分数之间存在着线性关系。真分数假设是人们为刻画人的外显行为反应水平与人的心理特质发展水平之间的关系而架设的一座桥梁,它的作用和价值是巨大的。但是,经典测量理论存在着较大的相对性和模糊性。②概化理论的核心问题是个体可以进行概括的条件,或我们期望在什么样条件下的结果与这里获得的结果是既相似又不同的。概化理论通过系统研究测评分数的一致性和不一致性的来源来解决这个问题。③项目反应理论是以题项反应频次分布和为基础表达潜在心理特征以及测试题和被测评者之间互动关系的理论。

 复习思考题

1. 个体与岗位为什么会存在差异?
2. 如何理解人岗匹配理论中的四个匹配?
3. 为什么人事测评具有可能性、现实性和充分性?
4. 试分析比较经典测量理论、概化理论和项目反应理论这三大测量理论。

第二篇

测评方法篇

第三章 笔 试

学习目标

1. 掌握笔试的基本概念、类型和优缺点；
2. 熟悉笔试考核的内容；
3. 熟悉笔试的实施流程；
4. 掌握笔试常见题型的特点和应用领域；
5. 掌握笔试的实施与计分以及误差控制。

引导案例

行政职业能力测验介绍

行政职业能力测验考查的主要范围包括：①常识，涵盖政治、法律、经济、管理、人文、科技等；②言语理解与表达，包括阅读理解（短文阅读、文章阅读）、词语表达（选词填空、词语替换）和语句表达（病句判断、歧义辨析、长句判断、选句填空）三种题型；③数量关系（数字推理、数学运算）；④判断推理（图形推理、演绎推理、定义判断、事件排序）；⑤资料分析（文字资料分析、表格资料分析、统计图形分析）。以上内容体现了对国家公务员最低限度的要求，并不代表行政职业能力的所有方面。能通过行政职业能力测验的只是说明应试者具备了做好行政工作的必要条件，而不是充分条件。

行政职业能力测验主要考查如下能力：

1. 对语言文字的综合分析能力

对语言文字综合分析能力的考查主要通过言语理解与表达这种题型来实现。该题型的基本构成是给出一段文字资料或者一篇文章，然后根据所给材料设置一定的问题。本部分内容主要考查应试者对词和句子一般意思和特定意义的理解，对比较复杂的概念和观点的正确理解，对语句隐含信息的合理推断，在干扰因素较多的情况下，能比较正确地辨明句义、筛选信息等，要求应试者具有相对较强的言语分析和理解能力，以及扎实的语法功底和文字处理能力。

2. 对数量关系的理解与计算能力

对应试者数量关系的理解与计算能力的考查是通过数量关系这一题型来实现的。本部分内容涉及的知识和所用材料一般不会超过高中范围，甚至多数是小学的数学知识，以此为媒介，考查应试者对数量关系的理解和计算能力。

3.判断推理能力

判断推理是人类智力的核心部分,它的强弱反映一个人对事物实质及事物之间联系的认识能力的高低。判断推理能力涉及对图形、词语概念和文字材料的认知理解、比较、组合、演绎、综合判断等能力。

4.运用基本知识分析判断的能力

对这项能力的考查是通过常识判断来实现的。这类试题所选素材从古到今,从无机物到人类,从自然界到社会……包罗万象,对应试者没有专业上的歧视,而是通过测试比较不同应试者知识面的广博程度。对于大多数应试者而言,要在短时间内提高常识判断能力是很难的,重要的是平时的学习、观察、思考和积累。

5.资料分析及判断能力

现代社会是信息社会,大量的信息往往通过统计资料来反映,要正确、及时地做出决策,必须能够对这些形式上比较抽象的综合信息进行快速的分析与加工,从枯燥的形式中找出需要的关键点,只有如此,方能有的放矢地制订方案。

第一节 笔试概述

一、笔试的概念及作用

(一)笔试的概念

笔试是指测评者按统一测评标准测验被测评者所掌握的知识数量、知识结构与知识程度的一种方法。笔试需要安排被测评者在统一时间和统一地点,按照测评者或测评组织的统一要求,通过笔试的形式完成测试题目。测试题目一般是根据被测评者将要从事的工作的性质、工作条件和岗位职责所必备的理论知识等测评要素来设计的。笔试可以测量被测评者的专业知识、基本知识、外语知识、文字表达能力、逻辑分析能力等素质能力的差异。由于笔试对被测评者来说是相对公平的一种测试方式,且易于组织实施,因此已被很多用人单位所采用。

1956年,教育心理学家本杰明·布鲁姆提出了一个新的教育目标分类法,该分类法把认知领域分为识记(知道)、理解(领会)、应用、分析、综合、评价六个类别,如表3-1所示。教育目标分类法在笔试测评中同样适用。

表3-1 布鲁姆认知领域目标分类系统

类别	说明	示例	关键词
识记(知道)	对具体知识的记忆,被测评者是否已经记牢,能否进行识别、鉴别	如对"什么是人力资源管理"的记忆、识别、列表等	记忆、识别、列表、定义、陈述、呈现等
理解(领会)	对事物目的或意义的理解	如你能描述发生了什么事情吗	描述、解释、区别、归纳、比较、推断等

续表

类别	说明	示例	关键词
应用	运用所学的概念、法则或原理去解决问题,去理解事物的本质	如工作中如果遇到某问题,你将怎么处理	应用、论证、操作、实践、分类、解决等
分析	对知识进行分解,并理解各部分之间联系,解释其因果关系	如工作中为什么会遇到这样的问题	分析、检查、实验、组织、比较、辨别等
综合	以分析为基础,将各个部分或元素组合成一个整体,以便创造性地解决问题	如工作怎么样才能避免这样的问题出现	组成/建立、设计、计划、支持、系统化等
评价	综合内部与外部的资料和信息,做出符合客观事实的推断	如公司的规章制度能够帮助我们避免这样的问题吗	评论、鉴定、辩护、证明、预测、支持等

(二)笔试的作用

(1)笔试测评有助于用人单位对被测评者的专业知识以及文字表达能力和书写能力等综合能力的了解。由于笔试测评是通过笔试的形式进行的,因此被测评者的回答必须落实到笔头上,这就可以对被测评者的表达能力和书写能力进行考查。测评者甚至可以运用笔迹学方面的知识在一定程度上推测被测评者的人格特质。

(2)笔试测评可以避免测评过程中的不正之风,也可以作为被测评者能力的留档记录。被测评者在笔试过程中与测评者不会正面接触,试题的评分如果能做到在密封的情况下进行,就能在最大程度上减少考试结果徇私舞弊的可能性。

(3)笔试测评得分比较可靠,对被测评者比较公平。笔试测评的题目可以大量采样,对知识和能力的考查信度和效度较高。评分标准较为客观也是笔试测评的特点之一。这些能保证测评的客观性和公平性。

(4)笔试测评结果可以作为用人单位测评被测评者能力的主要依据。通常笔试主要限于一些对专业技术要求或对人员素质要求很高的单位。

二、笔试的方法与考核内容

(一)笔试的方法

从笔试的实施者、笔试的组织形式及被测评者三个角度来看,笔试的划分方法有多种。

(1)就实施者而言,笔试是通过试卷测试法完成对被测评者能力的测评的。随着现代计算机技术的发展,为节省成本,很多企业也采取机试的形式进行测评。

(2)就笔试的组织形式而言,笔试有开卷考试和闭卷考试之分。①开卷考试是指被测评者可以携带参考资料参加考试,可以自行查看资料、课本等,但是相互之间不可以商量答案的一种考试方式。与闭卷考试比,开卷考试的试题更具开放性和灵活性,有利于被测评者充分发表自己的见解,展现自己的能力。②闭卷考试是指被测评者只可以独立完成试题,不能看课本和参考资料,不可以与其他被测评者商量答案、传递答案的一种考试方式。

(3)就被测评者而言,应对笔试的方法主要有:①了解笔试的内容和重点,有针对性地进行复习。②了解笔试的目的,灵活运用知识进行答题。③要适当地减轻思想负担,保证良好的睡眠,适当地参加一些文体活动,以饱满的精神状态参加考试。④提前熟悉考场的环境和考试注意事项,这有利于消除应试时的紧张心理。⑤答卷时要认真审题,合理分配答题时间,注意卷面整洁。

(二)笔试考核的内容

笔试考核的内容很多,归纳起来主要有基础知识考试、专业知识考试、相关知识考试、性格测试和智商测试等。

1.基础知识考试

基础知识考试又称为广度考试或综合考试。它的考试内容比较广泛,可以包括自然常识、社会常识、数理化、文艺、体育、外语等方面的知识。它的主要目的是了解被测评者知识掌握的广度。

2.专业知识考试

专业知识考试主要是测评与被测评者职位有直接关系的专业知识,是对被测评者专业知识深度的测量。如被测评者的职位是室内装修方面的工程师,专业知识的考试内容可以包括室内设计、AutoCAD制图、室内环境污染、工程力学、光学、人体工程学、色彩配置、基础土建工程等方面的知识。

3.相关知识考试

相关知识考试主要是考察被测评者对与工作内容相关的知识了解程度的考试,如求职者的职位是人事专员,相关知识考试的内容可以是心理学、管理学、公共关系等各方面的相关知识。

4.性格测试和智商测试

性格测试和智商测试主要运用笔试的形式使被测评者完成性格和智商方面的试题,以测评被测评者的性格特征和智商水平。

三、笔试的优缺点及适用领域

(一)笔试的优缺点

1.笔试的优点

组织在招聘活动中通常采用笔试的形式来测试求职者的知识水平。与其他测评方法比较,它的优点具体如下。

(1)客观性。考卷可以密封,测评者和被测评者不必直接接触,增强测评的可信性。被测评者回答问题的真实材料可以得到保存。被测评者考核的试题相同,阅卷标准相对较客观,被测评者的测评成绩可以进行比较。

(2)经济性。试卷的设计、印刷比较迅速,降低了时间成本。在同一时间、不同空间可以对大量被测评者进行测评,易于组织实施,降低管理成本。根据笔试成绩实现优胜劣汰,降低了沟通成本。

(3)广泛性。笔试试题量大,形式多样,知识的涉及面广,易于考核被测评者知识掌握的深度、广度及运用知识的能力,信度和效度较高。

(4)简便性。笔试一般不需要特殊的专业人才来进行测评,在测评的时候比较简便。

(5)利于发挥。参加笔试时,被测评者的心理压力相对较小,容易发挥其正常水平。

2. 笔试的缺点

虽然笔试具有以上五个方面的优点,但是试题本身具有主观性,这就造成笔试具有以下三个方面的缺点。

(1)难以全面考察被测评者的能力。笔试偏重机械记忆,不能反映个人的创造力和推理能力,难以考察被测评者的实际操作能力。试卷是针对某一项或几项内容而设计的,如果进行两次考试,其结果是没有可比性的。

(2)笔试的试题可能出现不够科学的现象。如试卷中出现一些怪题或无意义的题目,这对于测评的准确性无疑是一个阻碍。

(3)阅卷标准的不统一性。阅卷人员素质不同会在阅卷时出现偏差;阅卷人员在评阅主观性试题时由于价值取向不同,会影响测评结果的准确性。

(二)笔试的适用领域

凡是接受过初等教育的人都有过笔试经历。具体来讲,笔试的应用领域可以从以下三个角度进行划分。

1. 笔试应用在企业中

按照企业性质来分,笔试适用于各类技术型和非技术型企业。为保证企业人力资源管理活动的效用,各企业应用笔试测评的形式对人力资源进行鉴别。

按照功用划分,笔试适用于企业人力资源的选拔、岗位调整、员工培训、职位晋升、绩效考核等方面。

2. 笔试应用在政府机构及类似的组织管理机构中

这一应用的最主要体现就是国家公务员考试、各级地方公务员考试、事业编制考试、银行录用选拔考试等。一般来说,政府机构在进行内部人员职位调整时,也会涉及笔试。

3. 笔试应用在学校教育中

其实,只要提到笔试,人们脑中的第一印象就是学校考试,包括中考、高考、研究生考试以及期中考试、期末考试、日常模拟考试等大大小小、各种类型的考试。显然,笔试已经成为学校教育的重要手段。

第二节 笔试的实施流程

笔试具体实施包括用人单位根据招聘岗位需要的知识和能力拟制题目并安排应聘者进行测试,相关人员根据应聘者的答题情况进行评定。笔试由人力资源部负责组织实施,各用人部门给予协助。笔试的组织实施具体可分为三个阶段,即笔试实施前的准备阶段、笔试实施阶段和阅卷评分阶段,共九个步骤,即组建笔试团队、收集资料、编制笔试题目、组织试题测试、确定笔试地点、通知笔试人员、准备笔试用具、实施笔试、审阅评估试卷,如表3-2所示。

表 3-2 笔试实施流程

阶段	步骤
准备阶段	组建笔试团队
	收集资料
	编制笔试题目
	组织试题测试
	确定笔试地点
	通知笔试人员
	准备笔试用具
实施阶段	实施笔试
阅卷评分阶段	审阅评估试卷

一、组建笔试团队

笔试团队,又称笔试小组,它负责整个笔试工作的实施,如试题的设计、编制、监考、阅卷、费用的预算等。它具体可由人力资源部负责招聘的人员、用人部门负责人和专业人员组成。团队人员的质量和数量对整个测评工作起着举足轻重的作用,合理的人员搭配和人数确定能使测评的指标体系和参照标准体系发挥预计的效用,最终达到测评目的。

笔试团队负责人一般由人力资源部经理担任,全面负责笔试团队的管理工作。为保证笔试的质量,笔试团队成员一般需具备以下素质:

(1)坚持原则,公平公正,不偏不倚;
(2)有主见,善于独立思考;
(3)有测评方面的工作经验;
(4)具有一定的文化水平;
(5)有事业心,不怕得罪人;
(6)作风正派,办事公道;
(7)了解测评的相关要求。

如果团队成员的知识和素质参差不齐,而且各种能力素质测评的方法都具有相当的技巧和微妙性,这时就必须对团队成员加以培训,使之了解、熟悉并掌握各种方法和相关知识,同时必须排除个人感情因素对测评工作的干扰。

在笔试开展前,组织还需要对笔试团队进行有针对性的培训,培训安排主要包括以下四个方面。

(1)确定培训内容及方法。增强笔试团队成员在组织招聘过程中对笔试的责任感和使命感,并就笔试题目开发、评分标准等工作实施培训。

(2)确定需参加培训的人员名单。对笔试团队进行培训,参训人员一般包含团队所有成员。针对笔试团队的培训其实也是一次针对整个项目工作的动员大会。

(3)确定培训时间及地点。人力资源部是笔试团队培训的负责部门,人力资源负责招聘的相关人员根据团队成员的时间安排,协商安排培训时间及地点。

(4)其他培训安排事项。这包括在培训前、培训中及培训后需要协调或跟进的具体事务等,如培训团队成员用餐安排等。

在笔试管理工作中,笔试团队的分工和准备工作同样对笔试的顺利进行起着举足轻重的作用。合理地分工,一方面可以达到人尽其用的目的,另一方面可以最大限度地提高工作效率,实现整体效益最大化。

二、收集资料

收集资料是为试题编制做准备,主要收集与实施笔试有关的岗位信息、胜任素质信息以及有关试题的其他内容。

三、编制笔试题目

通过收集与实施笔试有关的岗位信息、胜任素质信息以及其他内容,根据笔试要考查的要点、企业招聘岗位的特点及企业需要,确定试题的类型、内容、难易程度、题量、试题答案等。编制笔试题目包括以下五个方面。

(1)选择题目。测评题目的选择主要依据题目自身的性质及其实际测评到的与计划测评的目标一致性程度。要根据测评对各部分内容所要求的比例选择适当数量的试题,也要考虑试题的难易、重要程度以及试题的类型。

(2)编制题目。试题编排有三种思路:一是将题型相同的题目编排在一起;二是按题目的难度不同,按由易到难的顺序编排;三是按题目所测的内容编排,即把测评同一内容的各个题目编排在一起。在试题的实际编排过程中,上述方法通常组合使用。为防止相邻座位的应聘者互通信息、相互抄袭,可采用编制 A、B 卷的方式。两份试卷的题目不变,只是使两份试卷的试题顺序交错排列,或对选择题的正确答案变换位置。目前,越来越多的笔试都采用 A、B 卷形式,并取得了积极的效果。

一般来说,笔试测试分为业务知识与能力(含外语)测试、综合知识测试、综合能力测试三个方面。根据组织内部各部门之间的专长,测试题目的拟制分工也不同。业务知识与能力(含外语)测试题目根据岗位任职资格要求确定,由用人部门编制;综合知识测试,包括公司的历史、业务、现状的通用知识,由人力资源部负责编制题目;综合能力测试,是对应聘者的分析能力、思维能力、领导能力等进行测试,由人力资源部负责编制题目。

外部专家负责为笔试试题的设计提供指导性意见和建议,并提供多方面的智力支持。各测试题目拟制负责人在笔试进行之前,要确保题目拟制并测试完毕,保证笔试题目质量。

(3)编制试卷副本。有时同一测评需要在不同情况下多次使用,或者在不同时间对同一类型人员进行测评,或者为了防止泄密以及被测评者可能出现的作弊行为,在组织试卷正本的同时,需要编制试卷复本。所谓复本,就是两套或者两套以上等值的测评试卷。

(4)检验试卷。检验试卷主要是对整个试卷的文字、指导语、正确答案在不同选项中出现的频数、格式进行审查。检验是对试卷的题目是不是较好地反映了测评指标,复本是不是等值,试卷的难度是否恰当等进行审查。要解决这些问题,可以对试卷逐项进行审查,也可做必要的预测试。

(5)编制答案及评分标准。答案的编制主要包括针对客观题的标准答案和主观题的参考答案这两大类。编制参考答案主要是给出试题涉及的相关关键知识点,然后为每一个知识点分配计分权重。编制标准答案时,编制者需要确保答案的标准性、唯一性、无可争议性及对应性。

评分标准的编制主要是指确定测试的总分值以及每道试题的分值和计分标准的一个过程。要做好这一方面的工作,必须先确定测试的总分值,然后根据指标体系的权重赋分值对每一种题型进行赋分,最后再制定得分标准。

四、组织试题测试

在条件允许的情况下,在试题编制好以后,首先选择一部分相关人员(如用人部门的人员、相关专家等)进行预测试,以检验试题的质量。测试的实施过程与环境条件应与将来的正式测评相似。然后,根据预测试的反馈结果对试题做出进一步的完善,以提高试题的信度和效度。

试题预测试结束后,工作人员要收集测试结果及反馈信息,并对其进行分析,主要参考三个方面的信息。第一,答题者的反馈是试题修改和完善的重要依据。例如,试题是不是很难理解,是不是让人有话可说,能不能引起足够的争论,以及答题者的其他一些感受等。这些意见一般可以从侧面反映一些问题,可以直接应用于讨论试题的修正。第二,评分者的意见可以用来完善评分表和评分要素。评分者对参与者进行观察并进行评价,他们所提出的建议应重点考虑,作为修改的依据。第三,统计分析主要是决定笔试的效果,主要是分析信度和效度,如果达到了设计的要求,就可以考虑成稿了;如果未达到设计的要求,则做出修改,也可以考虑其他笔试方法。

五、确定笔试地点

人力资源部门负责安排笔试地点,笔试地点应尽量选择在安静、整洁、采光好的房间。

六、通知笔试人员

人力资源部门确定笔试时间,并及时通知参加笔试的应聘人员。

七、准备笔试用具

人力资源部门准备好笔试所需的试卷、备用文具等材料。

八、实施笔试

在前期的准备工作都已完备的情况下,人力资源部门就可以组织笔试工作,包括人员组织、考场管理、试卷的保管等内容。

九、审阅评估试卷

(一) 笔试的阅卷流程

笔试试卷的评阅是整个笔试流程中十分重要的环节。只有公正、客观地评阅试卷,才能保证笔试的有效性和可靠性。笔试阅卷需要专业性强的人员参加,并且注重保密性。

笔试阅卷流程可分为评分环节和结果处理环节。

(1) 评分环节。评分环节包括试评、确定阅卷方法与正式阅卷等环节。

① 进行试评以完善标准答案和制定评分细则。评分之前,阅卷组应首先抽样试评,再结合试评情况仔细审核标准答案,并在此基础上制定评分细则。

② 确定阅卷方法。目前较常见的方法有两种,一种是由一个人评阅整个试卷,另一种是由多人采取流水线的方式一起评阅试卷。

③ 正式阅卷。进入正式阅卷阶段,试卷启封应在一定的保密措施下进行,阅卷也应实行严格的程序管理。

(2) 结果处理环节。结果处理环节包括登分与核分、数据处理等环节。

① 登分与核分。试卷每个小题、大题及全卷分数的登记、核分与核查是非常重要的环节,稍有不慎,就可能因人为差错而改变笔试结果。为此,登分与核分必须实行分段隔离管理,即分别由不同的人员在不同时段进行,确保数据的准确性。

② 数据处理。对全体及每个人的笔试成绩,包括各科目的笔试成绩及其不同测评要素的得分情况分别予以统计和分析。

(二) 计分

(1) 客观题计分。客观题的答案具有唯一性,阅卷计分只与答案有关而与阅卷人员无关,如填空题、选择题、判断题、匹配题等都属于客观性试题。可采取机器阅卷来计分。机器阅卷可以避免人为阅卷造成的误差,同时,机器阅卷的经济成本也较低。

(2) 主观题计分。主观题能够有效地考查应聘者的实际能力和水平,其主要缺点是计分过程中经常受阅卷人员的情感、态度的影响。扎实、有效的岗前培训是阅卷计分工作顺利的根本保证。企业应从源头抓起,切实做好阅卷人员的四项培训。

① 上岗培训,主要包括思想政治教育、保密条例教育、工作责任感教育、荣誉感教育、阅卷纪律教育、业务知识培训等。

② 试评培训,主要包括评分细则的讨论和制定、阅卷系统的操作、试阅卷和测试卷的评阅等。

③ 质量控制培训,主要包括试卷复评、抽查、退回、修改、问题卷处理等。

④ 心理压力和情绪调节培训,主要包括放松训练、腹式呼吸训练、肌肉放松训练、渐进式放松训练等。

(三) 笔试阅卷的质量控制

笔试阅卷的质量控制包括确定实施方案、组建阅卷队伍、准备各种工具、创设特定环境等内容。这些既是笔试阅卷质量控制的方法手段,更是笔试阅卷质量控制的条件和保证。客观公正是笔试阅卷的基本原则。为确保笔试结果的公正有效,笔试阅卷质量控制可采取以下措施。

(1)建立监督制度。从试评开始,试卷的领取、评阅、保管等环节都必须处于严密监控之下。试卷袋的分发要随机、限时;试卷领取不仅要签名,还要注明领取时间;试卷回收要检查,确认无数量差错,无破损、拆封现象;试卷及各大题和小题的评分、登分、核分、统计应由不同的人员担任,严防串通舞弊。阅卷期间,任何无关人员不得进入阅卷地点。除监督人员在场外,阅卷人员不得与外界发生任何方式的接触联系。

(2)正式阅卷前进行试评。阅卷前,应组织专家随机抽取一定样本的考卷进行试评,根据试评情况对原命题人员拟定的试题答案和评分标准进行修订。

(3)采用复评办法。复评办法包含两种阅卷方式。一是指以第一位阅卷人员的评分结果为依据,第二位阅卷人员对其结果进行复评,主要目的是核查核实。二是对主观性试题,对分值比较大的试题,采取二评或三评的方式进行评分,以减少、降低不同阅卷人员对试题的评阅误差。

(4)加强阅卷过程的监控。在阅卷过程中,可以给阅卷人员反馈各种质量监控指标,如均分、分数分布情况、标准差、评分误差等。必要的时候,可以将专家给定分数的标杆发给阅卷人员,考查其对阅卷标准的把握是否准确;还可以将阅卷人员自己阅过的试卷再返给他,看其两次阅卷间的分差有多大。随着网络阅卷的发展,阅卷过程的监控已经非常容易实现。

第三节 笔试设计

一、笔试设计原则

设计笔试题目应当遵循以下五个原则。

1. 信度和效度高

以测评目标为指导,笔试试题应具有较高的信度和效度,应具有必要的区分度和适当的难度,这是对笔试试卷质量的要求。

2. 实用性强

通过笔试的方法来筛选应聘者,必须从企业的实际出发,根据企业的实际条件和招聘工作的需要来安排笔试的人力、物力、时间及费用等事宜,以最少的人力和费用支出来达到较为满意的效果。同时笔试设计还应保证阅卷工作、数据工作等方面的顺利实施。

3. 客观、严谨

笔试试题编制客观、严谨,就是要保证试题题目及答案的准确性,试题结构形式设计的合理性,各种类型题目占比要适当。

4. 试题难度要与测评目标相统一

一般情况下,笔试试题的整体难度要适中。在招聘选拔中,如果题目太难,只有少数应聘者会通过,对以后招聘的筛选工作会产生影响。在晋升性测评中,题目可以相对难一点,有利于选择优秀的人员进行岗位调整。

5.差异原则

笔试题目应具有差异性,能够准确地测试出被测评者在德、智、体等素质上的差异区别,合理拉开档次,体现出好、中、差不同层次等级,以利于择优录取。差异原则要求整体难度适中,要求尽量提高难度的精密度。题目的难度越精密,区分度越高。一般情况下,编制的题目难度分布应以正态分布为最佳。

二、笔试试卷结构设计

试卷结构是指一份试卷所含组成成分及各种组成成分相互联系的方式,它由相交的两个维度构成,分别反映试卷结构的不同组成成分及其比例关系。通常情况下,一个维度反映试卷的内容、题型、难度、分数、时限结构等组合成分;另一个维度反映试卷目标结构及试卷结构各组成分的比例与相互关系。这些结构要素及其比例互为条件、相互制约,其中任何一种要素设置不当、比例失调或改变排列组合方式,都会影响试卷整体测试效果。双向细目表是试卷结构的具体表现形式,它能够将测评内容、测评目标、试卷题型、试卷复杂程度进行数量化。双向细目表是用于表明测评内容、测评目标及其相对重要程度的一种表格,它可以使笔试命题工作具有计划性,避免盲目性;使命题者明确测评目标,易于把握测评知识与试题题型的比例与分量,提高命题的效率和质量。同时,它对于试题的审查效度也有重要指导意义。

双向细目表是包括两个维度(双向)的表格,较常见的双向细目表有以下四种。

(1)反映测评内容与测评目标关系的双向细目表,如表3-3所示。

表3-3 反映测评内容与测评目标关系的双向细目表示例

测评内容	测评目标						
	识记	理解	应用	分析	综合	评价	合计
合计							

(2)反映测评内容与测评目标、题型之间关系的双向细目表,此类型的表是表3-3的改进,增加了试卷的题型,如表3-4所示。

表3-4 测评内容、测评目标与题型之间关系的双向细目表示例

测评内容	选择题	简答题	证明题	应用题	分析题	合计
	识记、理解	识记	分析、综合	应用	分析、综合、创造	
合计						

(3)反映题型与难易程度、测评内容之间关系的双向细目表(见表3-5)。此类型的表可以体现题型数量、难易程度、测评内容的分配问题。该表可以使试题取样代表性高,可以适当控制试题的难易程度,表中的数据比较容易分配,但它没有反映出测评目标。

表3-5 反映题型与难易程度、测评内容之间关系的双向细目表示例

题型		题量	分数分布		难易程度			覆盖面			合计
主观题	客观题		每小题分数	每大题总分	易	中	难	第一章	第二章	……	
	选择题										
	填空题										
	……										
案例分析											
论述题											
……											
合计											

(4)反映题型、难易程度与测评目标之间关系的双向细目表,如表3-6所示。

表3-6 反映题型、难易程度与测评目标之间关系的双向细目表示例

题型	题数	分数	难易程度				认知度			
			A	B	C	D	1	2	3	4
填空题										
选择题										
判断题										
简答题										
论述题										
合计										

注:①难易程度解释:A表示较易,B表示中等,C表示较难,D表示难度很大。
②认知度解释:1表示识记,2表示理解,3表示简单用,4表示综合运用。

双向细目表制作遵循以下步骤:第一,列出大纲。测评是依据测评目标针对具体的内容进行的,大纲应包括要求被测评者掌握哪些知识内容,不同知识在该测评中的相对重要性,不同知识内容所应实现的测评目标。这些都是测评设计中需要解决的问题。在编制细目表时应先列出大纲。第二,列出各部分内容的权重。应根据测评目标确定各测评知识在整个测评中的相对重要性并分配相应的权重。第三,列出各种测评目标(学习水平)的权重。测评题目要涵盖所确定的测评(学习水平)目标,分别是识记、理解、应用、分析、综合、评价六级目标,应根据测评的特点,对六级不同目标进行合理的权重分配。第四,确定各考查点的参数。在测评知识的内容和其应达到的认知能力目标所对应的表格内,分配各考查点的题型及得分,再根据相应权重计算各得分点

的实际分数值。如第三大题第4题2分,用"三、4(2分)"表示。第五,审查各知识点的分配是否合理。应重点审查各认知能力目标的权重分配是否合理,审查各测评知识内容权重分配是否合理。

通过以上步骤,从表格中就可以看出测评内容分布、测评难度和测评目标分布的情况。这样可以避免由于主观随意性产生的知识覆盖面狭窄、偏题、试题过难或过易的状况。

三、笔试试卷结构确定的流程

确定笔试试卷结构需要很强的专业性知识。笔试试卷结构确定主要遵循以下几个步骤。

(一)明确测评目标

首先应明确测评是注重于选拔、晋升、诊断,还是考核等,它是试题的核心或主题。笔试的立意要体现两个方面的内容:①要实现的测评目标,体现能力的考查主旨。要把知识和能力要求相结合,根据所要达到的测评目标组织笔试内容。②立意的主题要鲜明、观点要明确、理论要清晰、重点要突出,使考查目标有层次和相关性。

(二)确定试卷内容结构

试卷内容结构是指一份试卷内容的组成部分,以及不同部分所占的比重与相互关系。试卷内容结构应当根据测评目标确定。试卷的各个组成部分应当存在内在联系,能反映出需要测评的重点。

(三)确定试卷题型结构

试卷题型结构是指一份试卷所用试题的种类、各类试题在全卷题量中的比重,以及同类型试题间的内在关系。不同的题型在测量具体的能力方面具有各自的优缺点,因此,可以根据所需测试能力的比重设计题型结构,同时需要考虑施测的时间以及应试者的能力等因素。

(四)确定试卷难度结构

试卷难度结构是指试卷不同层次难度试题的数量及其比例关系,以及全卷试题的分布状态。全卷总体难度和试题难度必须与应试者群体的现实水平相适应,过难或过于简单都会影响试题的鉴别力,有碍测评目标的实现。全卷不同难度试题的分布应尽量符合应试者的心理特点。

(五)确定试卷分数结构

试卷的每种题型的分数以及每小题的分数都需要认真确定。但是每种题型内部每个小题的分数并不一定要分值相同,因为每道题的解题难度、复杂程度均存在差异。

(六)确定试卷时限结构

试卷时限结构是指考试施测限定的时间和各类试题的作答时间分配,以及各类试题作答时间在整个施测时间中的比重及相互关系。确定试卷时限结构必须结合笔试的特点、目的要求、试卷的长度和难度、试题内容的呈现形式和作答方式、解题要求和应试者群体的年龄特征,防止因时间宽严失控而造成试题及既定难度标准的升降。

第四节　笔试的题型与编制

笔试的目的、应试者以及其侧重的方面不同，就需要不同题型的综合才能达到笔试的要求。常见的笔试的试题题型有选择题、填空题、计算题、简答题、论述题、案例分析题和情景模拟题。下面我们分别简单地介绍每种常见题型及编制应注意的问题。

一、选择题

选择题是在向应试者提出一个问题的同时，提供若干个答案供应试者选择的试题，包括单项选择题（即在选项中只有一个正确答案）、多项选择题（即在选项中至少有两个正确答案）、不定项选择题（即在选项中有一个或多个正确答案）等。

选择题在结构上分为两个部分：一是题干，可由问句或不完全的叙述句组成；二是选项，包括正确答案和错误答案（又称诱答）。选择题是 20 世纪 50 年代以后迅速发展起来的一种试题类型，它的广泛应用标志着考试科学化、标准化程度日益提高。因为选择题评分客观，测量结果的信度、效度高，又便于计算机阅卷，所以选择题是标准化考试采用的主要试题类型。随着标准化考试的迅速发展，选择题必将在考试实践中更加广泛地应用与不断改进。选择题之所以成为颇受欢迎的试题类型，不仅在于这种试题评分客观，而且这种试题类型对于社会科学和自然科学的各种学科的考试都具有普遍适用性，同时也适用于文字、数字和图形等不同性质的材料，在考查和了解应试者各种知识和分析判断能力、鉴别能力、推理能力以及解决问题的能力都有着不可低估的作用。

(一)选择题的优点

1. 普遍的适用性

选择题对各门学科、各个层次、各种知识和能力测量，具有普遍的适用性，从它的整体作用来看，是任何一种题型都无法比拟的。

2. 客观的评分标准

选择题答案简便，阅卷可以一目了然，对错分明，无须加以主观判断，评分标准统一、客观、准确，只要阅卷人员不错批或漏批，其评分结果与机器评分一致，不会受到主观因素的影响。

3. 选择题的题量可以较大，考查的范围更广，采样代表性更高

应试者回答每道题的方法简便（只要做记号表示即可），所花费的时间非常少，一个小时可以答上百道题。这样就为增加试卷的容量提供了条件，因而可增加或扩大试题的覆盖面，使采样比较合理，有利于提高考试信度和效度。

4. 有利于实现标准化测验

标准化测验的基本要点是：考试过程的系统化和程序化，评分标准的统一化和对考试结果误差控制的最优化。选择题在这方面优于其他任何一种题型。选择题的优点比较突出，并且这些优点越来越被人们所认识，因此，选择题的应用才会如此普遍，我们可以把选择题的广泛应用视为考试走向标准化的开始。

(二)选择题的缺点

1. 试题较难编制,特别是诱答的编制

选择题必须同时配有 3~4 个迷惑性的答案,难点在于这些迷惑性答案中,既要肯定是错误的,又要与正确答案有一定的联系或似是而非,这就需要有较高的命题技巧。在一张考卷上需要编制上百道甚至更多的试题,所花费的时间和精力都是相当大的,而且题与题之间又要彼此无联系,这些都存在一定的难度。

2. 难以避免猜测答案

选择题不能反映应试者的思维过程,它主要是一种对知识的再现过程,评分也只看答案结果,而不看过程,这就给应试者猜测答题以可乘之机。克服猜测答题的主要办法是在每一题干后面适当增加选项,这样可以相应降低猜中的概率。

(三)选择题编制的注意事项

(1)题干后的选项或待选答案数越多,应试者越不容易猜对。在实践中普遍采用 4~6 个选项,这样可以降低猜测的命中率。同时也要保证同一个测验中每个题干后的待选答案数目相同。

(2)待选答案的字数应该相当,并应该都是简单表述的,或者都是详细表述的,务必一致,不要在简单表述的答案中掺杂一两个详细的答案。

(3)错误答案不能错误得过于明显,要与题干有相应的逻辑联系或似真性。

(4)答案之间应该避免重叠现象,少用"以上皆是"或"以上皆非"作为待选答案。

二、填空题

填空题属于提供型的试题。它要求应试者用一个正确的句子来完成或填充一个未完成句子的空白处,或者是提供一个正确的答案。填空题是变相的选择题,但是其测试的内容相对狭窄,答案客观标准,容易命题。但填空题容易鼓励应试者进行机械记忆,不能检测更为复杂的知识和能力。填空题的主要作用是测试应试者的基础知识是否学得扎实,关键词是否掌握,所学知识是否连贯、系统,以及对事物理解、分析和判断的能力。填空题在诊断性的测验中特别有用,而且猜测因素比选择题要小得多。

(一)填空题的优点

1. 具有较广泛的适用性

填空题可以用来考查应试者的理论知识,也可以用来考查应试者的计算能力及思维能力。填空题可以由多种其他题型变换而来,如选择题、计算题,且填空题的答案标准、答题简便,因此具有较广泛的适用性。

2. 容易发现应试者在学习过程中存在的具体问题

填空题一般需要用简短的文字来作答,不同于选择题只用做记号表示即可,因此可以从应试者简短的文字作答中大致看出应试者的思维过程,以及在作答过程中遇到的难点等,有助于应试者具体地了解自己的知识水平。

3. 不易受阅卷人员的主观因素的影响

填空题的命题要求答案具有唯一性、标准化的特点，评分标准统一、客观、准确，因而有利于客观评分，而且评分过程也简便易行。

(二)填空题的缺点

1. 应试者易误解试题的意图

填空题的空白处所要填写的一般是关键词，因而容易造成应试者对试题含义理解上的错误，影响测验的信度和效度。

2. 容易鼓励应试者进行机械记忆

由于填空题不太需要对知识的综合运用、总结和系统的表达，因此很容易导致应试者对教材或指定考试范围的内容的字句进行死记硬背，不注意消化理解，有时候体现不出应试者的真实水平。

3. 不能检测应试者更为复杂的知识和能力

填空题一般用来测验应试者对基本概念、原则等机械知识的记忆，也可以用来考查一些简单公式。填空题的难度一般与选择题的难度保持一致，不宜太难，且其题型的作答方式也有局限性。因此填空题不能用来检测应试者较为复杂的知识和能力。

(三)填空题编制应注意的事项

(1)一般采用陈述句的形式，使用未完成句式，但需要填充处应尽量放在句子末尾。

(2)需要填充的字句，一定是关键字句，而且要和上下文有密切的联系，使应试者在填充答案时不会感到困惑。

(3)需要填充的内容不宜太多，否则应试者不易理解题意，在计分时也不易客观评分。

(4)作为试题的句子不能从教科书上直接摘抄下来，以免应试者只是记忆课本而不求理解。

(5)每道题最好只有一个答案，并且简单具体，有利于评分。

三、计算题

计算题顾名思义就是以计算为作答方式的试题。数理化相关的学科经常会采用求解、求证等计算题，其他学科领域也会需要计算题进行辅助测验。例如，经济、管理、会计、税务等相关的非数理化相关专业，计算题也是不可或缺的测验试题类型。

计算题对于测验应试者的基础知识、运算能力、逻辑思维能力和空间想象能力、分析判断能力等具有重要作用。计算题考查知识的综合水平，可以避免猜测因素影响测验结果的效度，并且评分客观性高。同时这也让试题的命题变得比较困难。计算题的命题要求难度深浅得当，侧重教材关键知识点，但不能与原题重复或直接考查知识点，要进行修改或变换角度，且答案要确定合理。

(一)计算题的优点

1. 避免应试者猜测作答

计算题题型多样,每道题都有它的特殊要求,应试者必须精心审题、仔细计算,并且要求呈现比较详细的答题步骤。这在很大程度上避免了应试者进行猜测作答。除此以外,计算题也促使应试者在掌握基础知识的同时,还要经过反复练习,不断提高熟练运算的技能技巧。

2. 评分客观性高

计算题只要做到命题要求明确,答案确定合理,在正常情况下是可以做到客观评分的。从考试实践来看,虽然在评分中也出现过较大的差异,主要是由题意不明、答案不清楚或者不明确以及阅卷人员的素质等因素造成的,这些方面的因素经过主观努力是能够避免的。

(二)计算题的缺点

1. 试题的编制困难

计算题的命题要求不偏不怪,又不落俗套,深浅得当。这对命题人员的要求比较高,需要命题人员有丰富的相关经验。

2. 题量不宜过大,局限考查范围

计算题的题量占整份试卷的比重很小,但是分值不少。一般而言,一份试卷中只有2~3道计算题。鉴于计算题测验应试者的能力素质指标固定且较少,适合采用计算题来进行测试的知识范围自然变得狭窄。

3. 容易导致"题海战术"

正因为计算题的题型变化多样,命题又不能照搬原有的题目,考试又要考查应试者的运算技能技巧,所以很容易导致应试者运用"题海战术",产生不必要的紧张与压力。

(三)计算题编制应注意的事项

1. 题意明确

计算题的题意一定要明确,避免应试者对题意的理解模棱两可,因为应试者误解题意会影响测验的效度。

2. 答案的编制要明确、清晰

计算题的答案首先要保证准确、唯一,另外还要有清晰的标准解答过程,以供阅卷人员进行客观的评阅。

3. 命题的内容圈定关键知识

计算题作为分值比较高的试题,考查应试者对知识的理解水平和运用能力。因此其知识点应该是关键知识点,对整个测验来说是比较重要的考查内容,不能是琐碎知识点的延伸。

四、简答题

简答题是要求应试者主动提出答案,并用简短的语言或文字对提出的问题做简要的解释、说明和论述的题型。简答题主要包括直接回答题、列举题、简要说明题和简要叙述题等。简答题考查的内容可以涉及概念、原理、区别和联系等方面,其主要是了解应试者对基本概念和基本原理掌握的程度,以及对一个事物或事件简明扼要的叙述和概括能力。简答题主要用于解答概念,简述事物发展过程、历史事件、基本原理、问题要点等内容的考试。其试题题型可以与填空题进行互换。

(一)简答题的优点

1. 降低应试者猜测的成功率

简答题要求简略回答,这样应试者必须经过主动思考、计算和回忆,仅靠猜测是不可能把试题回答完整的。

2. 适用范围广

简答题可以适用于各种知识层次的学习结果的测量,既可以在低层次考试中使用,也可以在高层次考试中使用;既可以用来测量知识,又可以用来测量能力,而且便于掌握和运用。

3. 比较容易编制

简答题以简明为主要特征,要求应试者回答问题的目标也比较单一,因此命题比较容易。

(二)简答题的缺点

1. 简答题容易鼓励应试者机械记忆

简答题容易导致应试者偏重于具体的、琐碎的知识,也容易鼓励应试者在学习中死记硬背。简答题的作答只需进行简单、单一的思维记忆,基本上按书上的原话回答,不利于培养应试者的积极思维能力。

2. 简答题的评分标准较难客观掌握

简答题的评分不及固定反应型试题(如选择题)客观,其评分标准较难掌握。一般来说,在简答题评分中,只要回答了问题的基本要点就不能不给分,决定给多少分具有很大的灵活性,简答题和论述题的通病都是答案缺乏唯一性。因此在编制简答题时,最重要的就是要给出具体、明确的评分标准。

(三)简答题编制应注意的事项

(1)问题范围一定要叙述明确,使应试者能用简单的话来回答。
(2)应把问题与实际情景结合起来,强调知识的实际应用,避免强调知识的机械记忆。
(3)应把答案数目限制在5~6个以内,答案数目太多会误导应试者,使他们只注重无系统的知识。
(4)问句不要用"是不是""对不对"等判断式叙述形式,以降低猜测的因素。
(5)避免不必要的复杂性。例如,在数学公式的应用中,不要给出复杂的数字,不要在偏离测验目的的地方浪费应试者的时间。

五、论述题

论述题要求应试者对一些问句或一些叙述句,用自己的语言写成比较长的答案。它要求以论述的作答方式来回答问题,其对答题字数也有一定的要求。论述题可以通过应试者的答案比较全面、深入地考查应试者的知识掌握和理解程度、逻辑思维能力、系统分析能力、论述能力以及运用原理的能力等。论述题在试卷中的比例一般是最小的,因此会影响试题采样的代表性。同时论述题没有标准答案,答案的长度、书面整洁度等无关因素都会给评分带来影响。因此试题的数量和包含的信息量都不宜过大,设置理想答案以及答题标准也可以降低以上因素对测验的影响。

(一)论述题的优点

1. 全面、深入地考查应试者的知识水平和能力

论述题可以较全面、深入地考查应试者的知识水平和能力。论述题的答案一般只要求观点正确、要点全面、说理透彻,而文字上不拘一格,这就给应试者充分发挥自己的知识和智慧提供了有利条件。通过应试者综合运用各方面的知识和多种方法论述问题的过程,可以从中了解他们的理解能力、分析能力、论证能力和表述能力等。

2. 降低应试者猜测的成功率

论述题可以避免应试者猜测得分,因为它需要对一个问题进行明确而深刻的论述。一般来说,从论述题的回答中能够反映应试者的思维过程,通过这个过程可以准确地了解应试者对该问题是深刻理解还是不求甚解。

3. 较容易命题

论述题比较容易命题。采用论述题考试,题量较少,命题的准备过程和花费的时间也少,运用起来比较方便。

(二)论述题的缺点

1. 试题采样代表性差,影响测验的效度

在有限的时间内,应试者不可能完成大量的论述题,这就决定了试卷中的论述题必须是少量的,少量的试题无法代表学科的全部内容。每个应试者掌握知识总体的点和面都不相同,因此如果有一名应试者偶尔对某个论题碰巧很熟悉,得到"虚假的高分",而另外的应试者碰巧不熟悉,而得到了低分,在这种情况下他们得到的分数都不是真实的成绩,因而不具有代表性,影响了测验的信度和效度。

2. 评分不易标准化

在论述题中,同一个论点可以采用不同的论述和论证方法,论据可以讲两点,也可以分为三点或者更多,而答案的确定由于命题者和评分者的水平不同,对标准掌握的宽严不一,因而带有很大的主观随意性。此外,评分者对语言表达风格喜恶不同,或产生不同的心理情绪等,也会直接影响论述题的客观评分。已有研究发现,不同评分者对同一答案的评分一致性相关系数仅在 0.62 到 0.72 之间。同一评分者对两份等值的答案的评分信度更低,仅在 0.42 到 0.43 之间。即使同一评分者在隔一段时间后再评价同样的测验,也会前后评分不一致。

3. 评分易受到无关因素的影响

论述题的评分很容易受到书写的整洁程度、个人成见等无关因素的影响。这可能是评分者非客观性的主要来源之一。一方面,卷面形象可能会给评分者形成印象分,影响最终评价;另一方面,论述题的阅卷比较花时间,对阅卷人员的耐心和仔细程度是个挑战。

(三)论述题编制应注意的事项

(1)避免出现含糊的一般性问题。例如,"在篮球比赛中,哪种防卫方法是最常见的?"这种试题就不好。首先是未说明作答的长度,其次是未指出预期答案的内容说明。可以改成以下问题:"用200~300个字,比较篮球运动中区域防卫与人盯人防卫两种防卫方式。解释它们在以下两个方面有何不同:①所用的基本技术;②它们在各种不同的典型场合下如何适当应用。"

(2)试题的数量不要太多,以免变成速度测验。

(3)要将一个大题目细分成几个小题目。

(4)在编制试题时,应该有一个理想答案或一系列答题标准,同时对另外一些可接受的答案应有所规定和说明。

六、案例分析题

案例分析题要求应试者对所给案例或材料有所分析和说明,针对案例中出现的问题发表自己的见解,并进行论证。案例分析题与论述题相似,但与论述题在本质上有一定的区别,表现在:案例分析题要求试题与时事和热点问题等联系起来,要求应试者围绕案例运用自己所掌握的知识分析问题、解决问题。因此案例分析题在编制过程中应注意的是将背景材料与知识点和时事热点问题联系起来,试题要与时俱进。

(一)案例分析题的优点

1.考查应试者的综合知识水平和能力

案例分析题可以较全面、深入地考查应试者的知识水平和其运用所学知识的能力。案例分析题的答案一般要求观点正确、要点全面、说理透彻,说理、论证紧跟案例,这就给应试者充分发挥自己的聪明才智提供了有利条件。通过应试者综合运用各方面的知识和多种方法来解决案例中出现的种种问题,可以测评他们的理解能力、分析能力、论证能力和表述能力等。

2.降低应试者猜测的成功率

案例分析题可以避免应试者猜测得分,因为它需要应试者通过阅读案例之后自行归纳,对所出现的问题寻找解决方法,并且要说明和解释方法的可行性,这些应试者都无法通过猜测得到答案。一般来说,从案例分析题的回答中能够反映应试者的思维过程,通过这个过程可以准确地了解应试者对该问题是深刻理解还是不求甚解。

3.较容易命题

案例分析题比较容易命题,其题量较少,命题的准备过程和花费的时间也少,运用起来比较方便,但要注意案例与知识点以及实际情况的贴合。

(二)案例分析题的缺点

1.试题编制灵活,采样代表性差,影响测验的效度

案例分析题的信息含量很大,应试者无法在有限的时间内完成大量的试题,这就决定了试题必须是少量的,一般而言,一份试卷只有一道案例分析题,在这一道试题里无法代表学科的全部

内容。每个应试者掌握知识总体的点和面都不相同,因此应试者对知识的理解深度以及运用都各不相同,相同的问题,不同的应试者给予的解决方案大不相同。这样就容易造成应试者惯于运用自己理解深刻或熟悉的知识点进行作答,得分易出现不真实性,因而不具有代表性,影响了测验的信度和效度。

2. 评分不易标准化、客观化

在案例分析题中,同一个问题的解决方案可以采用不同的方法和原理,方案可以有两种,也可以分为三种或者更多,而答案的确定也具有抽象性,仅提供参考答案。评分者由于素质高低不一致,对标准掌握的宽严不一,因而带有很大的主观随意性。此外,评分者对语言表达风格喜恶不同、知识点的理解不一致,或产生不同的心理情绪等,也会直接影响案例分析题的客观评分。

3. 评分易受到无关因素的影响

案例分析题的评分很容易受到书写的整洁程度等无关因素的影响。这可能是评分者非客观性的主要来源之一。评阅案例分析题需要花费较长的时间,对阅卷人员的耐心和细心是个挑战,如果应试者的卷面不整洁、字迹不清晰,则很容易给阅卷人员不好的印象,影响最终评分。

(三)案例分析题编制应注意的事项

(1)试题的数量不宜过多,一般一份试卷只能有一道案例分析题。

(2)所给案例或材料应紧扣相关知识点,案例要有仿真性以及与时俱进。

(3)需要应试者回答的问题一般设置 2~4 个为宜。思考题之间最好不要交叉知识点,即不要考查重复的知识点,同时每个思考题的信息含量不宜过多。

七、情景模拟题

情景模拟题是指在试题中创造一个情景,让应试者将其在模拟环境中的具体行为以文字的形式表达出来。在题目设计上一般有两种方法。一是在题中假定应试者的身份,如经理;然后用文字描述一个场景、问题或矛盾,需要应试者亲自处理;应试者根据题目设定的身份和情景,进行分析判断,最后编写自己的处理方法、建议等。二是题中描述某个特定场景或某段时间内各种人物的思想、态度和行为等,然后应试者仔细阅读材料,根据题目的要求,回答与题干提供的材料相关的问题。

(一)情景模拟题的优点

情景模拟题是测评中高层管理者能力的常用题型。它的优点是题目的设置能够与企业的实践更好地结合起来,并且应试者有更多表达自己想法和能力的机会。

(二)情景模拟题的缺点

缺点主要体现在两个方面:第一,情景模拟题的编制难度较高,合适的情景模拟题必须与岗位所需要的能力有密切的相关关系;第二,情景模拟题的评分客观性不强,主要是凭借评分者的认知能力和经验进行,没有指定的标准,因此计分不太容易。

(三)情景模拟题编制应注意的事项

(1)情景设计应符合逻辑,便于应试者对号入座。

(2)情景设计应符合工作分析的要求,便于真实反映应试者的能力水平。

(3)情景设计中的问题应该具有开放性,便于应试者运用多角度、多方法解决问题。

本章小结

- 笔试是指测评者按统一测评标准测验被测评者所掌握的知识数量、知识结构与知识程度的一种方法。
- 笔试的组织实施具体可分为实施前的准备阶段、正式实施阶段和阅卷评分阶段,包括组建笔试团队、收集资料、编制笔试题目、组织试题测试、确定笔试地点、通知笔试人员、准备笔试用具、实施笔试、审阅评估试卷九个步骤。
- 笔试试卷结构由相交的两个维度构成,分别反映试卷结构的不同组成成分及其比例关系。通常情况下,一个维度反映试卷的内容、题型、难度、分数、时限结构等组合成分;另一个维度反映试卷目标结构及试卷结构各组成成分的比例与相互关系。试卷结构确定的流程是明确测评目标、确定试卷内容结构、确定试卷题型结构、确定试卷难度结构、确定试卷分数结构、确定试卷时限结构。
- 笔试常见的题型有选择题、填空题、计算题、简答题、论述题、案例分析、情景模拟题。每种题型都有各自的优缺点和适用于测验指标的领域,要根据测验目的和测验指标体系,结合每种题型的特点进行试题的编制。

复习思考题

1. 笔试可以分为哪几类?
2. 笔试的基本内容包括哪几个部分?
3. 笔试中常见的试题有哪些?各自有何特点?
4. 笔试的编制流程是怎样的?
5. HC公司现在需要编制一套针对人力资源管理专业应届本科毕业生的笔试题,主要测试应聘者的专业知识,题型包括单选题、多选题、名词解释、简答题、案例分析题。总分设置100分。请在1周内完成笔试试卷的设计。

第四章 心理测验

学习目标

1. 掌握心理测验的概念、种类、方法与应用；
2. 掌握心理测验的组织实施步骤与应用；
3. 理解能力测验的相关概念，熟悉智力测验量表、能力倾向测验的类型；
4. 理解成就测验的相关概念，熟悉与应用成就测验量表；
5. 熟悉人格测验的相关概念，掌握常用的几种人格测验方法；
6. 掌握职业兴趣测验的相关概念，掌握职业兴趣测验的量表使用方法。

引导案例

绘画心理分析在人事测评中的运用

某公司向社会招聘首席财务执行官一名，经过公司人力资源部筛选后，剩下郭先生、刘先生、齐先生、吴女士。又经过一轮专业能力筛选后，只剩下郭先生。公司领导对郭先生的专业能力非常放心，但对他能否带领好财务团队，能否与其他部门很好协作尚存疑虑。

于是人力资源部招聘主管对郭先生进行了又一轮测试，要求郭先生在A4纸上画房、树、人。郭先生拿起笔先把横置的纸竖起来，主管将纸又横置于郭先生面前，但郭先生依然将纸竖立。之后他在画面正中央位置画了一座房子，房子有一个紧闭的门，一扇窗户，窗户上有一个"井"字形的窗棂。在房子不远处，有一棵小小的松树。画的下半部，他画了一个半身人像，一座山，还有水和船（见图4-1）。

图4-1 图画作品

在纸的放置上可以看出，郭先生不受条条框框约束，分析判断问题可能视野较宽，思维较活跃，对专业问题或其他问题分析解决的方式方法可能会很多，不局限于某一种情况。对于一个称职的首席财务执行官而言，这非常关键和重要。

整体来讲，郭先生画中的房子、人、山等描绘较为细腻详细，表现出郭先生本人细心、仔细，可能在待人接物等方面非常细腻,工作也干得很细致。这对于财务工作来说,是非常重要的。

画中房子大门紧闭,窗户有"井"字形窗棂,表现出郭先生可能是一个内向、偏静、不太擅长与人交流的人,在工作上可能就表现为在团队领导和人际影响力方面有所欠缺。

郭先生画中的人物表情忧郁,肩很宽且僵硬,这些说明郭先生现在有很大的压力,可能来自生活、工作、情感等方面。

只画上身,且无手,可能郭先生行动力欠缺,在工作上可能表现为执行力弱。

耳朵是人们用来听声音的器官,和倾听很有关系,引申为对别人的意见持何种态度。郭先生没画耳朵,可能很少倾听别人的意见。

人力资源部将测评结果上报公司管理层,管理层经过认真讨论和论证后,最终决定采纳人力资源部建议,任用郭先生,并为其指派了一名做事沉稳踏实、认真负责、执行能力强、亲和力较高的副手。

郭先生上任半年后,在该公司对其进行的360度评价中,上下级所反映的优势与不足与本次测评结果基本一致。他上任后,建立了一套新的财务管理制度,很好地解决了原本财务系统管理的混乱局面。在这套新制度实施的过程中,由于打破了公司各个部门处理财务事务的传统方式,财务部与其他部门产生了冲突和矛盾,郭先生的副手在调和矛盾的过程中发挥了非常重要的作用,从而确保了新制度的顺利实施。

第一节 心理测验概述

一、心理测验的概念

美国心理与教育测量学专家布朗(Brown)认为,测验是"测量一个行为样本的系统程序"。而美国著名学者阿纳斯塔西(Anastasi)对心理测验的定义是"心理测验实质上是行为样组的客观和标准化的测量"。一般来讲,我们可以把心理测验简单地理解为:通过对一部分人某些代表性行为的研究来推断人们在全部行为活动中的心理状态与变化的一种方法。

完整的心理测验包含行为样本、标准化、客观性、信度和效度五个要素。下面对这五个构成要素分别进行介绍,以使读者对心理测验有一个更加全面的了解。

(一)行为样本

心理测验中对被测评者心理特征的测量是间接展开的,即通过观察被测评者对某一试题的行为反应来判断其心理特征。行为样本是指一组能够表明人的某一心理特征水平高低的有代表性的行为。在选择行为样本时,需要注意几点要求。首先,行为样本要能够代表行为总体,即具有代表性。样本的代表性直接决定了一个心理测验的质量,样本的行为必须能够代表大部分群体可能出现的习惯性行为。因此,那些特立独行的反应性测验是无法对日常生活中的行为进行预测的,也是我们在人事测评的心理测验中需要避开的。其次,为了准确预测被测评者的心理活动,心理测验题目的选择要有代表性,那些不要求被测评者做出任何显示心理状态的行为的测验都不属于心理测验,例如视力检查、音乐基本能力测验等。

(二)标准化

标准化是指心理测验的前期准备过程、实施过程和评估过程都需要实现标准化。为了能够保证测验的公平性和有效性,必须确保所有被测评者面临的测验条件是相同的。测验标准化的一个重要步骤是测验的编制,需要编制者为测验提供完备详细的说明,让测评者和被测评者都能更好地理解题目。此外,编制者还需要建立常模,通过经验性的历史资料确定最后结果的评估标准和参照。

(三)客观性

客观性是指心理测验的实施和结果的评估都不能掺杂任何主观因素。心理测验的客观性主要是保证题目编制的客观性,要通过严谨科学的选题、分析与试测等环节对测验问卷进行调整,剔除过于简单和过于困难的题目,保证题目能更好地测出大部分人的心理特征。

(四)信度

信度是指心理测验的可靠性程度。如果测验是真实可靠的,那么同一组被测评者使用同一测验所得到的分数应该保持一致。一致性程度越大,信度越高。信度包括重测信度、复本信度、同质性信度和评分者信度等。一般来说,学业成就测验对信度的要求最高,应在 0.90 以上;人格测验和兴趣测验一般应达到 0.70~0.80。

(五)效度

效度是衡量测验结果是否真实可靠的另一个重要标准。效度是指测验的有效性程度,也就是测验的结果与真实结果的相关程度。有很多方法能够提高心理测验的效度,比如在前期的材料准备阶段要根据测验目的严格规范地编制问卷,在内容的选择和难度的设置上做到适宜等。

二、心理测验的优点与缺点

与其他测评方法相比,心理测验有很多独特的优点。首先,心理测验具有科学性。心理测验有着很深厚的心理学理论基础,一个人的心理特征能够有效预测其未来的行为表现。目前对心理测验的研究已经比较成熟,出现了很多具有较高信度和效度的心理测验技术,能够较为科学地考察个体的心理特征。其次,心理测验具有公平性。心理测验有着严格的实施规范,测验的结果比较公正客观,很少受到测评者的晕轮效应、类我效应、近因效应等主观因素的影响。最后,心理测验具有便捷高效的特点。心理测验的测验实施过程通常比较简单,也比较适合大规模施测,因此可以迅速了解一个人的能力水平、个性特征与心理状态,从而可以作为帮助组织迅速做出判断的依据。

心理测验有很多优点,但它的缺点也是比较明显的。首先,心理测验的准备工作需要花费大量的人力、物力和财力。随着时代的发展,人的心理特征结构不断发生变化,传统的心理测验越来越不能满足实际的需求,需要进行修订和更新,尤其是一些大规模用于职业选拔的心理测验,更需要投入很大的精力去编制、试测与修改。其次,心理测验对测评者的能力有很高的要求。为了保证测验过程和评估的客观性,需要选择合适的测评者并对其进行相应的培训。最后,心理测验的结果容易受到被测评者主观性的影响。被测评者有可能提前准备过相应的心理测验题目,或者在实际测验过程中为了获得有利于自己的结果而隐藏真实想法,这些都会造成测验结果的失真。

三、心理测验的种类与形式

心理测验依据不同的标准,可以划分出不同的类型。

(1)根据测验的具体对象不同,心理测验可分为认知测验与人格测验。认知测验测评的是人的认知行为,而人格测验测评的是人的社会行为。认知测验又可按其具体的测验对象分为成就测验、智力测验与能力倾向测验。成就测验主要测评人的知识与技能,是对认知活动结果的测评;智力测验主要测评认知活动中较为稳定的行为特征,是对认知过程或认知活动的整体测评;能力倾向测验是对人的认知潜在能力的测评,是对认知活动的深层次测评。人格测验按其具体的对象亦可以分成态度、兴趣、品德和性格测验。

(2)根据测验的目的不同,心理测验可分为描述性、预测性、诊断咨询性、挑选性等形式。

(3)根据测验的材料特点不同,心理测验可分为文字测验与非文字测验。

(4)根据测验的实施对象不同,心理测验可分为个别测验与团体测验。

(5)根据测验应用的具体领域,心理测验可分为教育测验、职业测验、临床测验等。

较为通用的分类是将心理测验按测验对象划分为认知测验与人格测验,具体结构见图4-2。

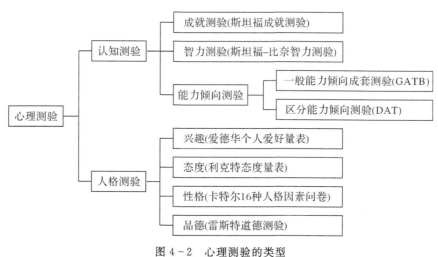

图4-2 心理测验的类型

四、常用的心理测验方法

在人员素质测评中,常用的心理测验方法有量表法、投射测验法和行为观察法三种。

(一)量表法

量表法多以自我报告的形式出现,所以又称问卷法或自陈量表法,即对想要测量的被测评者的特征编制成若干个测验题目,由被测评者逐项给出书面答案,依据其答案来衡量评价某项个性特征。它是心理测验中最常用的一种自我评定问卷方法。

人员测评中有关性格测验的自陈量表有很多,如明尼苏达多相人格问卷(MMPI)、卡特尔16种人格因素问卷(16PF)、迈尔斯-布里格斯人格类型测验(MBTI)、大五人格测验及艾森克人格问卷(EPQ)等。人员测评中有关能力测验的量表,目前国际上比较流行的有韦克斯勒智力量表、比奈-西蒙智力量表、考夫曼儿童成套评价测验等。

量表法具有可操作性强、标准化形式、客观全面等优点,但同时也存在大多数问卷调查表容易被钻空子、容易被被测评者弄虚作假等缺点。

(二)投射测验法

投射测验法是一种特殊的人格测评技术。通俗地说,投射技术是向被测评者提供一些未经组织的刺激情境,让被测评者在不受限制的情况下,自由表现他的反应。测评者通过分析被测评者的反应来推断其人格特征。

投射技术最初是按照弗洛伊德的深层心理学原理发展而来的。这种理论认为,一个人的个性结构的主要部分和真实特征都存在于人的潜能意识中,如果问题是非常明确且能够意识到的,被测评者就会隐藏内心的问题。而当一个人面对一种不明确的刺激情境时,却常常无意识地把隐藏在潜意识中的欲望、动机、观念等泄露出来。

基于心理学假设,心理学家们发展了各种投射测验,包括墨迹测验、主题统觉测验、句子完成测验以及绘画测验等。

投射技术最大的局限性是它的非结构化和反应的自由性,给计分者带来了相当大的困难。投射测验往往都缺乏可靠的信度和效度资料。目前,人们力图从两个方面改进投射技术:一是尽可能将测评结果予以量化;二是加强测评者的训练工作。

 案例 4-1

主题统觉测验(thematic apperception test,TAT),是由美国心理学家默里(H. A. Murray)和摩根(C. D. Morgan)于1935年所创制的一种人格投射测验。其理论基础是默里的"需要-压力"理论。全套测试包括多张不同情境的图片(全部为黑白色)和一张空白卡片。图片的内容多为人物,兼有部分景物。TAT测验共由30张图片组成。30张图片依被测评者的年龄和性别组合分为4套,分别用于男人、女人、男孩、女孩4组。TAT施测时,每个组测20张图片(19张图片和1张空白卡片),图片含义隐晦。

进行TAT测试时,每次给被测评者一张图片(例如图4-3),要求被测评者在5分钟内看完,并编制一个300字左右的故事。故事内容不加限制,但一般必须回答以下问题:图中发生了什么事情?事情发生的原因是什么?图中的人物在想些什么?故事的结局怎样?对于空白的卡片,则要求被测评者想象出一幅图画,然后根据图画编造故事。

因为图片内容设计隐晦,提供给被测评者思考的时间又很短,所以被测评者常常不自觉地把自己的愿望、态度等特点投射进去,因而可以通过被测评者所讲述的故事来深入分析其个性特点。例如,当把图4-3呈现给一位21岁的男青年时,他讲述了如下的故事:

"她正在收拾屋子以迎接某人的到来,她打开门,最后一遍扫视房间。也许她正在盼望儿子回家。她试图把所有的东西恢复到儿子出门时的原样。她的性格似乎十分专横,支配着儿子的生活,一旦儿子回来她还要继续控制他。这仅仅是她控制的开始。她的儿子一定被她的专横态度所吓倒,将顺从地进入她的井然有序的生活方式之中。他将按照母亲规定的单调生活道路走下去。所有这一切都意味着她完全主宰着他的生活直到她死……"

图 4-3　主题统觉测试示例

虽然原画面上只有一个妇女站在敞开的门口,看着房间,但被测评者的反应却暴露出他与母亲的某种关系,并引出了这一母亲支配儿子的故事。

因此,虽然个人面对图画情境所编造的故事受当时直觉的影响,但被测评者在编造故事时常常不自觉地把隐藏在内心的冲突和欲望等穿插在故事的情节中,借故事中人物的行为投射出来。测评者如果能对被测评者所编的故事善加分析,便可了解其内心的需求、动机等特点。

(三)行为观察法

行为观察法也叫情境测验,是将被测评者置于选定的情境中,由测评者观察其在此情境下的行为反应,从而判断其个性特点。

行为观察法适用于对被测评者工作技能和工作表现的考核,也可用于对员工的选拔。行为观察法中包含成功地完成某个特定工作所需要的一系列合乎希望的行为。在使用行为观察法时,测评者不能预先确定被测评者的行为表现处于哪一个水平或者说做得好不好,否则会因为主观的判断而造成考核或选拔的偏差,比如说不能仅仅因为他某方面行为非常出色就过高评价,因为很可能被测评者其他的大部分行为都达不到要求。正确的做法是先确定被测评者某一组关键行为(即保证该工作成功的关键行为)各自出现的频率,然后通过给这些行为出现的频率分别赋值,从而计算出总分。

行为观察法其实很早就在人员选拔中使用了,如在第二次世界大战时,美国战略情报局为了选拔派往海外的间谍,多采用情境测验。其中,最常用的是"无领导小组讨论",在情境中安置数人,他们彼此互不相识,受命在规定时间内完成一项任务,必须通力合作;否则,将会受到惩罚。能自动出面担任领导并能赢得他人支持的人证明具有领导能力。

五、心理测验在人力资源管理实践中的应用

心理测验能够测量个体心理特征的差异,这为组织的选人、用人提供了理论基础。在目前的人员素质测评中,心理测验越来越受重视,它在人力资源管理的很多环节中得到广泛应用。

(一)选拔与配置

心理测验的一个重要用途是为组织选人。一个人能否胜任某个岗位,不仅取决于其具有的专业知识与技能,也与他的适应性和胜任特征密切相关。当两个人的实际工作能力没有太大差异时,我们可以采用心理测验来判断哪个人能够更好地适应和胜任这份工作。我们需要通过工作分析找出该工作岗位所需要的心理特征,然后通过科学有效的施测,分析并挑选出合适的人配置到工作岗位上,这样可以大大提高选拔和配置的效率和准确性。个人的心理特征具有稳定性,而知识和技能可以通过相应的培训来获得。因此,心理测验对心理特征的关注使其日益成为组织选拔与配置人才的一个重要依据。只有人职一致,人适其职,职得其人,才能既有利于提高组织活动的效率,又有利于个体的全面发展。

(二)诊断与培训

心理测验的另一种用途是组织内部员工的诊断与培训,它可以有效诊断出个体的心理状态,并且帮助组织搞清楚不良状态的产生根源,从而着手处理。在测验结果的基础上,组织可以安排有针对性的培训来帮助个体恢复到更好的状态或者端正心态,从而大大提高组织的运作效率。

(三)评价与预防

心理测验不仅可以帮助组织了解个体的心理状态,也可以使个体更加了解自己。心理测验可以有效评价个体在心理、人格和能力上的差异,帮助个体更了解自我,可以找到自己的能力倾向和个性特征,查明心理问题,为个体的行为矫正提供依据。心理测验产生于对个体差异鉴别的需要,广泛应用于企事业单位人员的挑选与评价。

第二节 心理测验的组织实施

不同类型的心理测验在开发和实施时都需要遵循一定的流程和步骤。总的来说,心理测验的组织实施包括心理测验的准备阶段、实施阶段和评估阶段,详见表4-1。

表4-1 心理测验的实施步骤

阶段	步骤
准备阶段	界定测验范围和测验对象
	确定测验目标,制订测验计划
	选择测验材料
	编制测验题目和测验说明书
	安排测验实施
实施阶段	使用统一的指导语
	构建良好的测验环境
	明确时间限制
	进行观察和记录
评估阶段	分析结果
	评估与反馈

一、准备阶段

心理测验的准备阶段是整个心理测验的第一个阶段,准备阶段的工作质量将直接影响到心理测验的后续实施和评估,良好的准备工作能够提高整个测验活动的效果。这一阶段主要包括五个方面的内容。

(一)界定测验范围和测验对象

开始心理测验前,首先需要界定测验的范围和对象。测验范围是指组织想要测验的某种特质或概念。为了减少操作过程中的误差,需要对测验的构念或特质给出一些操作化的定义,这就需要提前查阅心理学和测评学的相关文献,了解该构念已有的测验方法,并通过专家讨论对其进行梳理和总结。界定测验对象,顾名思义,就是测评者需要确定将要参与测验的人群以及人群的基本特征。不同测验量表的适用人群有一定的差异,因此,对测验对象的界定会为测验方法的选择提供依据。

(二)确定测验目标,制订测验计划

组织确定了测验的范围和对象后,需要明确实施测验的目标,即为什么要进行此测验。例如,此测验可以用于前期的招聘与配置,也可以用于后期的人员培训与开发;为心理测验应用到教育的选择提供指导;使求职者了解自身的兴趣与特长,选择更适合自己的职业。因此,实施测验前,测评者需要明确自身的测验目标,并将这些目标分解为可以操作的概念,以便之后编制测验题目。

明确了心理测验的目标后,测评者需要制订一个详细的心理测验计划,包括心理测验的具体时间、地点、参与人员等,并保证之后的实施按照计划的安排有序进行。

(三)选择测验材料

正式编制题目前,需要收集充足的材料。这里,材料的收集是根据前面所确定的测验目标进行的。测验材料的选择需要符合测验对象和测验范围,不同的内容范围,材料的选择来源也有所不同。如果需要测验人格相关的因素,就需要测评者对人格相关的理论进行深入研究,并且充分对比目前常用的人格测验量表,根据测验范围和对象的具体要求,选择合适的测验材料。

(四)编制测验题目和测验说明书

编制测验题目是整个测验活动最重要的环节之一,测验题目的好坏将对测验结果产生直接影响。为了使题目符合实际的要求,编制测验题目时需要遵循以下几个原则:

第一,保证信度和效度。在编制心理测验时,提高信度和效度无疑是最重要的目标,只有测验的有效性和一致性良好才能得出可信的测验结果。

第二,选择有代表性的题目。遵循这一原则的主要目的是让选取的题目尽量不要太多而增加实施的难度,也不要过少而影响测验效果,因此,编制者需要选择最能有效实现测验目标的一些题目,并按照合理的顺序编排题目。

第三,题目的难易程度要适中,题目有较好的区分度。难易程度适中是指题目不能太难,否则大部分人的测验分数都会很低;也不能太简单,否则大部分人都能取得较好的成绩。太难或者太简单都会使题目缺少区分度。区分度是指测验的鉴别力,即衡量测验题目对不同水平的被测评者

进行区分的程度，如果测验题目缺乏区分度，测验结果也就失去了比较和选择的作用。因此在编制题目时需要注意设置合适的难度，保证一定的区分度。

一套科学、有效的心理测验问卷需要不断修订和改进。编制者初步选出题目后，需要进行一系列试测来获得客观的结果，从而对题目进行评价，并根据这个评价进一步修订测验的题目、组合和顺序，使测验题目日臻完善。

一套完整的心理测验问卷编制完成后，编制者还需要编制相应的测验说明书，说明书的内容包括使用目的、使用方法、注意事项、标准答案和评定方法等。很多时候，心理测验问卷的编制者并不一定是具体实践中测验的操作者，因此为了保证测验的正确使用，测验说明书尤为重要。

(五)安排测验实施

测验题目准备好后，测验组织者便可以开始安排测验的具体实施了。首先，测验组织者应该提前准备好所有相关材料，并安排相应的场地和时间。其次，测评者自身要做好测验准备，在实施测验之前充分熟悉测验的材料、流程、注意事项等，保证整个测验过程的流畅性。最后，测验组织者要通知被测评者参加测验。一般而言，测验前应该事先告知被测评者使其对测验有充分的心理准备，不至于因为突然测验而惊慌失措以致影响测验效果。

二、实施阶段

做好了心理测验之前的准备工作后，就可以进入心理测验具体的实施阶段了。在这一阶段，测评者需要遵循一个最重要的原则——标准化，所有实施步骤都需要有标准化的规范，测评者不能根据自己的主观理解随意增减信息或者做出一些暗示，否则会影响测验结果的有效性。

(一)使用统一的指导语

测验中用到的指导语要实现标准化，即在测验实施过程中应该使用统一的指导语。指导语分为两种：一种是给被测评者的测验材料，上面列举了一些测验的要求和测验要用到的材料。给被测评者的指导语一般应该列在测验材料的开头，简洁易懂，并且要求是可操作化的，主要内容包括作答形式、时间限制、计分方式、保密情况等。另一种是给测评者的，主要包括测验的进一步解释、一些注意事项和一些意外情况的处理方法。

(二)构建良好的测验环境

保证测验顺利实施的另一个重要因素是合适的测验环境。良好的环境包括安静而宽敞的地点、适当的光线和通风条件等。在测验的同时也要避免外界的干扰，可以在测验地点外面贴上"勿扰"的标志来防止打扰。

(三)明确时间限制

在心理测验中，智力测验和能力测验一般要考察个体的反应速度，这就要求测评者严格遵守规定的时间，不能随意调整和变动。对于人格测验来说，通常是没有时间限制的，应该给被测评者充足的时间完成测验。因此，是否需要设置时间限制要根据测验的性质而定。如果有时间限制，必须将关于时间的限制事先告知被测评者。在作答的过程中，测评者可以根据需要进行适当的关于时间的通知和提醒。

(四)进行观察和记录

对被测评者的评估主要依据书面答案与测评者的观察和记录两个方面,因此,测评者需要严格按照测验说明书所要求的标准化程序进行观察和记录,尽量避免掺杂个人的主观情感。为了做到这一点,测评者需要在测验前充分了解测验的规则和要求,施测时集中精神、仔细观察、及时记录,以便评估测验结果时使用。

三、评估阶段

这一阶段主要包括分析结果和评估与反馈两项内容。

(一)分析结果

得到测验结果后,就需要对这些结果进行分析,测评者需要根据测验的目的选择合适的参照指标,给出合理的解释。

(1)常模参照测验的结果分析。这种方法主要是将被测评者的成绩与其他个体或群体做比较,参照人员应该具备相应的测验特征,根据这个人的成绩在团体中的位置推断他的情况。比较常用的解释方法有发展量表、商数、百分等级等。

(2)标准参照测验的结果分析。在标准参照测验中,个体的成绩不是和其他人或者群体比较,而是与一个特定的标准进行比较。比如在成就测验和资格测验中,我们根据个体实际获得的分数了解其掌握知识的程度。

虽然常模参照测验和标准参照测验有不同的参照指标,但两者并不是互相排斥的,很多时候人们将这两种分析方法结合起来使用。通过两种解释,我们既可以了解个体真实的情况,也可以了解个体在团体中的相对情况。

(二)评估与反馈

完成结果的分析后,测评者需要给这些分析结果赋予现实的意义。这方面的主要工作是结合测验说明书对结果进行符合实际的解释,并将这个结果应用到实际的人力资源管理工作中。在给测验分数赋予实际的解释意义时,要注意考虑个体在测验前的经历和背景,并且充分考虑测验的情境和可能产生的误差,不能单纯根据分数武断地下结论。

测验结果经过了合理解释后便可以在实际的人力资源管理工作中应用,这个阶段要注意测验结果的沟通和反馈。在向被测评者和使用者报告分数及解释结果时,一方面要考虑到被测评者和使用者很可能是非专业人员,因此需要注意使用简洁易懂的语言,不能一味列举专业词汇;另一方面要注意考虑结果会给当事人带来的影响。由于报告分数和解释结果会对当事人的自我评价和自我认知产生一定的冲击,尤其是个体自我认识不够时,因此需要格外慎重,给当事人做一些必要的思想工作。

整个心理测验的过程环环紧扣,要求严格标准化地操作,任何一环的疏忽或者失误都会对结果产生很大影响,甚至可能导致前功尽弃,因此,组织在人事测评中使用心理测验时,需要充分考虑自身的能力,为测评者提供必要的专业培训,保证心理测验的准确性。

第三节　能力测验

在对个体进行心理测验时,个体的能力通常是我们希望最先了解的,我们常常会选择一些成熟的能力测验来提高使用效率。下面介绍针对个体能力的一些测验。

一、能力与智力的区分

为了更好地研究能力测验,我们首先要了解能力和智力的含义。能力是直接影响活动效率、保证活动顺利进行的个性心理特征。一般来说,能力可分为一般能力和特殊能力。一般能力即智力,包括思维能力、想象能力、记忆力等,这部分也是我们通常需要测量的部分;特殊能力主要指某个特殊领域需要的专业知识和技能,比如程序员必须具备的编程能力等。

关于智力的理解一直处于众说纷纭的状态。传统的智商理论和皮亚杰的认知发展理论都认为,智力是以语言能力和数理-逻辑能力为核心的、以整合方式存在的一种能力。迪尔伯恩(W. F. Dearborn)等认为智力是学习的潜能;平特纳(Pinter)等认为智力是适应新情境的能力;推孟等认为智力主要指抽象的思维能力;中国学者王垒认为凡是个体为了应付环境、解决问题和适应性地生存所应具有的基本的、关键的东西都应包含在智力的概念中。在此基础上,他提出了一种全新的智力概念——综合智力,既包含传统智力的认知因素,又包含个性因素、动机因素以及情绪性因素。

能力测验中的专业能力测验只适用于特定领域的专业人员,因此很少大规模地推广应用。我们一般使用能力测验中的智力测验来测量大群体的心理特征。智力测验是心理测验中最早产生的一种测验,也称为普通能力测验,它通过比奈-西蒙智力量表而广为人知。

二、能力与智力的基础理论

智力与能力的研究由来已久,随着时代的发展各种各样的理论不断涌现,这些理论影响着人们对能力、智力本质的看法,为智力测验和能力测验的发展提供了基础和依据,也使得这些测验为人们所广泛理解和接受。下面介绍一些较为著名的智力理论。

智力理论发展的前期,学者主要研究智力的构成要素以及这些构成要素之间的关系。学者斯皮尔曼提出了智力的二因素理论,他认为智力由一般因素和特殊因素组成。1927年斯皮尔曼证实了智力是个体的一种能力,个体可以在日常生活和工作任务中使用这种能力。但有些心理学者则认为智力包括许多成分,应该独立看待其中的各种成分。瑟斯通(Thurstone)提出了群因素理论,认为智力应该包含七种不同的心智能力,即语词理解、语言流畅、数字运算、空间想象、联想记忆、知觉速度和一般推理。

著名学者吉尔福德(Guilford)认为对智力的分析应该是多维度的,并将智力分为操作、内容、结果三个层次。卡特尔(Cattell)则将智力分为流体智力和晶体智力两个因素;约翰·霍恩(John Horn)在1998年证明了这两种智力成分的存在。晶体智力主要指个体已经内化到自身的能力和知识,比如语言理解能力、逻辑归纳能力等;流体智力则代表个体感知、记忆以及对基本观念进行思考的一种能力,比如知觉反应能力、空间推理能力等。弗农(Vernon)提出了智力层次结构理论,将智力分为四个层次,第一层次是一般因素;第二层次是言语和教育、机械和操作两大因素;第三层次为小因素,如言语、数量、机械信息等;第四层次是各种特殊因素。随着计算机技术的不断发展,智力理论又出现了新的研究方向。

20世纪60年代,智力的相关理论走向了因素分析与信息加工整合的新方向,这使整合越发体现出人们对自我意识和自我认知的重视。1983年,霍华德·加德纳(Howard Gardner)出版《智力的结构》一书,提出多元智力理论。他认为智力包含七个组成部分,分别是言语-语言智力、音乐-节奏智力、逻辑-数理智力、视觉-空间智力、身体-知觉智力、自知-自省智力、交往-交流智力。后来,他又增加了认知自然智力、存在智力。此外,他认为智力与个体所处的社会和文化环境密切相关,不同文化背景下人们的价值标准不同,对智力的理解也不同。加德纳的理论引发了人们关于智力理论更深入的思考。

三、代表性的智力测验

(一)比奈系列量表

1. 比奈-西蒙智力量表

为了解决法国教育现实中出现的问题——将普通儿童和异常儿童区分开来,法国学者比奈及其助手西蒙于1905年开发了世界上第一个智力量表,用来测量儿童的记忆力、语言能力、理解能力等。该智力量表开创了智力测验的先河,后期比奈等人又对这个量表进行了两次修订,将原来的30个项目增加到59个,并且调整了一些题目的顺序从而使量表更有代表性。1911年比奈等人又针对成年人改变了一些项目内容,使其能够推广到成年人群体。

比奈-西蒙智力量表的贡献主要有三个方面:第一,提出了一些测量智力的方法,如把判断、推理等高级心理活动作为智力测验的内容;以年龄为标准,使智力的比较成为可能;把智力看作由感知能力、记忆力、想象力等组成的一个整体,从整体上测量。第二,第一次开发了比较客观、量化的智力测验工具,为后人提供了借鉴。第三,第一次把智力测验应用到教育领域,使人们看到了智力测验的实际价值,推动了智力测验的发展。

当然,比奈-西蒙智力量表也存在一些问题,包括:项目太少,尤其是测量高级心理机能的项目不多;测验的实施和计分没有标准化,导致分数的稳定性不够;有些项目的位置不当,没有按难度安排合适的年龄水平。

2. 斯坦福-比奈智力量表

美国斯坦福大学教授推孟于1916年对比奈-西蒙智力量表进行了修订,保留了原来量表中的51道题目,又自编了39道题目,最终确定的量表共有90道题目,可测的年龄组为儿童组(3~14岁)、普通成人组和优秀成人组。该量表称为斯坦福-比奈智力量表。

1937年推孟采用复本形式对原先的量表再次进行了修订,修订后的量表有129个测验项目,并且这些项目可以替换使用,具有同样的效度。修订后的量表适用于2岁至成人的智力水平测量。1960年,根据社会环境的新变化,推孟和其学生梅里尔(Merrill)又对量表进行了修订,对题目进行了重新选择和删减,并调整了题目的顺序和难度。这个量表可以测量儿童到成人20个年龄组的智力水平,使用方便,应用广泛,题目主要包括记忆、算数、常识、图画、空间、理解等多个方面,可以从多方面把握一个人的智力水平。

1973年,桑代克对量表重新进行了标准化,新常模样本包括2100名儿童,且包含非白种人,使量表更具科学性和代表性。1986年,桑代克再次对斯坦福-比奈智力量表进行了修订,此次修订是最彻底的一次,改变了传统比奈量表所依据的一般因素的智力模式,将其变更为一般因素下的层次结构模式,量表结构也由年龄量表发展成为分量表和分测验。

3. 中国比奈量表

比奈-西蒙智力量表的出现在世界范围内引起广泛的反响,各国相继引入这种量表用于人事测评。由于比奈-西蒙智力量表的常模设置和题目选择都是根据西方的实际情况确定的,因此中国的研究者在引入量表时对其进行了修订,以更符合中国的实际需要。1924年我国心理学家陆志韦在1916年斯坦福-比奈智力量表的基础上修订出了中国斯坦福-比奈智力测验量表。1936年他和吴天敏合作发表了修订版。1978年,吴天敏主持了量表的又一次修订,修订于1982年完成,修订后的量表称为中国比奈测验。中国比奈测验共有51个题目,适用范围是2~18岁的未成年人,每个年龄有3道题目,从易到难排列,每个题目代表4个月智龄,用离差智商评定智商的高低。此外,吴天敏根据实际需求又从这套量表中选出8个项目,组成中国比奈测验简版,一般只需20分钟即可测完,用来快速考察儿童的智力水平。

(二)韦克斯勒成人智力量表

比奈-西蒙系列量表主要适用于儿童智力的测量,虽然之后的修订中增加了成年人的部分,但它的成人量表并不完善,不能满足实际需要。因此,学者韦克斯勒(Wechsler)开发了针对儿童和成年人的两套量表,使测量更具有针对性。

1939年,韦克斯勒编制了测验成年人的智力量表,即韦克斯勒-贝勒维智力量表(W-BⅠ)。1942年,他推出第二个韦克斯勒-贝勒维智力量表(W-BⅡ),适用于10~60岁的个体。1955年,韦克斯勒将W-BⅡ修订为韦克斯勒成人智力量表(WAIS),适用于16~74岁的个体,进一步扩大了测验的适用范围。1981年,他又发表了韦克斯勒成人智力量表修订版(WAIS-R)。1997年,韦克斯勒成人智力量表第三版(WAIS Ⅲ)发表。2008年,韦克斯勒成人智力量表第四版(WAIS Ⅳ)发表,适用于16~90岁的成人。韦克斯勒成人智力量表修订本(部分内容见表4-2)一般包括言语量表和操作量表两个部分,每个部分都包含七个方面的测验内容。言语量表包括常识、数字广度、词汇、算术、理解、类同和字母-数字排序七个分测验。操作量表分为填图、图片排列、积木、拼图、数字符号、矩阵推理和符号搜索七个分测验。在实际操作中,两个量表交替进行,每个分测验的原始分都不同,从18分到90分不等,最终的结果需要转化为标准分数进行比较。每个测验的平均分是10分,标准差为3分,最后通过分数的合并得到三个总分数——言语总分、操作总分和量表总分。最后使用常模表,查到三个结果——言语智商、操作智商和全量表智商,它们都是以100为平均数、15为标准差的离差智商。

表 4-2 韦克斯勒成人智力量表修订本部分测验内容

类别	测验名称	施测顺序	测验内容
言语测验	常识	1	简要回答有关一般常识的问题,例如谁发现了美洲新大陆
	数字广度	3	正背或倒背主试口述过的几个数字,测量瞬间记忆能力
	词汇	5	通过视觉或听觉逐一呈现词汇,要求被测评者解释每个词汇的意思
	算术	7	运用心算解决文字算术题,测量最基本的数理知识和数学思维能力
	理解	9	说明某种情境下最佳的活动方式和对常用成语的理解,或详细回答某些有关为什么的问题
	类同	11	概括每一对词词义相似的地方在哪里,测量逻辑思维能力、抽象思维能力、分析概括能力
操作测验	填图	2	指出图片中缺失的部分,测量视觉敏锐性、记忆力和细节注意能力
	图片排列	4	按适当顺序排列图片以形成完整的故事,广泛测量分析综合能力、观察因果关系能力、社会计划性、预期力等
	积木	6	以给出的图案为样本排列积木,测量视知觉和分析能力、空间定向能力及视觉-运动综合协调能力
	拼图	8	将几块图形拼板拼成完整的人或物体图形,测量思维能力、工作习惯、注意力、持久力和视觉综合能力
	数字符号	10	将数字与其所对应的符号进行匹配,测量注意力、简单感觉运动的持久力以及建立新联系的能力和速度

韦克斯勒智力量表传入中国后,许多国内学者都致力于对这个量表进行修订以适合中国的国情,在这个过程中,湖南医学院龚耀先做出了巨大的贡献。1982年,他主持修订并发表了韦克斯勒成人智力量表中国版(WAIS-RC)。此次修订依据中国的具体情况对韦克斯勒成人智力量表的题目进行了增删,并对题目顺序进行了一些改动。为了体现农村和城市的教育差异,他还建立了两套常模,分别适合农村和城市两个群体使用。

韦克斯勒成人智力量表是智力测验中的重要方式,也是目前运用最为广泛的智力量表之一。经过多年的修订,韦克斯勒成人智力量表的信度和效度不断提高,各个国家的量表本土化工作不断展开。但是韦克斯勒成人智力量表因为测验过程烦琐、结果分析复杂、只能单个施测等特点,在应用上有较高的要求。

(三)瑞文标准推理测验

瑞文标准推理测验(SPM)是由英国心理学家瑞文(Raven)于1938年设计的一套非文字型智力测验。这套测验的最大特点是测验中用到了大量图形,因此用于考察被测评者的观察能力和思维能力。目前,瑞文测验主要包括三个测验:一是彩色推理测验(CPM),适用于幼儿与智力低下者;二是标准推理测验,适用于5岁半以上的普通儿童及成年人;三是适用于高智力水平者的高级推理测验(APM)。瑞文标准推理测验适用于大部分普通人,也是三个测验中应用最多的。

瑞文标准推理测验由60道题目组成,每道题目都由缺少一块图案的图片和若干张备选小图组成,要求被测评者根据图片的规律选出合适的图案填充进去。测验的60道题目按照难度分为A、B、C、D、E 5组,每组12道题,按照难易程度排列,考察被测评者的一种智力因素。A组考察个体的知觉辨别力、图形比较能力和图形想象力等;B组考察类同比较能力、图形组合能力等;C组考察比较能力、推理能力和图形组合能力等;D组考察系列关系、图形套合能力等;E组考察套合、互换、交错等抽象推理能力。

瑞文标准推理测验在中国的应用主要归功于北京师范大学心理系张厚粲等人,他们于1986年完成了中国版的修订,也以1982年的人口普查数据为依据取样5108人,测定了城市地区的常模,推动了这种测验形式在中国的应用。

瑞文测验有很多优点。一方面,测验的使用范围很广,既可以用于儿童群体也可以用于成年人群体,既适用于低智力群体也适用于中高智力群体。另一方面,这种测验的形式是非文字的,可以最大限度减少文化、语言和种族的因素对测验结果造成的影响。此外,它既可以个别进行,也可以团体测验,大大提高了可用性。

四、代表性的能力倾向测验

能力倾向(aptitude)是指一个人在学习某种事物前,对学习该事物可能发展出来的潜在能力。能力倾向测验主要关注个体在某种能力上或某个领域的潜力,以便在这个领域有更加深入的发展,从而取得一定的成就。在企业中,许多特定的职位对个体的能力都有一定的要求,但是很多新员工在入职时缺少相应的知识与技能,需要在入职后接受相应的培训。这种情况下,员工的能力倾向就变得更加重要,因此能力倾向测验也越来越广泛地应用于人事测评。能力倾向测验主要包括多重能力倾向测验和特殊能力倾向测验两类。

(一)多重能力倾向测验

多重能力倾向测验是将数个能力倾向测验合并使用,用以鉴别一个人多方面的潜在能力的成套测验。一般的多重能力倾向测验包括4~9个分测验,每个分测验用来测量个体不同的能力,常模也通常根据一个标准化的群体建立。多重能力倾向测验既可以成套施测,也可以单独施测,用某些分测验来考察某一方面的能力。其中,一般能力倾向成套测验(general aptitude test battery,GATB)是最常用的。

GATB由美国联邦劳工部于20世纪40年代年编制,既可以用于求职咨询,也可以用于学业选择。它包括十二个分测验——八个纸笔测验和四个仪器测验,可以测量九种能力倾向,包括一般学习能力(G)、言语能力(V)、数字能力(N)、空间能力(S)、形状知觉(P)、书写知觉(Q)、运动协调(K)、手指灵巧性(F)、手部敏感度(M)。九种能力倾向测验标准分构成三个组合分:认知组合分,由G、V、N组成;知觉组合分,由S、P、Q组成;心理运动组合分,由K、F、M组成。GATB的内涵与结构如表4-3所示。

表 4-3　GATB 的内涵与结构

维度	能力倾向	能力倾向的定义	分测验
认知	一般学习能力	理解指示与内在原理的能力、推理判断的能力	测验3：三维空间 测验4：词汇测验 测验6：算数推理
认知	言语能力	理解词语意义并有效运用词语的能力，言语理解能力，理解词间的关系及理解句意和段意的能力	测验4：词汇测验
认知	数字能力	迅速并正确地进行数学计算推理的能力	测验2：计算测验 测验6：算数推理
知觉	空间能力	能够想象几何图形，并将二维方式呈现的图形转化为三维物体；能够对发生空间位置变化的图形进行再确认	测验3：三维空间
知觉	形状知觉	能够观察物体或图形材料的细节，具有视觉对比和差异辨别；能够观察到物体形状、线段长宽的细微差异	测验5：工具匹配 测验7：形状匹配
知觉	书写知觉	能够理解言语和表格材料的细节；能够发现副本与原样的差异；能够校对词语和数位，能够避免在数位计算中的知觉错误；对词语和数位材料的理解速度快	测验1：名称比较
心理运动	运动协调	通过手与眼的协调，迅速并准确地完成精确动作的能力；迅速并准确地做出动作反应的能力	测验8：书记测验
心理运动	手指灵巧性	通过手指活动，迅速并准确地操作微小物品的能力	测验11：组合测验 测验12：拆卸测验
心理运动	手部敏感度	能够轻松灵巧地完成手部运动的能力，通过双手完成摆放和翻转动作的能力	测验9：放置测验 测验10：翻转测验

此测验适用于高中生和成年人，实施全套测验需要 2.5 小时，手指灵巧性和手部敏感性的四个分测验是通过机器操作完成的，另外七种能力倾向都采用纸笔测验的方式。得出九种能力倾向上的分数后，就可以判断被测评者适合哪种类型的工作，如手指灵巧性、手部敏感度、运动协调能力、形状知觉能力比较好的人比较适合从事精密性要求较高的工作。

(二)特殊能力倾向测验

特殊能力是指完成某一特定任务所需的专业知识和技能，特殊能力倾向测验是判断个体是否在这些特定领域具有特殊潜力的一种手段。特殊能力倾向测验的主要用途是选择职业人员、办公室人员、特殊艺术人员等。特殊能力倾向测验主要包括文书能力测验、行政职业能力测验、机械倾向性测验、心理运动能力测验等，每种测验类型又有很多种具体的测验方法。

1. 文书能力测验

常规的办公室文书能力测验主要是测量知觉的速度和准确性，用于甄选合格的文秘人员，如一般文书测验(general clerical test,GCT)。GCT包含九个部分,完成测验大约需要50分钟,可以计算出三种能力的分数:文书的速度和准确性、数的能力及词语熟练程度。

此外,明尼苏达文书测验(Minnesota clerical test,MCT)也是选择办公室文秘和校对人员的常用测验。该测验分为两个分测验:数字比较和姓名比较,每个分测验含100个相同的对子(数字和字母分别成对)和100个不同的对子(数字和字母任意混合),要求被测评者选出相同的对子。该测验能测量出完成各种文秘工作所必需的速度和准确性。

2. 行政职业能力测验

行政职业能力测验(administrative aptitude test,AAT)是一种针对国家行政机关人员的特殊能力倾向测验,目的是测量与行政职业成功有关的一系列心理潜能。目前,在世界各国的公务员录用考试中,具有行政职业能力测验性质的考试已经成为重要的筛选工具之一。英国文官考试中的认知测验和美国文官考试中的基础能力倾向测验,本质上就是行政职业能力测验。

经过多年的发展,我国的行政职业能力测验已逐渐形成稳定的结构和体系,在应用中取得了良好的效果。现在它已不局限于公务员选拔,而是较为广泛地应用于各种人员的招聘和选拔工作。我国的行政职业能力测验包括数量关系、言语理解与表达、判断推理、常识、资料分析五大部分。

3. 机械能力倾向性测验

机械能力泛指个体操作机械的潜在能力与实际操作机械工具的能力。用以测量机械能力的心理测验即机械能力倾向性测验,它通常包括机械常识、机械推理、空间关系、机械操作、手眼协调等。代表性的机械能力倾向性测验包括明尼苏达空间关系测验(MSRT)、明尼苏达书面形状测验、贝内特机械理解测验(BMCT)和SRA机械概念测验等。

这里以较为常用的明尼苏达空间关系测验为例。这是一个空间知觉测验,由特拉比(Trabue)等修订。施测过程如下:有A、B、C、D四块板,另有两套几何形状的木块,木块随机摆放。测验要求被测评者尽可能快地将一套木板嵌入A板和B板的特定凹陷处,将另一套木板嵌入C板和D板的特定凹陷处。完成全测验所需时间为10~20分钟,成绩按照耗时和错误次数计分。该测验适用于中学生和成年人,主要用于选择受训或就业人员,特别是为那些要求具有较高的视觉-空间速度能力和准确性的训练和工作选择人员提供参考。

贝内特机械理解测验则是较为著名的机械理解能力测验。所谓机械理解,是指被测评者理解实际生活情境中机械原理的能力。BMCT测量对实际情境中的机械关系和物理定律的理解能力,测验的形式是每题有一幅图和一个问题,要求被测评者根据图形回答问题。

4. 心理运动能力测验

心理运动能力是指从感知到动作反应的过程及相互协调的活动能力。例如,操作车床或其他精密机械时,眼和手的协调活动就是一种心理运动活动。根据对心理运动技能的高度特异性研究结果,研究者界定了十一种心理运动因素:目的、臂/手的稳定性、控制的精确性、手指的灵巧性、手的灵巧性、多肢体的协调性、速度控制、反应时速、反应定向、手臂运动速度、腕/指速度。

心理运动能力测验最初是为测量工作技巧和手艺而设计的,但受实践影响很大,效度较低。研究表明,心理运动能力测验更适用于预测训练成绩而不是预测工作效率,且对简单机械式装配和操作类工作的预测效度要高于需要高水准的认知和知觉能力的复杂工作。常见的心理运动能力测验包括斯特龙伯格敏捷测验、明尼苏达操作速度测验、奥康纳手指灵活性测验等。斯特龙伯格敏捷测验要求被测评者将54个普通饼干大小的有色(红、黄、蓝)圆盘按指定顺序摆放,越快越好。明尼苏达操作速度测验使用一块有60个洞的木板和对应的木块(正面红色、反面黄色)进行测验,测验分为摆放、翻转、单手翻转或摆放等。奥康纳手指灵活性测验要求被测评者分别用两个手指或一个镊子,将钢质小钉放到纤维板的小孔中,计分以速度和精确性为标准。

特殊能力倾向测验的一部分考察内容包含在多重能力倾向测验里面,但是它作为多重能力倾向测验的补充,在单独使用上具有很大的灵活性,在一些特定领域的人事测评中也有非常重要的实践意义。

第四节 成就测验

成就测验与第三节介绍的智力测验和能力倾向测验同属于能力测验,但主要测量被测评者对某种知识、技能的掌握水平或在某领域实际工作的表现情况。由于成就测验是所有测量工具中最为通用的一种,故特别列出一节予以详述。

一、成就测验概述

(一)成就测验的含义

成就(achievement)是指个人通过学习和训练所获得的知识、学识和技能。成就测验(achievement test)是特别为接受过某种教育或训练的人编制的测验,目的是考察其经过教育与训练后所获得的知识、学识和技能。我国的中考、高考、研究生入学考试等都属于成就测验。

(二)成就测验的发展历史

成就测验由来已久。据史书记载,我国西周时期就已经有定期进行的学业考试;汉武帝时,通过书面考试来选拔官员;7世纪初,隋炀帝正式建立科举考试制度,这一具有1300年历史的官吏选拔制度是世界上出现最早的由国家组织的成就测验。在西方,中世纪以后欧洲各国的大学采用口试方式来考核学生。18世纪初,英国开始使用纸笔测验对个体的知识技能进行考核。但当时无论是口试还是笔试,计分都依靠主观判断,缺乏客观性。为了对学习成绩进行客观评定,美国心理学家开始关注客观的、标准化的成就测验。19世纪末,赖斯对小学生所做的单词拼写测验等被认为是成就测验的先导,为日后教育测量的发展奠定了基础。20世纪初,桑代克的《心理及社会测量理论导论》一书的出版标志着现代标准化成就测验与教育测量学的诞生。

随着教育测验在理论上、方法上不断地向纵深发展,如今成就测验已成为学校教育评估不可或缺的重要工具。此外,成就测验也被应用于社会各个领域,如军队、工业组织、政府机构等。其功能在于了解人员的专业知识和技能,提高选拔人员的质量,有目的地培养人才,实现人岗匹配,创造良好的经济效益和社会效益。

(三)成就测验的分类

依据不同的分类标准,成就测验可分为不同的类型。按测验的功能不同,成就测验可分为学业成就测验和职业成就测验。前者用于教育领域,后者用于组织团体或机关。按编制方法不同,成就测验可分为标准化成就测验和教师自编测验。标准化成就测验是由测量专家与学科教师按测量学基本原理编制的,适用于大规模评定个人学习成就水平的测验,这种测验的命题、施测、评分和解释都有一定的标准,因此具有较高的信度和效度,例如托福考试。教师自编测验则是教师依据教学需要自行设计与编制的测验。按测验的内容,成就测验可分为单学科成就测验和成套成就测验。两者的主要区别在于,前者考察某一特定学科的知识技能,后者考察学校基础课程领域的各方面知识技能。

二、代表性的成就测验

(一)韦克斯勒个人成就测验(第2版)

韦克斯勒个人成就测验(第2版)(WIAT Ⅱ)是著名的个体成就测验之一,主要用于评价学前儿童、学龄儿童、青少年、大学生和成年人,适用于4~85岁的个体。它可用于评价较宽范围的学习知识技能,也可用于满足某种领域的测验需要。同时,在临床群体的使用中还发现,该量表能有效鉴别有学习障碍的群体。

韦克斯勒个人成就测验(第2版)由九个分测验组成,主要测试阅读、数学、书面语言和口语四个方面,具体内容如4-4所示。

表4-4 韦克斯勒个人成就测验(第2版)的结构

维度	分测验	测试内容
阅读	语词阅读	字母识别、语音知觉、字母的语义识别、字词识别的准确性能力
	假词解码	应用语音解码的技能,要求被测评者大声读出卡片上符合英语拼写规则但无意义的单词
	阅读理解	各种阅读理解技能,包含单词、句子、文章三类题型
数学	数位运算	识别和书写数字、解答书面计算题、解答简单方程式的能力
	数学推理	数量概念,多步骤问题,有关金钱、时间和测量的问题,几何问题,阅读和解释图表问题,统计与概率问题,整数、分数和小数问题,识别数学图案等方面的能力
书面语言	拼写	拼写所听到的字母、字母组合和单词的能力
	书面表达	书写过程,包含字母书写、单词流畅性、句子、段落和文章
口语	听力理解	词与图匹配、句子理解的能力
	口头表达	有效使用口头语言与他人交流的一般能力,包含句子复述、单词流畅性、文章、提供指示四个部分

九个分测验的施测顺序是语词阅读、数位运算、阅读理解、拼写、假词解码、数学推理、书面表达、听力理解和口语表达。测试时间随被测评者的年龄和所施测的分测验的数量变化而变化。对于学前儿童,整个测验大约需要45分钟;1~6年级学生需要90分钟,7年级及以上学生需要90~120分钟。

(二)伍德考克-詹森个人成就测验(修订版)

伍德考克-詹森个人成就测验(修订版)是1977年出版的《伍德考克-詹森心理教育测验集》的一部分,该测验集的另一部分为测量智力的伍德考克-詹森成套认知能力测验,两个测验可配套使用。比较某儿童在认知能力测验和成就测验上的得分,如果前者低于后者1.5~2个标准差,即可认为该被测评者出现了学习困难。除了鉴定学业水平外,伍德考克-詹森个人成就测验(修订版)在临床领域也常用来评估学习障碍,因此是一个适用范围比较广的成就测验工具。

伍德考克-詹森个人成就测验(修订版)主要用于测量2~90岁个体在阅读、数学、书面语言、知识、口头语言五个方面的成就。阅读、数学、书面语言领域都包括基本技能测量、流畅性或自动性测量、应用或高水准技能测量,知识领域包括历史、地理、政治、经济、生物、物理、艺术、音乐、文学方面的测量,口头语言领域包括语言的表达与接受能力测量。五个测量领域包含22个分测验。测验得分一般以百分等级表示,也可以将分数转化为一种标准分数。

三、知识类测验

除了典型的成就测验外,知识类测验在人员素质测评领域也比较常见,它通常考察完成某工作所必须掌握的基础性知识。我们可以把知识定义为:根据习得、观察、经验和联想等过程,对某一事物进行的了解和认识,且这些了解和认识是结构化的、能够被传递和使用的。

知识测评是指对个体科学知识素质的测量和评价,包括知识总量、掌握程度、理解深度和运用程度等。知识反映了个体的认知水平、学习能力和专业技能等多方面的内容,是人员素质测评中的重要一环。

传统的知识测评一般通过纸笔测验的方式进行,随着计算机和网络技术的发展,计算机测验在实践中的应用越来越广泛。相对于纸笔测验,计算机测验能够提高效率,降低成本,还能快速得出测评结果。无论是纸笔测验还是计算机测验,均经常采用以下题型:选择题、匹配题、是非题、填空题、简答题和论述题。

第五节 人格测验

除了能力上的差异,人格差异也是个体差异的重要组成部分。在心理测验中,人格差异的测验具有十分重要的意义,而人格的复杂性也决定了人格测验的不断完善与改进。

一、人格的基本理论

人格的研究历史悠久,对人格的研究也分为许多学派,下面我们介绍一些人格理论。

(一)特质理论

人格的特质理论起源于20世纪40年代的美国,其中以美国著名心理学家奥尔波特(Allport)和卡特尔的理论最为著名。特质理论的核心观点是将人格中的某些特质作为决定个体行为的基本单位,而对人格的测评也是通过比较这些特质进行的。

1937年奥尔波特首次提出了人格特质理论，他将人格特质分为共同特质和个人特质两种。顾名思义，共同特质是指处于某一环境的群体共有的特质，比如中华民族共有的以和为贵的特质；个人特质则是指在同一文化中每一个体所具有的独有特质，比如有些人比较内向，有些人比较外向。根据典型性和重要性的不同，奥尔波特又将个人特质分为三个层次：一是首要特质，指个体具有的最外显、最具有代表性的特质；二是中心特质，指个体具有的某几个独特的重要特质；三是次要特质，指个体不太外显或不太重要的特质。

卡特尔的贡献则在于开创了用因素分析的方法分析人格的新局面，提出了人格特质的四层次模型。模型的四个层次分别为个人特质和共同特质，表面特质和根源特质，体质特质和环境特质，动力特质、能力特质和气质特质。卡特尔根据自身的研究成果开发出了16种人格因素问卷，也推动了人格测验领域的发展。

(二)类型理论

类型理论产生于20世纪三四十年代的德国，这种理论主要研究个体之间的心理差异，并将人格分为几种类型，使不同个体的人格得以有效区分。类型理论主要有单一类型理论、对立类型理论、多元类型理论三种。

单一类型理论的代表人物是美国心理学家法利(Farley)，他提出了T型人格的概念，用于判断一群人是否具有某种特定的人格。法利认为，T型人格是指一种冒险主义和追求刺激的人格。根据冒险的积极性和消极性，他又将T型人格分为T^+人格和T^-人格两种，T^+人格代表一种积极的冒险，T^-人格则代表一种消极的反社会的冒险。

对立类型理论的主要观点是人格类型包含某一维度的两个相反方向，如A-B型人格和内-外向人格的研究。弗里德曼(Friedman)和罗斯曼(Roseman)提出了A-B型人格的概念，他们认为A型人格是指急躁、积极投入、上进心强、时间紧迫感强、行动力强等性格，拥有这种性格的群体生活压力往往比较大，情绪波动也比较大；而B型人格则是指不急躁、有耐心、安静稳重等性格，拥有这种性格的人生活节奏较慢，情绪比较稳定。瑞士心理学家荣格(Jung)最早提出了内-外向人格类型，他将内向人格的特质总结为谨慎、疑虑、交往面窄、倾向于自我剖析，将外向人格的特质总结为活泼开朗、愿意与人交流、情感外露。

多元类型理论的主要观点是人格类型不是单方面的，而是几种不同人格特质的组合，主要代表有性格类型学说。性格类型学说是由德国心理学家斯普兰格尔(Spranger)提出的，他认为人类的人格类型可以分为六种：注重实效和利润的经济型、注重审美和想象的审美型、注重探索和兴趣的理论型、注重社会和奉献的社会型、注重权力和地位的权力型、注重信仰和宗教的宗教型。

(三)整合理论

特质理论和类型理论代表着看待人格的两种不同视角，整合理论则是对特质理论和类型理论的综合，以更全面地描述一个人的人格特质。整合理论的代表人物是艾森克(Eysenck)，他提出了人格结构的四层次模型，认为要从多个层面综合分析个体的人格结构。这个模型的四个层次分别是：最下层的特殊反应水平是日常观察中的误差部分；上一层的习惯反应水平是个体在日常生活中的反应，是特殊因子；再上一层的特质水平是群体的人格性质描述，属于群因子；最上层的类型水平是一般因子。艾森克将类型理论和特质理论进行了有机融合,使人格的理论层面更广,角度也更丰富。

二、人格测验介绍

人格测验,顾名思义就是通过一些量表或者借助其他方式对人格特质进行的测验,从这些测验的结果中推断一个人在不同情境下可能产生的行为。下面我们介绍几种常用的人格测验工具。

(一)卡特尔16种人格因素问卷

卡特尔16种人格因素问卷(16PF)是由美国心理学家卡特尔教授通过大量的数据收集和文献分析,借助对现实场景中各种行为的观察,采用因素分析的方法编制的。他将所得到的人格特质总结为16个方面,由此构成人格的16种基本因素。这些因素各自独立,相关性很小。测验的时间大约为45分钟,适用于16岁以上的人群。16种人格特质分别是乐群性、聪颖性、稳定性、恃强性、兴奋性、有恒性、敢为性、敏感性、怀疑性、幻想性、世故性、忧虑性、实验性、独立性、自律性和紧张性。卡特尔16种人格因素问卷因信度、效度都比较高,目前在人员素质测评中广泛使用。但是这套问卷也存在很大的缺点:为了保证效度,问卷对一个人格特质设置了较多相似的题目,导致总体施测时间比较长,使被测评者在测验过程中可能会失去耐心,从而随意填写问卷。

卡特尔16种人格因素问卷在中国的应用主要有:刘永和与梅吉瑞合作修订的中文版本,其常模是2000多名港台地区学生;戴忠恒和祝蓓里等人修订的版本,建立了成年人和大学生等一系列常模。

(二)艾森克人格问卷

艾森克人格问卷(EPQ)是由英国心理学家艾森克于1975年编制的量表。了解它之前,我们有必要先了解艾森克的人格理论。艾森克收集了大量人格因素方面的特征,运用数理统计分析,得出人格的三个基本维度——内外倾向、神经质和精神质。他认为每个人的人格都包含这三个维度,只是每个维度的表现程度不同,三个维度不同表现程度的组合构成了不同个体的人格。在此基础上,艾森克开发了人格测验量表。这个量表最早形成于1952年,当时只有神经质这一个维度,题目数量是40道;1959年艾森克对这个量表进行了修订,增加了内外倾向维度,并将题目增加为48道;1964年艾森克又对这个量表进行了修订,首次在问卷中添加了测谎的内容,同时将题目增加到57道;1975年,艾森克的人格问卷已经比较成熟,这时问卷中已经增加了精神质维度,题目数量达到90道。为了使问卷更有针对性,他根据成年人和青少年的特点划分出两种类型。1985年艾森克对量表中信度较低的部分进行了改进,将题目数量确定为100道,同时开发了精简版的问卷,共有48道题目,这有助于问卷的推广和应用。艾森克人格问卷属于自陈式人格测验的范畴,即被测评者本人回答问题,通过一些多选一或必答的问题,展现个人的人格特质。该测验包括四个分量表:

(1)E量表,测量个体内外倾向性。在这个量表中得到较高的分数代表着较高的外向程度,具体表现为热爱冒险,对生活中的变化感到欣喜,热爱社会交际,情绪的稳定程度比较低等。得分较低的群体则表现为不善于交际,喜欢有规律、有计划的生活,比较安静等。

(2) N量表,测量个体神经质。在神经质方面得分高的群体,其人格特质表现为性格急躁、情绪不稳定、反应较为激烈等;得分低的群体,其人格特质表现为反应较慢、情绪平和、控制力强、不容易冲动行事等。

(3) P量表,测量个体精神质。在精神质这一维度得分较高的人群,其人格特质表现为自尊心和攻击性较强、性格冷淡等,这并非是指神经病,艾森克认为在这一维度上有较高得分的人与有创造力相联系。在这一维度上,低分没有明确的现实意义,但是通过大量的实证观察,一些低分的人往往表现出抑郁、孤独等心理特征。

(4) L量表,是测谎量表,主要考察被测评者是否在填写问卷的过程中说谎,通过测验被测评者的掩饰、自身掩蔽或测定社会性朴实、幼稚的水平,也能在一定程度上反映个体的心理状态。测谎量表的分数较高意味着被测评者可能比较喜欢修饰自己;分数低的人则倾向于接受自己的真实状态,心态比较单纯。测谎量表不仅可以判断其他部分的量表测量结果是否真实,也可以反映个体的社会心态。

(三)迈尔斯-布里格斯人格类型测验

迈尔斯-布里格斯人格类型测验(Myers-Briggs type indicator, MBTI)是由美国心理学家布里格斯(Briggs)和她的女儿迈尔斯(Myers)于1944年编制的。量表的编制建立在荣格的理论基础之上。荣格通过临床观察和心理分析得出了个体行为差异的三个维度:一是精神能量指向,指的是内外向程度;二是信息获取方式,指的是感觉和直觉的差异;三是决策方式,指的是思考与情感。她们通过对人类行为的长期观察与记录,增加了判断和知觉两种类型。该量表也是一种自陈式评估量表,包含个性的四个基本特征,要求被测评者在这四种基本类型中做出选择。

(1)外向型(E)—内向型(I)。该维度测量的是个体内心状态与外界影响的相互作用程度。外向型的人倾向于与外界沟通交流,积极参与外界的活动,关注外界环境的变化,容易受到外界环境的影响。而内向型的人则倾向于自省,喜欢独处,在自身内部的思想和构建上花费更多的精力。

(2)感觉型(S)—直觉型(N)。该维度测量的是个体收集信息时注意的指向。感觉型的个体更加注重客观具体的事物或者事实,他们相信自己对外界的感觉,倾向于通过测量、记录等客观方法获取信息。而直觉型的个体则将注意力放在事物未来的发展变化上,相信自己的直觉,希望通过自己对事件发展状况的预知改变事物的状态。

(3)思考型(T)—情感型(F)。该维度测量的是人们的思考和决策方式。思考型的人更倾向于逻辑决策,注重将客观的逻辑推理和分析运用到决策过程中。而情感型的人则更喜欢追随自己主观的情感,依照自己主观的偏好和价值观念做出选择。

(4)判断型(J)—知觉型(P)。该维度测量的是一个人的生活方式和生活态度。判断型的人偏好有计划、有秩序、井井有条的生活方式,希望能够把握和控制自己的生活节奏。而知觉型的人则表现得自由散漫,更喜欢轻松随意的生活方式,他们希望自己的生活环境是灵活而有机动性的。

以上四个维度分别有自身的两极,这样排列组合成为16种性格类型,每种用四个字母表示,代表一种个性。在测验过程中,被测评者对测验项目进行反应,每一个倾向上的得分综合起来,即可判断其人格类型。如ISTJ是内向、感觉、思考、判断型,这种人认真细致,开明豁达,注重实务,追求效率和准确性,做事非常有条理性,并且可以专注而有计划地完成工作任务。对这类人而言,适合的工作是技术工作或者程序性很强的工作。他们追求独立自主的工作氛围,倾向于自己安排时间和计划,按照自己的步调来完成工作任务。这些性格类型可以分为四个大类:传统型(SJ型)、艺术型(SP型)、理性型(NT型)、理想型(NF型)。

通过MBTI的测验结果,人们可以从不同角度深入了解自己的个性特征,并且基于这些特征选择最适合自己的职业,因此MBTI的应用范围越来越广泛。许多实证研究都证明了MBTI的测验结果在职业选择中的重要参考作用。

(四)大五人格测验

大五人格测验是目前人格领域中比较为人所知的一个测验。1987年,美国心理学家科斯塔(Costa)和麦克雷(McCrae)编制出第一份真正意义上的大五人格量表。两位学者运用因素分析的方法将人格特质分为五类,分别是外倾性、责任感、开放性、亲和性和情绪稳定性。

(1)外倾性(extraversion)指一个人对与他人关系的满意程度。在外倾性上得分比较高的人拥有较多舒适的人际关系,往往表现出主动、乐观、积极、热情、合群的态度;反之,在外倾性上得分低的人则往往表现出沉默、谨慎、被动、退让等。

(2)责任感(conscientiousness)指一个人对待事务的专心、集中程度。一个人目标越少、越专心致力于其上,则其责任意识程度越高。责任感较高的人往往表现出自律、克制、公正,能够较好地胜任工作,在工作中获得成就感;责任感较低的人则会表现出粗心、懒惰、缺乏目标和享乐主义等状态。

(3)开放性(openness to experience)指一个人兴趣的广泛性及其对兴趣的投入。开放性高的人具有好奇心重、充满想象力和创造力、有广泛的兴趣和爱好等特征。开放性低的人则注重传统和实际,兴趣较少。

(4)亲和性(agreeableness)指一个人对于他人的态度。亲和性较高的人的特点是人际关系较为和谐,在社会交往中比较容易相信和接受他人,态度和善谦虚,愿意奉献自己的精力和时间。亲和性较低的人则表现出相反的态度,对他人不信任,不愿意与他人合作,嫉妒心重,报复心重等。

(5)情绪稳定性(emotional stability)指一个人在不同的环境刺激下情绪的稳定程度。情绪稳定性高的人表现出较少的情绪化,比较镇定,有较高的安全感。情绪稳定性低的人则表现出紧张、担心过多,容易焦虑和脆弱,情绪容易失控。

大五人格模型广泛应用于各种人事测评中,许多实证研究的数据也验证了其预测效度。巴里克(Barrick)和芒特(Mount)在1991年针对不同职业、不同工作性质、不同年龄的样本进行的大五人格特质和工作绩效是否有显著关系的研究中发现,责任感最能广泛应用于预测担任不同职务者的工作绩效。大五人格模型传入中国后,学者们对其进行了本土化的修正,增加或修改了某些人格维度。针对中国员工的实证研究表明,人格五因素与绩效显著相关,但不同维度的预测关系各不相同,责任感和绩效的相关度相比其他人格变量最高;自评绩效与人格自评得分的相关性更高;不同岗位的外倾性、责任感与绩效的相关性不同。

第六节 职业兴趣测验

前面所讲的能力和人格测验能够加深对一个人的认识,这种认识可以为企业提供决策参考,也可以为个人提供职业选择方面的建议。职业兴趣测验就是与个人职业直接相关的一种测验类型。

一、职业兴趣概述

职业对人类的生活具有重要作用。一方面,人们从职业中获取物质报酬,满足基本的生活需要,也为充实精神生活提供物质基础;另一方面,人们可以在职业中不断提高自身的能力和水平,实现自身的价值。人们在进入职场前接受教育和培训,为未来的工作生活做准备;进入职场后不断奋斗,不断提高,并逐渐找到适合自己的职业。即使最终退休后,人们也与职业保持十分密切的联系。因此,研究职业兴趣具有重要的现实意义,能够帮助人们选择合适的职业,提高工作质量和工作效率,提高生活质量。了解职业兴趣前,我们需要先了解职业及职业兴趣的概念。一般来说,职业是指人们在社会生活中所从事的以获得物质报酬作为自己主要生活来源并能满足自己精神需求、在社会分工中具有专门技能的工作。

职业兴趣是指人们对某种职业活动具有的比较稳定且持久的心理倾向。如果个体根据自己的兴趣选择相应的职位,那么他就会喜欢自己的工作,对工作更加投入,最终的表现一般也会更好。因此,职业选择需要人们从自己的职业理想和职业兴趣出发,依据自身的素质和能力,从社会现有的职业中选择一份作为自己的职业。职业选择作为职业生涯的开端,是一个重要环节。长期以来职业心理学家对职业兴趣和职业选择进行了许多研究,也形成了一些对求职者有较大指导意义的理论,以下简单介绍几种比较知名的职业选择理论。

(一)人职匹配理论

人职匹配理论是由帕森斯在《选择职业》一书中提出的,是较早的关于职业选择的研究。帕森斯认为,个体的人格特质存在显著差异,不同的职业类型要求员工具备的条件和能力也不同,如果个体的人格与职业的要求相匹配,那么就会提高工作效率。工作选择的过程则是二者相互匹配的过程。在帕森斯的理论中,我们可以看到个体职业选择的三个重要因素:①认识自我,清楚地了解自己,从而根据自身的特点锁定适合的职业;②认识职业,个体需要充分收集关于职业的必备条件及所需知识;③二者的匹配通过对自身和职业的了解,平衡双方的因素,选择适合自己的职业。

(二)择业动机理论

1964年,美国心理学家弗罗姆(Vroom)在《工作与激励》一书中提出了激发员工行为的期望理论,他认为个体行为动机的强度取决于效价的大小和期望值的高低,用公式则表示为动机=期望×效价。根据这一观点,个体行为动机的强度取决于效价和期望两个因素,效价越高,期望越高,个体行为动机越强。

期望理论应用于择业领域就形成了择业动机理论,这时动机公式可以理解为:择业动机=职业效价×职业概率。择业动机是指择业者对目标职业的追求程度,职业效价是指择业者对职业价值的评价,职业概率是指择业者能够获得这项职业的可能性大小。进一步细化这一理论,职业效价可以表达为:职业效价=职业价值观×职业要素评估,职业概率可以表达为:职业概率=竞争系数×竞争能力×随机性。经过整合,我们可以得到:择业动机=职业价值观×职业要素评估×竞争系数×竞争能力×随机性。在这个公式中,择业动机不仅受到个体主观因素的影响,也受到社会大环境的客观影响,其中个体对职业价值的评估和他获得这种职业的可能性大小发挥着最主要的作用。

(三)霍兰德职业兴趣理论

霍兰德职业兴趣理论是由美国著名心理学教授霍兰德于1959年提出的,他把人格分为现实型、研究型、艺术型、社会型、企业型和传统型六种(见表4-5),不同的人格类型适合从事不同类型的工作。

表4-5 霍兰德职业兴趣理论

职业类型	特征	相匹配的职业
现实型(R)	遵守规则、实际、安定,喜欢需要基本技能的具体活动	需要熟练技能的职业,动植物管理方面的职业,机械管理方面的职业,手工艺或机械修理、机械操作等职业
研究型(I)	内省、理性、创造,喜欢独立分析与解决抽象问题	数学家、物理家、化学家、生物学家、设计师等
艺术型(A)	想象、直觉、冲动、无序,喜欢用艺术形式来表现自己的思想与情感	美术、雕刻、舞蹈、戏剧、绘画、写作等
社会型(S)	助人、合作、责任感、同情心,喜欢并善于社会交往、乐善好施	学校教育和社会教育方面的工作,社会福利事业,医疗与保健方面的工作等
企业型(E)	支配、自信、精力旺盛,喜欢指挥、劝导别人接受自己的意见	工商与行政管理、市场营销、保险业等
传统型(C)	有条理、稳定、顺从、有序,喜欢程序化的条理性工作	银行职员、会计、收银员、统计人员、电脑操作员等

(四)职业锚理论

美国职业指导专家沙因(Schein)通过对44名麻省理工学院工商管理硕士毕业生长达12年的追踪研究,提出了职业锚理论。职业锚是指人们职业选择的核心点,是人们内心最看重的部分,也是驱动人们进行职业选择时所依据的最本质的东西。职业锚的形成需要后天工作经验累积和自我认识的不断发展,二者的相互作用会帮助人们逐渐清楚自己最重视的东西,即选择职业的核心所在。

通过调查研究,沙因将职业锚分为五种基本类型:①技术或功能型职业锚,即选择职业时注重工作的实际内容,关注自身特长的发挥;②管理型职业锚,即选择职业时注重通向管理层的通道,关注自身是否能够成功跻身管理层;③创业型职业锚,即选择职业时注重成就感和自我扩充,关注自身是否能构建或者创造一些杰作;④自主与独立型职业锚,即选择职业时注重自由和独立的程度,关注自身能够不受组织约束;⑤安全型职业锚,即选择职业时注重职业的安稳性和收入情况,关注自身是否能够拥有安稳的工作和生活。20世纪90年代,他又增加了三种类型,即生活型、服务型和挑战型。

二、职业兴趣测验简介

了解了职业兴趣的概念和主要理论后,本部分介绍几种比较常用的职业兴趣测验。

(一)斯特朗-坎贝尔兴趣问卷

斯特朗-坎贝尔兴趣问卷(SCII)由美国心理学家斯特朗(Strong)于1927年发表的斯特朗职业兴趣量表(SVIB)发展而来。SVIB是世界上第一个正式的职业兴趣量表。在编制量表的过程中,斯特朗选取了两组对照样本,一组为对自身工作感到很满意的员工,另一组为没有特殊偏好的群体,然后让这两组群体分别填写一系列关于职业的问卷,根据两组结果的差异区分出独特的项目420个,针对10种职业进行评价,由此编制了职业兴趣量表。最初的量表是存在很大缺陷的,一方面斯特朗使用的问卷是完全凭借经验设计的,没有经过严谨的数理统计检验,信度和效度上存在一定的问题;另一方面这个问卷仅适用于男性,无法推广到更广泛的群体中。针对后一问题,1933年斯特朗发表了第一个女性测验量表。1938年和1946年,斯特朗分别对男性和女性测验量表进行了修订。之后男性量表和女性量表的修订工作由坎贝尔(Campbell)分别于1966年和1969年完成。坎贝尔在修订量表的过程中,顺应社会趋势,将男性和女性量表合二为一,最终于1974年公开发表了斯特朗-坎贝尔兴趣问卷。这个兴趣问卷后来经过数次修订,目前常用的是1985年修订的版本。1985年修订的版本共有325个项目,包括七个部分,分别是职业名称、学校课程、活动方式、娱乐方式、所交往的人的比较、两种活动的比较、自我性格评价。

斯特朗-坎贝尔兴趣问卷包括五类量表:6个一般职业主题量表,23个基本兴趣量表,207个具体职业兴趣量表,2个特殊量表和26个管理指标量表。斯特朗-坎贝尔兴趣问卷经过数次修订,信度和效度都有了大幅提升,经过多年发展,其效果不断被实践结果证实。

(二)库德职业兴趣量表

1934年,库德发表了第一个测验版本的职业兴趣问卷。1939年,他又发表了库德职业偏好记录表。这个记录表首先通过配对比较的项目形式来了解被测评者在七个领域的兴趣,之后根据这些兴趣范围来推断被测评者所感兴趣的职业。量表将所有职业分为户外活动、机械、科学、运算、劝说/宣传、艺术、文学、音乐、社会服务和文书十种类型,每个类型对应一个量表,被测评者的测量结果代表对此领域感兴趣的程度。题目的形式是迫选式的,被测评者需要在三个选项中选出自己最喜欢和最不喜欢的。

库德职业偏好记录表主要适用于对高中生和成年人的就业咨询和安置。之后库德对职业偏好记录表进行了修订和补充,编制了适合初高中生选课和就职的库德一般兴趣调查表(KGIS)。这个调查表仍包括168个三择一式的问题,涉及504种活动。

库德于1966年发表了库德职业兴趣量表(KOIS),这一量表采用比较的方法来测量被测评者的兴趣和从事各种职业的人们兴趣之间的相似程度。KOIS共有100个项目,分为五个分量表:验证量表、职业兴趣评估、职业量表、大学主修专业量表和实验量表。

相对于斯特朗的兴趣量表,库德的兴趣量表有很多创新之处。比如,后者关注被测评者的兴趣范围,将适用者的年龄层延伸到了初中阶段,加入了大学主修专业量表等。

(三)霍兰德职业兴趣量表

美国心理学家霍兰德认为,职业兴趣与职业环境模式的匹配是决定成功最重要的因素之一。在这一理论的基础之上,他开发出了相应的职业兴趣量表,这一量表在目前的职业兴趣测评中使用得最为广泛。

霍兰德将六种职业类型排列成一个六边形(见图4-4),以表示各职业类型间的关系。在图中位置相邻的两类职业兴趣相似性最大,如C和R;间隔的职业相似性较小,如A和E;相对的职业在兴趣上正好相反,如R和S。

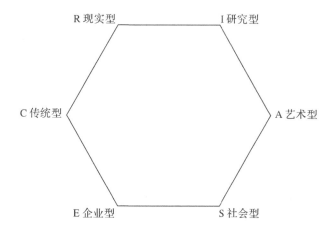

图4-4 霍兰德职业类型六边形

霍兰德职业兴趣量表共分为七个部分。在第一部分的测验中,被测评者需要按照喜好的顺序列举出三个最想从事的工作或者最喜欢的专业;第二部分要求被测评者在给定的活动中选择自己喜好的活动;第三部分要求被测评者在给定的活动中选择自己最擅长的活动;第四部分要求被测评者选择自己喜欢的职业;第五部分要求被测评者对自己的职业能力进行评分,分数越大代表能力越高;第六部分是统计表格,要求被测评者统计第二部分到第五部分的得分,统计完成后将每部分的分数对应填写在表格里,进行纵向累加;第七部分为被测评者列举了九种人们在选择工作时通常会考虑的因素,要求被测评者按照重要性排序。

霍兰德职业兴趣量表是使用最为广泛的一种职业兴趣量表,它的优点在于可以很清楚地量化每个个体的兴趣和能力所在,结果直观简洁。但是这个量表也有一些缺点,比如题目设置比较多，填写起来需要较长的时间，可能会导致被测评者的不耐心；同时这个量表大部分地方需要被测评者自我评价，因此需要被测评者对自己有很深入的了解。

本章小结

- 心理测验的构成要素有以下五个：行为样本、标准化、客观性、信度和效度。根据测验的具体对象，心理测验可分为认知测验与人格测验。常用的心理测验方法有量表法、投射测验法和行为观察法三种。
- 心理测验的组织实施包括心理测验的准备阶段、实施阶段和评估阶段。
- 能力是直接影响活动效率、保证活动顺利进行的个性心理特征。一般来说，能力可分为一般能力和特殊能力。智力的理解一直处于众说纷纭的状态，代表性的测验有比奈系列量表、韦克斯勒成人智力量表和瑞文标准推理测验。
- 成就测验是特别为接受过某种教育或训练的人编制的测验，目的是考察其经过教育与训练后所获得的知识、学识和技能。代表性的测验有韦克斯勒个人成就测验（第2版）、伍德考克-詹森个人成就测验（修订版）。知识测评是指对个体科学知识素质的测量和评价，包括知识总量、掌握程度、理解深度和运用程度等。
- 人格测验是通过一些量表或者借助其他方式对人格特质进行的测验，代表性的测验有卡特尔16种人格因素问卷、艾森克人格问卷、迈尔斯-布里格斯人格类型测验、大五人格测验。
- 职业兴趣是指人们对某种职业活动具有的比较稳定且持久的心理倾向。代表性的测验有斯特朗-坎贝尔兴趣问卷、库德职业兴趣量表、霍兰德职业兴趣量表。

复习思考题

1. 常用的心理测验方法有哪些？
2. 心理测验在人员素质测评中的应用是如何体现的？
3. 能力测验可以分为哪些类型？
4. 能力倾向对工作会有哪些方面的影响？试举例说明。
5. 成就测验在测验中包括哪几个方面？如何测验？
6. 比较人格测验中卡特尔16种人格因素问卷和大五人格测验的异同。
7. 霍兰德职业兴趣量表的结果对职业选择有哪些作用？试举例说明。
8. 假设你是公司的人力资源部经理，准备在今年招聘应届毕业生，招聘的职位主要是管理人员和研发人员两类。通过岗位分析，你已经具体确定了两类职位所要求的能力、个性品质及职业适应性等要素；按照岗位的基本任职资格，对应聘者已经进行了简历的初步筛选；现在需要利用心理测验工具对应聘者进行人格测试，再根据测试结果做出录用决策。你准备如何进行？

第五章 面 试

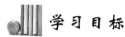

学习目标

1. 掌握面试的概念、特点及发展趋势；
2. 熟悉面试的种类及原则；
3. 掌握面试试题的要求及编制；
4. 掌握面试的程序与步骤；
5. 熟悉面试的方法与技巧。

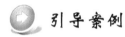

引导案例

校园招聘面试

一场面试在××大学大礼堂进行，好几十个学生被分成四人一个小组，每个小组有一个面试官。面试过程很"残酷"，只要不入面试官的法眼，或者答不上面试官的提问，面试官就会说"你可以走了"，也就是被当场淘汰。

与A（一位女生）同时分到一组的有三个男生，当A刚走到面试官面前还没来得及坐下，面试官只瞄了她一眼就冷冷地说："你可以走了，我觉得你不合适！"A很震惊，也觉得很没面子，可是并没走，嘴上没说，心里却很不服气，"你根本不认识我，凭什么看一眼就认为我不合适，凭什么就让我走！"当时A没有吭声，因为A觉得当面"质问"面试官，既没有礼貌也显得自己很没风度，等面试结束后再与面试官理论也不迟。

这时另外三个男生都坐下了，A也不管他们是怎么想的，也坐下了。面试官并没有赶A走，只当A不存在，然后开始对其中的一个男生发问："你最得意的一件事是什么？"可能是因为紧张，那个男生竟不知如何作答，支支吾吾地说自己还没有工作，也没有做出什么特别的成就，所以没什么得意的事。A心里很着急，觉得他的回答有点偏题，她可不愿意他在第一道坎上就被淘汰，于是在边上悄悄地提醒他："你可以说一件在学校里做过的你自己感到最满意的事情……"面试官看了A一眼，A也不在意。接下来的形势不容乐观，三个男生相继被淘汰了，最后只剩下A一人。

A不动声色。终于，面试官开口问："那三个人应该是你的竞争者，可我刚刚看你一直在帮助他们，你为什么要帮助他们？他们答不上来不是对你更好？如果他们都淘汰了，你的机会岂不是就来了？"A说："我不认为他们是我的竞争对手，如果都能通过面试，将来大家可能还是同事，有困难自然是要帮一下的。"对于A的回答，面试官不置可否，又重提先前那个话题："我刚刚已经对你说了,你不合适,你可以走了。你为什么不走呢?"

A回答:"我觉得你并不了解我,所以我要留在这里给你一个了解我的机会。第一,我非常仰慕贵公司,因为我被贵公司的企业文化和用人理念吸引,所以我很郑重地投出了我的简历,也很高兴能参加这次面试。可是,我完全没有想到我会遭遇如此当头一棒。第二,我还想对你说一句,我认为你的态度对一个面试者来说很不友善。因为今天我是面试者,明天我可能是你们的员工,我更可能是贵公司的潜在客户。可是,你今天这样不友善的态度给我留下了深刻的印象,今天我可能成不了贵公司的员工,但明天我可能不再愿意成为贵公司的客户。第三,你今天的不友善影响了我对贵公司的看法,明天还有可能影响到我所有的朋友对贵公司的看法,你知道,你可能赶走了不少你们的潜在客户。"

面试官听完之后对A的表现非常满意。因为从一开始,面试官就给A出了一道面试题:如何面对挫折。这次招聘的是销售人员,在未来的工作中,他们面对的将是无穷无尽的拒绝和白眼,别人的态度可能比这位面试官坏好几倍。如果连这样还算礼貌的冷脸都无法面对,又如何去面对未来的困难呢? 公司需要的是不怕挫折和失败的人。

第一节 面试概述

面试在中国有着悠久的历史,时至今日,面试已经成为各级各类组织人才招聘、录用以及干部选拔、任用过程中十分常见的素质测评方法之一,面试的结果在聘用决定中具有相当重要的作用,因此,正确认识面试的作用与地位,科学设计面试的程序与步骤,熟练掌握面试的技巧与策略等,对提高人才选拔质量,充分发挥人力资源的效用,具有十分重要的意义。

一、面试的概念

面试的历史虽然源远流长,但人们至今对面试未能形成一个统一的看法。有人认为面试就是口试,就是主试者与应试者交谈,应试者以口头答询问题的考试形式;有人认为面试是通过对外部行为(语言的与非语言的)的观察和评价,来实现对人员内在心理素质测评的目的;有人认为面试包括笔试、口试形式,口试包括抽签问答、随机问答、模拟测验等形式。目前,国内普遍认可的面试定义是:面试是一种经过精心设计,在特定场景下,以面对面的交谈与观察为主要手段,由表及里测评应试者有关素质的一种方式。

"精心设计"的特点使它与一般性的面谈、交谈、谈话相区别,后者强调的只是面对面的直接接触的形式与情感沟通的效果,它并非经过精心设计。"在特定场景下"的特点使它与日常的观察、考察测评方式相区别,后者是在自然情境下进行的。"以面对面的交谈与观察为主要手段,由表及里"的特点,突出了面试中"问""察""觉""析""判"的综合性特色,使面试与一般的口试、笔试、操作演示、情景模拟、访问调查等人员素质测评的形式区别开来。口试强调的只是口头语言的测评方式及特点,而面试还包括对非口头语言行为的综合分析、推理与直觉判断。"有关素质"说明了面试的功能并非是万能的,在一次面试中,不要面面俱到、包罗万象地去测评人的一切素质,要有选择地针对其中一些必要的素质进行测评。

二、面试的特点与趋势

(一)面试的特点

面试具有以下特点:①对象的单一性,即测评的内容应主要侧重于个别特征,因人而异。②内容的灵活性,即问题可多可少,可深可浅,视应试者情况和面试要求而定。一般情况下,面试时间大约 30 分钟,所提问题以 10 个左右为宜。③信息的复合性,即面试既注意收集语言形式的信息,又注意收集非语言形式的信息。④交流的直接互动性,即面试中应试者的回答行为表现与主试者的评判是直接相连的,没有任何中介转换形式,二者的接触、交谈、观察是相互的,是面对面进行的,二者的信息交流与反馈也是相互作用的。⑤判断的直觉性,即面试不仅仅依赖于主试者严谨的逻辑推理与辩证思维,而往往包括很多的印象性、情感性与第六感觉特点。

(二)面试的趋势

1. 形式多样化

传统的面试是面对面进行一问一答的模式,形式呆板、单调,测评水平低,测评效果差;而现代的面试则从单独面试到集体面试,从一次性面试到分阶段面试,从非结构化面试到结构化面试,从常规面试到引入情景模拟面试、角色扮演面试等,已呈现出多样化的特点。可以预见,未来面试必然会随着人们实践经验的丰富而不断创新并突破原有形式,使面试这种测评人才的方法最大限度地扬长避短、科学合理。

2. 内容全面化

传统的面试仅限于对举止、仪表、知识面等的考查;而现代面试则是对知识素质、智能素质、品德素质与气质、兴趣爱好、愿望理想与动机需要的全面测评,由一般素质测评发展到以拟录用职位要求为依据,包括一般素质与特殊素质在内的综合测评。

3. 试题顺应化

现代面试问题的提出是参考事先设计的思路与范围,顺应测评目标需要而自然提出的,问题是围绕测评目标而随机出现的,充分体现了因人施测与发挥主试者主观能动性的特点。

4. 程序规范化

传统的面试是一种随意性和随机性的行为,虽然方便,但测评效果难以得到保证,容易受主试者主观好恶、心理情绪及个体素质的影响。而现代面试则日趋结构化,面试前一般要对面试的各阶段进行预估并提出草案,主试者在面试过程中基本会按照草案中所设定的流程和注意事项进行操作,这样对面试的过程和结果都具有一定的可控性。应试者也可以通过前人的例证进行分析、预测,并做出相应准备,变纯粹盲目为有备而来。

5. 主试者内行化

传统面试主试者主要由用人单位的组织部门负责人或指定的人员担任,对面试技巧、面试专业知识的掌握缺乏系统性、科学性;而现代面试则由组织人事部门、具体用人部门和人事测评专家共同组成面试考评小组进行。许多单位对用人部门人员培训面试测评技术,对人事部门人员培训业务知识,从而使得面试主试者的素质有了很大提高。这种变化极大地提高了面试的有效

性和面试的质量,能够从更为专业的角度为用人单位选择合适的人才。参加面试的应试者也可以通过了解这种变化来增加对面试过程的信心和理解度。

6. 结果标准化

传统面试对评判方式和评判结果无具体要求,使面试成绩水分较大,评判盲目性的制约也影响着成绩的公正;而现代面试对面试结果的处理逐渐标准化、规范化,在主观评判的基础上加入客观的量化标准,在很大程度上减轻了人为因素的影响,使评判结果真实、高效。

三、面试的种类

面试依据不同的标准可以划分为以下种类。

(一)系列性面试和序列性面试

系列性面试是应试者依次经过一系列的面试,每次面试都对应着不同的主试者,他们可能分别是用人部门经理、未来的同事和人力资源部招聘主管或顾问,最后按一定权重来汇总不同主试者的面试结果的方法。

序列性面试也叫渐进式面试,是一种多轮面试方法。每一轮面试都将不合格人员加以淘汰,同时进入面试的轮次越多,说明面试等级也越高,相应的主试者的级别也就越高。

(二)一对一面试和主试团面试

一对一面试顾名思义,面试时只有一位主试者,多用于小规模招聘以及较低职位员工的招聘。

主试团面试由多位主试者组成,以便从不同角度对应试者进行观察,对应试者做出全面正确的评价。

(三)个人面试和小组面试

个人面试是每次只面试一个应试者。多数情况下公司采用的都是这种方式。每个应试者的面试可以是一对一的或主试团的,也可以是系列性面试或序列性面试。

小组面试是当应试者较多时,将其分为若干小组,就一些问题展开讨论的方式。主试者可在一旁就应试者的领导能力、逻辑思维能力、口才、处理人际关系能力和环境控制能力等进行观察评价,加以甄选。这实际上和情景模拟状况下的小组讨论没有严格的界限。

(四)结构化面试、非结构化面试与半结构化面试

按面试的标准化程度,面试可分为非结构化面试、结构化面试与半结构化面试。

非结构化面试是指在面试中事先没有固定框架结构(指没有预先确定测评要素等),也不对应试者使用有确定答案的固定问题的一种面试。在非结构化面试当中,面试的组织非常随意。关于面试过程的把握、面试中所要提出的问题、面试的评分角度与面试结果的处理办法等,主试者事先都没有系统设计,主试者可以根据应试者的具体情况以及面试的需要随机提出问题,并且可以根据应试者回答的某一方面进行深入的、彻底的、多层次的了解。

结构化面试又叫模式化面试。在这种面试中,主试者事先准备好一份问题的清单,这些问题系统全面地概括了所要了解的情况,主试者严格按该清单上所列的问题按部就班地发问,然后按

标准格式记下应试者的回答。与一般面试相比,结构化面试对面试的主试者构成、考查要素、面试题目、评分标准、具体操作步骤等进一步规范化、结构化和精细化,并且统一培训主试者,提高评价的公平性,从而使面试结果更为客观、可靠,使同一职位的不同应试者的评估结果具有可比性。结构化面试可综合考查应试者的各个方面,检查纸笔测验的结果,为组织高效地选择合适的人才提供充分的根据。

半结构化面试是介于非结构化面试和结构化面试之间的面试。半结构化面试有效结合了非结构化面试和结构化面试的优点,有效避免了单一方法上的不足。

(五)压力面试与非压力面试

压力面试是指在面试中始终都给应试者造成一种紧张、焦虑、不安的氛围,以此来测评应试者的应变能力、心理承受能力、自我控制能力、机智程度和情绪稳定性等素质。压力面试不仅面试氛围紧张,而且主试者所提的问题也相当刁钻,加之连珠炮似的发问,穷追不舍,刨根问底,使应试者进退两难、无法作答。

非压力面试则相反,主试者力图制造一种平和、友好的氛围,以利于应试者客观、全面地反映真实素质。

四、面试考核要素

(一)综合能力部分

举止仪表是面试最容易观察到的要求,从应试者的体型、穿着举止、精神状态等方面都可以感知到其仪表的优劣。

言语表达的考查贯穿面试的整个过程,测评要点包括应试者言语表达的流畅性、清晰性、组织性、逻辑性和说服性等。

综合分析能力主要考查应试者能否对所提出的问题抓住本质和要点,并且能否充分、全面、透彻而有条理地加以分析。

动机与岗位的匹配性主要考查应试者对职位的选择是否源于对事业的追求,是否有奋斗目标,积极努力,兢兢业业,尽职尽责。

人际协调能力主要考查应试者是否有人际交往方面的倾向与技巧,是否善于处理复杂的人际关系并调和各种利益冲突。

计划、组织、协调能力主要考查应试者能否合理制订和安排完成工作的步骤和程序,能否妥善处理工作中各方面的关系,并协调工作中各方面的力量。

应变能力主要考查应试者能否妥当地解决各种突发性事件,能否快速、妥当地解决棘手问题。

情绪的稳定性主要考查应试者能否自我控制情绪、语速和语调,能否有理智和节制地表达自己的不满和愤怒,是否有耐心和韧性,以及是否对压力、挫折和批评有承受能力。

(二)专业知识和技能部分

(1)专业性知识水平和培训经历,包括应试者的教育背景和学历水平,以及曾参加过的进修、培训的时间和水平。

(2)实践经验。企业通过查询应试者的相关背景以及过去的工作情况,以考查证实其所具有的实践经验,如是否具有相似的工作环境或相等的工作级别等。

(3)专业应用水平和操作技能,如对专业化仪器的功能和使用的了解和掌握程度,或对相关专业项目的程序设计、组织和监控等方面的经验和技术熟练度。

(4)一般性技术能力,即在工作中可能用到的一些最常用的技术能力,如写作能力、计算机应用能力等。

(5)外语水平,包括所掌握的外语语种和数量,在听、说、读、写方面可达到的熟练水平,以及已获得的有关等级证书等。

五、面试的原则

(一)平等原则

面试时,一方面主试者在测评应试者的水平,另一方面应试者也在通过测评来评估公司的水平、发展前景和自己在企业中的前途,这对主试者和应试者来说是平等的。在测评中,主试者的表现比应试者的表现更重要,主试者的表现优劣决定了招聘方招聘到的人员水平的优劣,主试者应该在测评中展示招聘方的实力,让应试者感到:"这家公司前途一定光明。"

(二)权变原则

权变原则强调情景因素对面试效果的影响。人与人之间的差别用一种面试模式评价是行不通的。招聘职位的性质对面试方法效果的影响最大,不考虑情景因素对面试效果的影响也是行不通的。因此,没有放置在任何情景都好的面试内容,只有与情景相匹配的面试内容;没有放置在任何情景都高效的面试方法,只有与情景相适宜的面试方法。

(三)人本原则

人本原则强调员工能力和价值的展现,组织目标和个人目标的协调统一,尊重个人的选择和权利。人的潜力很大,同时又是有差别的,面试是为了合理地配置人才,力图挖掘人的潜能。

(四)科学原则

所谓科学原则,是指严格的逻辑推理和概率计算的原则。科学原则强调面试程序、内容、方法的科学与规范。人员素质的内涵是一个系统,必须用一种系统工程的观点来考查和评估。面试的程序和方法是严格的,是一种相对规范化地了解人的行为特点的程序,其结果是可以量化且优化的。在面试中,很多主试者往往根据个人的喜好、个人直觉来评测挑选人员。但实际上,这些主试者的评判标准是很主观的,并无科学性可言。这样,录用的人员很可能达不到岗位所需的素质和技能。其实在很多需要测评的方面,都有科学的工具可以利用。例如,心理素质可以用相应的专业软件来测试,文字技能、知识面可以通过设计笔试试卷来测试。这些方法是比较客观的,摒除了个人的主观随意性,能准确测出应试者的水平。

第二节 面试试题的编制

一次面试是否成功取决于试题质量、主试者水平、培训指导三大要素,而面试试题的质量更是起着基础性的作用。只有提高面试试题的质量,才能给高质量的面试提供最基础的保证,帮助组织招聘到高质量的人才。

一、面试试题编制原则

(一)思想性原则

面试试题应具有一定的思想性,即题目内容应选取现实生活、工作中富有教育意义的热点问题,避免低级、庸俗、无意义的不健康内容。

(二)针对性原则

面试试题应具有一定的针对性,一方面要针对岗位特点,反映出拟任岗位所要求的典型性、经常性和稳定性的内容,另一方面要针对应试者的来源和背景情况,选择应试者熟悉的话题。

(三)延伸性原则

面试试题的形式和内容都应具有一定的灵活性,一方面,为面试顺应性提问留有余地,也给应试者的思维留有空间,调动应试者的积极性;另一方面,也有利于形成面试所需要的融洽气氛,使试题间相互联系,形成面试的有机整体。

(四)确定性原则

确定性原则要求所出试题应针对一项或几项测评要素,同时还要附有明确的出题思路和评分标准。

(五)鉴别性原则

鉴别性原则要求面试试题既要有一定的难度,又要具备一定的鉴别力,即题目的难易适中,能将在同一要素上处于不同水平的应试者区分开来。

二、面试试题编制的步骤

(一)确定与要测评能力素质相关的因素

在开始编制试题之前,首先要做一些基础性的工作,这一阶段整理出的信息是后续工作的基础。针对要测评的能力素质,须考虑以下问题:

这项能力素质的外在表现是什么?是如何证明出来的?表现强的人是怎么做的?表现弱的人又是怎么做的?

在什么样的情境中这种能力会表现出来?这些情境中的哪些方面与这种能力表现相关?

不同的行为方向会有什么样的不同结果?使一个行动或反应有效的原因是什么?无效的原因是什么?

以"计划能力"为例,首先要明确计划意味着什么,一个计划能力强的人会做什么;其次,要明确计划有哪些活动,了解计划过程中通常会遇到的障碍和挑战;最后,还要了解不同的计划或行为会产生什么样的结果或影响。

(二)编写能反映相关因素的面试试题

完成第一步工作后,就可以开始编写能够抽取有关这些行为、反应和行为方式的信息的问题。在编写面试试题时,要从能力要素出发,最好抓住一项能力进行。

(三)测试面试试题并制订评价参考标准

编制好的面试试题,由于其测评效度和信度不明确,并不能马上用于实际操作,必须经过检测。具体方法是:将编制好的面试试题向本组织的各岗位在职者进行测试,收集受测者的意见及典型的回答,并制订出评价参考标准。同时,对其中不合理的部分要及时更改,并重新测试。

三、面试试题的具体编制

目前,国内采用的面试方法多为结构化面试,辅助的还有非结构化面试和情景模拟、无领导小组讨论等方法。在结构化面试中,通常采用背景型问题和智能型问题的综合试题。在非结构化面试中,主试者会根据招聘职位的需要,对应试者提出意愿型问题,有时混杂着行为型问题。而情景型问题适用于情景面试,行为型问题大多出自行为面试中。

(一)背景型问题

背景型问题就是通过设计与应试者的学历、工作、家庭及成长背景等相关的问题来了解应试者的求职动机、成熟度和专业技术背景等要素的面试题型。其主要用于了解应试者的个人基本情况,可以使应试者自然地进入面试,消除其紧张心理。它侧重考查应试者回答的问题内容是否真实,逻辑是否连续和合理。

例如,请你用两三分钟时间简单地介绍一下你自己的基本情况。

(二)智能型问题

智能型问题是通过询问应试者对一些复杂问题或社会现象等的分析,来考查应试者的综合分析能力、逻辑思维能力、反应能力和解决问题能力的一种面试题型。运用智能型问题时,主试者要具有较高的综合素质,能够借助参考答案来评判处理不同的应试者。这类试题最容易设计,但答案有时较难统一,在使用时应注重评价应试者回答问题的形式,对具体内容侧重可以小些。

例如,目前社会上"献爱心、捐助危重病人"的活动很多,你是怎样看待这类活动的?

(三)意愿型问题

意愿型问题是通过直接征询应试者对某一问题的意愿来考查其求职动机、敬业精神、价值观、情绪稳定性等要素的一种题型。主试者在使用这类题目时,应注意不要误导应试者,同时避免出现冷场的尴尬局面。

例如,你为何想离开原来的工作单位,选择来我单位工作?

(四)情景型问题

情景型问题是通过向应试者展示一个假设的情景,让其解决情景中出现的问题,从而考查应试者的综合分析能力、解决问题能力、应变能力、人际交往意识和技巧等素质的一种题型。情景型问题比较容易设计,且可以满足多种测评要素的考查需要。其缺点在于它本身的情景假设性对应试者的回答是否真实有效难以做出评判。

例如,你按主管的意思办了一件事,给单位造成了较大损失,可主管把责任全推到你身上,同事也纷纷指责你,此时你怎么办?

(五)作业型问题

作业型问题是通过应试者现场完成一项任务来考查其综合素质的一种题型。这种题型在某一特定的场所,通过让应试者在特定的限制条件下从事某项具体的操作活动,来考查应试者的动手能力、应变能力等。这种题型的优点是能真实地了解到应试者的相关能力,答案相对比较统一,结果比较客观;缺点是可替代性较差,耗时且操作成本相对较高。

例如,根据所提供的材料,在四个小时内完成对本公司某产品的市场需求潜力调查,并写出一份市场调查报告。

(六)行为型问题

行为型问题是通过要求应试者描述其过去的某个工作或生活经历的具体情况来了解应试者各方面素质特征的一种题型。行为型问题受应试者个人情况的局限,替代性相对较小。行为型问题要求主试者有很丰富的经验,能识别应试者回答的真伪,有办法和技巧追问、发掘应试者进一步的表现,并判断其真实性和合理性。

例如,最近三年中,由你负责或参与的,最令自己满意的事情是什么?请你具体谈一个事例。

追问1:当时的具体情况是怎样的?

追问2:你的具体角色和任务是什么?

追问3:你是怎么完成的?采取了哪些措施?

追问4:别人对这件事怎么评价?

除了上述六种题型外,也可以编制其他类型的题型,但根本原则是这些题型能有效地揭示出应试者的某些能力素质。

表5-1为人力资源专员岗位面试试题。

表5-1 人力资源专员岗位面试试题

岗位职责	面试问题	面试类型
对应聘者进行面试,并将合适的候选人推荐给相应部门	1.请举例说明你是如何招到一名研发人员的。 2.请说明在录用人员时,如果你的意见与用人部门有分歧,具体是如何处理的。	行为型
对将要录用的人员进行背景调查	1.举例说明如何对候选人进行背景调查。具体应当询问哪些问题? 2.如果在背景调查中,候选人信息与候选人自己给出的不一致,如何处理?	行为型 情景型

续表

岗位职责	面试问题	面试类型
新员工入职手续办理	1. 请讲述一下在上一家公司,你是如何办理新员工入职手续的。 2. 关于劳动合同的签署,有什么需要注意的问题?	行为型
新员工入职培训	1. 你是如何组织新员工进行培训的? 2. 你在培训过程中遇到过什么样的突发问题?是如何处理的?	行为型
协助经理编写人力资源管理制度	你编写过关于人力资源管理方面的制度吗?具体如何操作?	作业型
社保办理	1. 社保办理的流程是怎样的? 2. 如何看待一些企业或员工不愿意办理社保的现象?	作业型 智能型

第三节　面试的规范化流程

面试过程是在连续的提问对话中完成的,但其具有阶段性,一般面试分为五个基本阶段。

一、面试预备阶段

这个阶段多以社交话题为主,主要是为了帮助应试者消除紧张戒备心理,建立起面试所需的和谐、宽松、友善的气氛。当应试者情绪平稳下来后,面试就可以进入第二阶段。这个阶段要注意的事项如下。

(一)给予应试者适当的接待

应试者前来面试,多少带有一些忐忑不安的心理,或担心面试过不了关,或对主试者有一种莫名其妙的怯意。这时,主试者应理解应试者的心理,设法缓和其紧张情绪,使其水平能够正常发挥。主试者不妨"屈驾",亲自前往应试者等候面试的接待室,将应试者接引进来,握手欢迎。主试者切忌板着面孔推开等候室的门,大声点应试者的名,然后扭头一声不响走在前面,带应试者进考场。

(二)避免环境使应试者分心

环境可以影响人的情绪,在整洁大方的场地进行面试,会使应试者紧张的心情得以平静;反之,若场地凌乱不堪,则往往会使应试者坐立不安、心烦意乱。因此,面试组织者在安排场地时要注意以下事项:

(1)面试要有一个相对安静隔离的环境。

(2)室内不设电话,主试者尽量不受他事打扰,以免使应试者分心。

(3)室内光线要明亮,布置要朴素大方。

(4)室内布置应活泼一些,放些盆景、洒点香水。

(5)在安排座位时,应注意,主试者不要坐在背对光源处,这样会使其形象放大,对应试者产生不利影响。应试者不宜坐在中央,离主试者太远,这样也会使其产生一种孤零、不安的感觉,但也不宜太近。一般相互距离在两米左右为宜。

以下六种座位设置方式可供选择(数字代表主试者位置,字母代表应试者位置)。图5-1和图5-2代表审讯式。这种形式突出了主试者的地位,居高临下,适合于答辩与问答式面试。

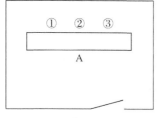
图5-1 多对一审讯式

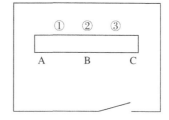
图5-2 多对多审讯式

图5-3代表座谈式。这种形式强调主试者与应试者之间的平等关系,适合于交谈问答式面试。

图5-4代表会客式。半圆形设置,像家常会客,比较亲切。

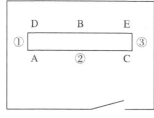
图5-3 座谈式

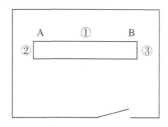
图5-4 会客式

图5-5代表公堂式,比较庄严,适合于辩论式、答辩式面试。

图5-6代表舞台式,应试者在台上,主试者和观众在台下,适合于演讲、答辩、辩论及其他表演性面试。

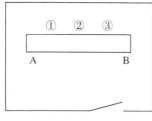
图5-5 公堂式

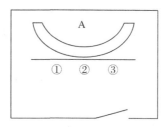
图5-6 舞台式

如果是一个主试者对一个应试者,则有并排、斜对、正对、犄角四种形式。所谓犄角,即两个人各坐在直角的两个边上。

(三)消除应试者的紧张心情

有的应试者在进入面试室时,频频点头,搓搓双手,或将眼镜取下来,不久又戴上去,这表明他心情紧张。主试者这时不宜立刻开始提问,可找一些轻松的话题作为开场白,使应试者平静下来。

比如,问:"你是骑车还是坐公共汽车来的?""你是××大学毕业的,你上过××教授的课没有?"除此之外,主试者不妨对应试者某些方面赞美几句,也可能有助于缓解其紧张的心情。主试者应尽量避免在面试开始时便提出可能会让应试者难以回答,甚至让应试者认为是故意向他挑战的问题。

(四)良好而简洁有效的交流

面试中的交流不仅指主试者对应试者直接提问,应试者当面回答,而且更重要的是精神上的互相感染。而要做到这一点,主试者要尽量创造轻松、愉快的面试气氛,这就需要主试者在面试中以平等、尊重应试者的态度,诚恳地与应试者对话,尊重其个性与人格,使应试者对主试者产生信任感,这样应试者才能畅所欲言。主试者切忌在面试中对应试者故意刁难,当其回答有误时,采取讽刺挖苦的态度。同时在面试中,主试者发言要简洁,应尽量避免发表个人的观点,否则往往会引导应试者投其所好,转向主试者所期望的观点。

二、面试引入阶段

这个阶段围绕应试者的履历情况提出问题,逐步引出面试正题。在这个阶段,主试者要给应试者一个真正的发言机会,同时主试者开始对应试者进行实质性评价。

在面试过程中,主试者一方面要了解应试者的情况,判断其是否符合公司需要,并作为录用与否的依据;另一方面要让应试者对公司及应征职位有所了解,作为是否应征的参考。但是,主试者在向应试者介绍公司情况时,要把握好分寸,不要操之过急,一开始就毫无保留地将公司情况及职位要求全部介绍给应试者,这样会使应试者根据这些情况投主试者所好,片面夸大自己在某方面的经验和背景,背离了面试的原意。

当然关于职位的基本资料和公司的一般情况则不妨提早告诉应试者,以便应试者尽早衡量自己是否适合于应征的职位,而主试者可以根据双方沟通的情形,再将详细的情况陆续提供出来。

如果主试者认为应试者十分理想,是值得争取的对象,就应该向其推销本公司;但要注意"推销"中要实事求是、据实相告,若过分"推销",给应试者一些夸大不实的承诺,反而会引起其怀疑,产生反效果,一些原本有意应征的人没准转而投向别家公司的怀抱。同时公司本身若有什么缺点,也不宜相瞒,因为应试者如果有意的话,迟早会发现公司的问题,到头来,会引起他们的失望和不满,甚至会拒绝公司的录用,即使已成为公司一员,不满情绪可能也会日益增加。因此,当公司的确有困难时,主试者最好事先说明,并表示不久将克服这些困难,对公司运转一切如常有信心。

三、面试正题阶段

这是面试的实质性阶段,是面试过程中最重要的一环。主试者通过广泛的话题从不同侧面了解应试者的心理特点、工作动机、能力、素质等,评价内容基本上是面试评价表中所列各项要素。在这个阶段,需要注意的是面试提问技巧。

面试是要根据组织的人员需求,选拔录用适合组织不同岗位需要的各类人员。不同类型的人员,其录用要求不同,相应的面试内容也有所不同。主试者一般从以下几个方面对应试者进行考查。

(一)确认应试者的背景资料

如对方过去曾担任过什么工作,肩负过什么职责之类。这些虽然可以通过应聘人员登记表了解一些,但为了更全面、深入地了解应试者的背景情况,还需在面试过程中做适当的提问。

(二)评估应试者的教育专长和工作成就

这主要是为了做出应试者是否满足应聘岗位要求的判断。在询问应试者这方面情况时,主试者可以从四个方面来考核应试者,这也可以概括为STAR面试法。

S:situation,即该应试者从事过的某项事件所处的背景。

T:task,即该应试者为完成上述事件所承担的工作任务。

A:action,即该应试者为完成上述工作任务所采取的行动。

R:result,即该应试者在完成上述工作任务后得到的结果。

采用STAR追问法,从当时的情景、任务、行动、结果四个方面了解应试者所经历的完整事件,旨在取得其中与一种或数种考核要素有关的信息。主试者要坚持"问准""问实"的原则,不允许应试者模棱两可、含糊其词地回答。

当我们想考察一个人的表达能力、反应能力、分析能力与控制能力时,我们的问题是:请你用3分钟的时间介绍一下你自己。通过回答的滞后性来测评应试者的反应能力;通过回答的恰当性与重点性来测评应试者的分析能力;通过回答的逻辑性、条理性与用词的准确性来测评应试者的表达能力;通过回答内容与时间把握运用的适当性来测评应试者的表达能力。

案例 5-1

企业需要招聘一名业务代表,而应聘者的资料上写着自己在某一年得过销售冠军,某一年销售业绩如何。

首先,要了解该应聘者取得上述业绩的背景(情形),包括他所销售的产品行业特点、市场需求情况、销售渠道、利润率等问题。通过不断发问,企业可以全面了解该应聘者取得优秀业绩的前提,从而获知其所取得的业绩有多少与应聘者个人有关,多少与市场的状况、行业的特点有关。

其次,要了解该应聘者为了完成业务工作,都有哪些工作任务,每项任务的具体内容是什么。通过这些,企业可以了解他的工作经历和工作经验,以确定他所从事的工作与获得的经验是否适合现在所招聘的职位,使工作能更好地与人配合起来。

再次,了解工作任务之后,继续了解该应聘者为了完成这些任务所采取的行动,即了解他是如何完成工作的,都采取了哪些行动,所采取的行动是如何帮助他完成工作的。通过这些,企业可以进一步了解他的工作方式、思维方式和行为方式,这是招聘方非常希望获得的信息。

最后,才关注结果,每项任务在采取了行动之后的结果是什么,是好还是不好,好是因为什么,不好又是因为什么,这些招聘方都要关注。

案例 5-2

一家民营企业要招聘一位人力资源部经理,老板问了三个问题。

(1)我们公司的这个职位需要带领十几个人的队伍,你认为你带人带得怎么样?

(2)你在团队中工作怎么样？因为这个职位需要经常交流、沟通，你觉得你的团队精神好不好？

(3)我们公司刚刚设立这个职位，工作压力特别大，需要经常出差，你能不能适应这种高压力的工作状况？

这三个问题就是想了解应试者的领导力、团队精神和是否可以承受巨大工作压力。但是这种提问方式不好，谁都可以回答：①我管理人非常好；②我团队精神非常好；③我非常喜欢出差。

在询问应试者的教育背景时，如果他已经离开学校很久，就没有必要花太多时间来详细询问教育情况，一般只要问清取得什么学位，主修什么课程便可以了。但对于刚刚从学校毕业的应试者，主试者不妨多问一些学校教育的情形，了解应试者掌握专业知识的深度和广度，判断其专业知识和特长是否符合所要录用职位的专业要求，作为对专业知识笔试的补充。面试中对专业知识的考查更具灵活性和深度，所提问题也更符合岗位对专业知识的需求。

应试者的工作经验是面试过程中所要考察的重点内容，可以通过了解应试者的工作经历来查询其过去工作的有关情况，以考查其所具有的实践经验和程度。同时通过考查工作经验，还可以考查出应试者的责任感、主动精神、思维能力以及遇到紧急情况的理智状况。面试中所提的问题主要是根据应试者填写的报名表和自传提出，或是从有关职位的各项书面资料中找材料，也可以从主试者本身对该职位的了解中找材料。

(三)考查应试者的个性行为特征

每个人都有自己的个性，而每个职位对应试者的个性要求是不同的，因此在面试中，主试者应该注意发掘应试者的个性。在面试中，对应试者的非言语行为的观察与分析，主要包括以下两个方面的内容：

首先是面部表情的观察。人的面部表情是最为丰富的，主试者通过观察表情的变化，来判断应试者的情绪、态度、自信心、性格等素质特征。比如，若应试者自信心不足，心情紧张，则往往会脸涨得通红，鼻尖出汗，目光不敢与主试者对视等。因此，通过观察应试者的面部表情，可判断其心理特征。

其次是身体动作的观察。具有不同心理素质的人，其身体动作的表现形式是不同的，而身体姿势的改变也是体态语言中最有用的一种形式，在面试中可以通过观察应试者身体动作的改变得到从对方言语中得不到的东西。比如，在面试时，应试者开始时可能以某种自然姿势坐在椅子上，但没有任何明显原因就改变了姿势，或双手交叉在腋下，或跷起一条腿等，这些貌似无关的变动，有时可能反映了应试者内心的冲突和斗争，这时应试者嘴上说的和心里想的可能就不是一回事了。

(四)推断应试者与职位的符合程度

在面试过程中，主试者应设法推断应试者是否适合本公司，能否适应某一职位。如果应试者本身的要求和本公司以及某一职位的要求一致，当然是最理想的，但如果不同，则今后难免会使应试者产生失望、不满情绪，甚至辞职，这对于双方都是损失。为此，在面试中，主试者可以提出诸如以下的一些问题来询问应试者："请问你是否有什么要求在目前的工作中不能得到满足，而希望在应聘这一职位后得到满足?""请问你在目前的工作中有什么难以避免的困扰,希望能在换一个新环境后得以避免?"

如果应试者在目前工作中感到不满足的因素或避免不了的困扰,在其应聘的职位中仍然存在,那么他对所应聘的职位也将是难以适应的。比如,应试者不愿经常出差,而所应聘的职位正好需要他经常出差,那么他一定难以适应新的职位。

在面试中,主试者也许会提出这样的问题:"目前你的职业还不错,为什么要应聘本公司这一职位呢?"最经常得到的回答是:"我目前的职业没有发展前途。"这种回答表面上显示应试者是一个有理想、有抱负的人,但实际却并不一定,还要做进一步的询问才能确定。因为这样的回答一方面固然可以表示应试者有志上进,但另一方面也许说明应试者是一位没有耐性、不切实际的人,特别是如果他只在目前的职位上干了很短的一段时间,则足以说明他的见异思迁。

如果应聘的职位相当重要,并且可能升至公司的高层,那么在面试中,主试者要格外留意观察应试者是否踏实肯干,有上进心。为此,主试者不妨提出以下一些问题:"请问你自己的职业目标是怎样的?""你认为应如何达到你的目标?""你认为距离自己的目标有多远?""为什么你对本公司这一职位感兴趣?"

如果应试者对自己一生的事业已制定了目标,那么他就应该很明确地说出来,也应说明自己如何努力,不然的话,他可能就根本没有目标。

四、面试结束阶段

这是面试的尾声阶段,这时面试的主要问题已谈过了,主试者可以提一些更尖锐、更敏感的问题,以便能更深入地了解应试者,但要注意尊重应试者的人格和隐私权。

在面试进入最后阶段,双方可以进行职位本身问题的讨论,这时主试者可以给应试者一份该职位的职位说明,并回答应试者的疑问,这些问题包括该职位的职能,有关组织隶属关系,上班工作的时间,是否需要加班,有何责任等。如果这个职位是通往公司高层职位的一个重要阶梯,则主试者应明确指出。有时应试者可能表示没什么问题,那么主试者应设法鼓励他们提问题,比如,主试者可以说:"关于你的情况我们已讨论了很久,现在我要问你对公司的情况,如公司目标、立场等,有没有什么不明白的地方?假如我们录用你,那么你对你的职位还有什么不明白的地方吗?"在必要时,主试者可以和应试者讨论有关工资、福利和待遇方面的问题。如果双方在某一点如工资等谈不拢时,则主试者可以运用应聘职位的其他层面加以劝说。比如,有时应试者要求的工资过高,非公司所能接受,这时主试者可以开导应试者:"这是一个极具前途的职位,能有机会升迁到较高层级,因此即使目前工资低一些,也不妨考虑一下。"当然,有许多人对工资问题的讨论,往往感到难以启齿,但若在面试时不谈,等录用后再来争工资高低,就伤和气了。因此,主试者若发觉对方很重视工资待遇,就应在正式录用前讨论清楚。若谈不拢,则宁可决定不录用。

五、面试评价阶段

正式面试结束后,面试应立即进入评价环节,强调立即进入本阶段的一个重要理由是,较长时间的间隔会造成面试信息的遗失,从而降低面试效率。

面试的评价,是主试者根据应试者的面试表现,运用独立的评价标准,在评价表中对其素质特征、工作动机及工作经验等进行评判的过程。每位主试者的评价结果是独立完成的。

主试者必须在此阶段做出三种判断:

(1)对应试者特定方面的判断,如能力、个性素质、工作经验及工作动机等(一般要求在评价表中对这些因素做出正式的评价和评论)。

(2)录用建议。

(3)录用决策。在面试过程中,对于每一位应试者,主试者面前均有一份面试评价表,应根据应试者在面试中的表现在各项内容的得分栏中独立打分,并写出简短评语或录用建议。

在面试评价表中,主试者和面试小组分别要写面试评语,主试者要对应试者总体情况做出简明扼要的评价,如突出的特点、明显不足以及评定意见等。而面试小组根据各位主试者的评定意见,概括形成综合评语。评语是对面试分数的一种补充,对面试后应试者的考核及录用具有重要的参考价值。

第四节 面试的方法与技巧

面试的方法与技巧,是指在面试实践中解决某些主要问题与难点问题的技术与方法。它是面试操作经验的累积。显然每个人所累积与掌握的技巧不尽相同,但在众多的主试者中,必然有一些共同的与基本的技巧,它们是面试中经常运用且被大家所公认的技巧与操作方式。

一、"问"的技巧

(一)自然、亲切、渐进、聊天式地导入

无论哪种面试,都有导入过程,在导入阶段中的提问应自然、亲切、渐进,以聊天方式进行。要使面试的导入自然些、宽松些,不那么紧张,就应该根据应试者刚遇到、刚完成的事情来提问,例如,"什么时候到的?家离这儿远吗?是怎么来的?"。若要想面试的导入亲切些,则应向应试者提最熟悉的问题,要从关心应试者的角度提问;若要想使面试导入渐进,则应该从提最容易回答的问题开始,然后步步加深;若要使面试像聊天,则提问方式应和蔼、随便。

(二)通俗、简明、有力

面试主试者的提问与谈话,应力求使用标准性以及不会给应试者带来误解的语言,不要用生僻字,尽量少用专业性太强的词汇。提问的内容、方式与词语,要适合于应试者的接受水平。除特殊要求,如压力面试外,一般不要提那些使应试者难堪的问题。也不要就某个问题,特别是枝节性问题(如对某个概念的理解,或对某个观点的看法)纠缠。

提问应简明扼要。据研究表明,一个问题描述的时间最好在45秒钟以下,半分钟左右为宜,不能超过1分半钟。超过这个限度,不论是应试者,还是其他主试者,都会感到不好理解。

(三)注意选择适当的提问方式

面试中的提问大致有以下几种:

(1)收口式。这是一种只要求应试者做"是""否"一个词或一个简单句的回答。例如,你是什

么时候参加工作的？你大学学的是管理专业吗？

（2）开口式。所谓开口式提问，是指所提出的问题应试者不能只用简单的一个词或一句话来回答，而必须另加解释、论述，才能圆满回答问题。面试中的提问一般都应该用开口式问题，以启发应试者的思路，激发其潜能与素质，从大量输出的信息中进行测评，以真实地考查其素质水平。例如，下面的一个开口式问题：你在原单位的工作，经常要与哪些部门的人打交道？有些什么体会？

（3）假设式。假设式的提问一般用于了解应试者的反应能力与应变能力。有时为了委婉地表达某种意思，也采用此提问方式。例如，假如我现在告诉你因为某种原因，你可能难以被录用，你如何看待呢？

（4）连串式。这种提问一般用于压力面试中，但也可以用于考查应试者的注意力、瞬时记忆力、情绪稳定性、分析判断力、综合概括能力等。例如，我想问三个问题：第一，你为什么想到我们单位来？第二，到我们单位后有何打算？第三，你报到工作几天后，发现实际情况与你原来的想象不一致怎么办？

（5）压迫式。这种提问方式带有某种挑战性，其目的在于创造情景压力，以此考查应试者的应变力与忍耐性。它一般用于压力面试中。这种提问多是"踏应试者的痛处"或从应试者的矛盾谈话中引出。例如，一方面，应试者表示若被录用，则愿服务一辈子，另一方面，他工作五年已换了四个单位，此时主试者可向他提问："据说你工作不到五年已换了四个单位，有什么可以证明你能在我们公司服务一辈子呢？"

（6）引导式。这类提问主要用于征询应试者的某些意向、需求或获得一些较为肯定的回答。如涉及薪资、福利、待遇、工作安排等问题，宜采用此类提问方式。例如，到公司两年以后才能定职称，你觉得怎么样？

（四）问题安排要先易后难循序渐进

面试的问题一般都会事先准备，尤其是一些基本问题与重点问题，事先都要拟定安排好。问题的提出，要遵循先熟悉后生疏、先具体后抽象、先微观后宏观的原则，这有利于应试者逐渐适应、展开思路、进入角色。特别对一开始就有些紧张、拘谨的应试者，主试者要先给他们几个"暖身"的问题。

（五）善于恰到好处地转换、收缩、结束与扩展

所谓转换，是指主试者在问题与问题内容方式上的衔接处理得比较灵活、巧妙，不拘泥于事先所规定的问题，而是针对特定的面试目标，在面试目标范围内，根据应试者前面回答中所反映出的有追踪价值的信息，串联转换出即兴问题。成功转换的关键是要能够敏感地察觉出应试者的回答中、离开主试者原预想答案思路的那部分回答中以及那种画蛇添足性的回答中所具有的可以深层挖掘的线索，从常规回答中发现意外的信息，从而跳出常规问题进行追踪性的发问。

所谓收缩与结束，指的是当应试者滔滔不绝而且离题很远时制止的一种方式。直接打断当然是一种方式，然而采取下列方式进行收缩与结束，效果会更好些。例如，主试者可以先假装无意之中掉下一枚硬币、钥匙、笔记本、钢笔等东西，利用声音打断应试者的思考及话头，然

后再抓住机会说:"说得不错?让我们谈下个题目吧!"或者说:"刚才说到哪里啦?我特别想听听你对……问题的看法。"或者说:"我特别想知道你对……是怎么看的?"显然应试者会在主试者这种诱导下结束正在说的话题而进入另一个话题。主试者还可以利用定时闹钟、电话铃响等干扰技术。

当主试者觉察到应试者对某一问题的回答只是其中一部分时,还有出于某种原因不愿说出来时,可追问一句:"还有吗?"虽然只是三个字的问话,却可以对应试者的心理产生足够的刺激力,由此也许能让他马上说出一些真实的想法来,这就是所谓的扩展。

(六)必要时可以声东击西

当主试者觉察应试者不太愿意回答某个问题而其又想有所了解时,可以采取声东击西的策略。例如,对于"敏感问题",许多人不愿真正表达自己的观点,主试者此时可以转问:"你的伙伴们对这个问题或这件事是怎么看的?"应试者因此会认为说的不是自己的意见,说出来不会暴露自己的观点,因而心情放松地说了一大通,其实其中许多都是他自己的观点。

(七)坚持问准问实原则

上述六条大多数是告诉主试者如何问"好"问"巧",要提高面试的效度与信度,还要问"准"问"实"。面试提问的目的,是通过应试者对问题的回答,进一步考查其思想水平和能力素质,以实现面试的目标。因而主试者通过提问要探"准"探"实"应试者的素质及其优势与差异,而不是去问"难"问"倒"(压力面试除外)应试者。提问必须有利于挖掘应试者的品德与能力素质,有利于其经验、潜能与特长的充分展现,有利于其真实水平的比较。

二、"听"的技巧

(一)要善于发挥目光、点头的作用

人的眼睛不仅仅有观察的功能,而且有表达的功能。面试中,主试者的目光要恰到好处,轻松自如。俯视、斜视、直视着应试者回答问题,都将使应试者感到不平等、紧张,从而会产生一种压力,并使身心处于一种不自在、不舒服的状态中。

一般来说,在室内,两人的目光距离一般应为1~1.5米。主试者的目光大体要在应试者的嘴、头顶和脸颊两侧这个范围活动,给对方一种对他感兴趣、在很认真地听他回答的感觉,同时伴以和蔼的表情与柔和的目光和微笑。在听应试者回答问题时,主试者还应伴以适当点头,因为点头是一种双方沟通的信号。点头意味着主试者注意听而且听懂了应试者的回答,或者表示主试者与应试者有同感,从而给对方营造一种心情愉快的氛围。但是点头要选择在无关紧要处点头,这与在听演讲、报告时点头不同,否则容易泄露答案。

(二)要善于把握与调节应试者的情绪

在倾听应试者回答问题的过程中,主试者要善于把握与调节应试者的情绪,使之处于良好的状态,正常发挥。

当应试者在回答问题过程中突然出现紧张、激动状态时,主试者可以通过陈述对方的话或慢慢记录等方式,先稳定应试者的情绪,待其冷静后再进入正题。

当发现应试者一见面就处于紧张状态时,可以采取前面提过的"暖身"题的办法,给应试者一种"温暖"感;也可以采取示弱、亲切称呼与请教悦心术等技巧。

所谓示弱,即在应试者面前装着不懂。比如说:"你是这方面的高才生(专家),我是门外汉……不太懂。"

所谓亲切称呼,即指称呼"小李""老张"之类的简称,或直呼名不称姓。这种称呼使应试者听起来比正正规规的全称呼亲切多了,正常情况下心里会感到比较愉快。

所谓请教悦心术,是指在面试时,主试者可以适时地以请教的口气同应试者交谈,这有利于唤起应试者的优势感,使其戒心松弛,从而既便于应试者正常发挥又便于主试者了解。例如:"据说你非常擅长……能否谈谈……""我曾经遇到过这么一个问题……你专门学过,我想请教一下……"

当应试者情绪过于低沉时,可以采取夸奖、鼓励、刺激等方法。当应试者因刚刚没有回答好一个问题而情绪低落时,可以采取鼓励支持术。主试者可以说"我觉得你的实力可能不止如此,要争取把潜力发挥出来",或者说"下个题对你来说,可能难了些,但好好努力,能答好的"。如果说"别失败,要小心点",反而会适得其反。例如,罚点球,很多运动员都告诫自己,不要放高射炮,结果反而射高了。

当应试者处于高度警戒而紧张时,主试者可以采用夸奖技巧。因为某方面的夸奖,尤其当应试者自己感到名副其实时,会产生一种兴奋感,随之警惕的心理便会逐渐放松下来,并和夸奖者容易产生一种亲和感。比如:"你口音不错,一点也听不出你是……人。"

(三)要注意从言辞、音色、音质、音量、音调等方面区别应试者的内在素质水平

研究表明一个人说话快慢、用词风格、音量大小、音色柔和等都能反映其内在素质。例如,说话快且平直的人心情急躁,缺乏耐心,动作较为迅速。

三、"观"的技巧

(一)谨防误入歧途以貌取人

容貌本来与人的内在素质没有必然的联系,但是由于日常生活中的心理定势,小说、电影、电视艺术造型的影响,我们在面试时难免先入为主,未见面前就会想象该人应该如何如何,什么样的人有什么样的素质特点。因此,以貌取人的现象经常发生,古今中外都有。孔子以貌取人,失之子羽就是一个教训,圣人既如此,我们更应小心。

(二)坚持目的性、客观性、全面性与典型性原则

所谓目的性原则,就是主试者事先要明确面试的目的、面试的项目以及观察的标志与评价的标准,在面试中要使自己的面试活动紧紧围绕面试目的进行。只有这样,主试者才能从应试者诸多的行为反应中,迅速而准确地捕捉到具有揭示内在素质和评价意义的信息。

所谓客观性原则,就是主试者在面试中不要带任何主观意志,一切本着实事求是的态度,从应试者实际表现出发进行测评。为了提高面试的客观性,主试者要注意选择一些显性的外观标志作为评判指标。

所谓全面性原则,就是主试者应该从多方面去把握应试者的内在素质,应从整个的行为反应中系统地、完整地测评某种素质,而不能仅凭某一个行为反应就下断言。主试者不但要从一般的问题中考查应试者的素质,而且应该创造条件在激发、扰动的状态下考查应试者的素质。

所谓典型性原则,就是要求主试者在面试中要抓准那些带有典型意义的行为反应。在面试中,应试者面对主试者的提问会做出许许多多的行为反应,实际上其中真正能够从本质上揭示素质的行为反应非常少,这部分行为反应叫作典型行为反应。面试中的主试者要注意捕捉这种典型行为反应。

(三)充分发挥感官的综合效应与直觉效应

笔试的判断是依靠大脑的思维分析与综合,而观察评定主要是靠视觉与大脑推断的共同作用,面试则因为集问答、面视、耳闻与分析于一体,因此各感觉有一种共鸣同感的综合效应,其中直觉效应尤为明显。这是其他测评形式所没有的。因此,那些有丰富面试经验的主试者要充分发挥其直觉性的作用。然而直觉不一定是绝对可靠的,直觉的结果应该尽可能获得"证据"上的支持,应该通过具体的观察去验证、去说明。

四、"评"的技巧

面试经过"问""听""看",最后都必须归结到"评"上来。为了提高"评"的效率与效果,可以采取以下方法。

(一)选择适当的标准形式

面试测评的标准是一个体系,它一般由项目、指标与标度共同构成。项目规定所测素质的性质、内容与范围,指标揭示所测素质的形式、特征与标志,标度规定所测素质的级别、差异与水平。

测评指标有三种形态:

第一种是应试者行为反应中具有典型意义与客观识别的行为,例如,"出汗""眼睛不敢正视主试者""回答拖泥带水",等等。

第二种是从测评项目演绎出的"要素"或"着眼点",例如,"态度"项目的三个"着眼点":①回答问题是否认真;②表情与动作是否自然;③是否沉着。

第三种是现象描述语,例如,"语言表达力"这项测评指标要考查应试者表达是否简明、措辞是否恰当、讲话是否逻辑通顺、内容是否正确,而"分析能力"这项测评指标要考查应试者对问题认识的深度、综合分析的全面性、对概念阐述是否清楚。

(二)分项测评与综合印象测评相结合

面试时测评的内容与感觉到的信息比较多,为了提高评判的准确性,进行分项评判是必要的,但是由于对象的整体性与行为反应展示信息的辐射性,因此还应该设计一个综合印象评判项目,对应试者进行整体性的评判。这不但发挥了感官直觉的作用,而且突出了各种感官综合共鸣的特点,有利于提高面试效果。表5-2是一个面试评分表的实例。

表 5-2 面试评分表

编号:22　　　姓名:×××　　　性别:男　　　年龄:32　　　学历:本科
专业:无线电工程　　　现任职务:副经理　　　应试职位:市场开发类

面试要素	观察要点	差	一般	中等	良	优
举止仪表	衣着打扮得体,言行举止随和,有一般的礼节,无多余的动作					
言语理解与表达	理解他人意思,口齿清晰、流畅,内容有条理、富有逻辑性,有一定说服力,用词准确、恰当、有分寸					
综合分析能力	对事物既能从宏观总体考虑,又能从微观方面考虑其各个组成部分,能注意整体与部分间的关系和各个部分间的协调					
动机匹配性	兴趣与岗位情况匹配,成就动机与岗位情况匹配,认同组织文化					
人际协调能力	合作主动,理解组织中权属关系,有效沟通,处理人际关系原则性与灵活性结合					
计划组织能力	依据部门目标预见未来的要求、机会和不利因素并做出计划,看清冲突各方的关系,根据现实需要和长远效益做适当选择,及时做决策、调配、安置					
应变能力	在压力状况下,思维反应敏捷,情绪稳定,考虑问题周到					
情绪稳定性	在较强刺激情境中表情和言语自然;在受到有意挑战甚至有意羞辱的场合,能保持冷静;在长远和更高目标上能抑制自己当前的欲望					
专业知识和技能	针对不同职务考查专业知识,考查一般性技能、计算机水平、英语水平					
个人考查要点	①离开原公司的原因,个人目标如何,本公司职位的吸引力何在;②具体谈对销售、市场方面工作的想法,有何业绩,是否适应经常出差;③优势何在,是否有市场部工作经验且职位较高,是否熟悉市场开发过程	记录:				
考官评语		考官签字: 年　月　日				

(三)横观纵察比较评判

面试中有些素质本身模糊不清,难以揭示与把握,此时我们应采取横纵比较的方式,使几个应试者同时位于考场,进行集体面试,通过应试者之间的比较进行评判。横观即指比较不同应试者在同一项目上的行为反应,纵察即指比较同一应试者前后不同问题上行为的反应。

(四)注意反应过程与结果的观察

面试与笔试的不同在于它既要注意行为反应的结果又要注意反应的过程,而且更重要的在于过程。主试者提问之后,不要仅仅注意应试者最后回答是对还是错,而要特别注意他是怎么回答的,思路是什么,回答过程表情如何,表现如何。许多有价值的信息是在回答过程本身而不是回答的结果。

本章小结

- 面试是一种经过精心设计,在特定场景下,以面对面的交谈与观察为主要手段,由表及里测评应试者有关素质的一种方式。
- 面试具有五个特点:对象的单一性,内容的灵活性,信息的复合性,交流的直接互动性,判断的直觉性。
- 面试发展的趋势如下:形式多样化,内容全面化,试题顺应化,程序规范化,主试者内行化,结果标准化。
- 面试根据不同的划分标准,可以有多种划分方式:系列性面试和序列性面试,一对一面试和主试团面试,个人面试和小组面试,结构化面试、非结构化面试与半结构化面试,压力面试与非压力面试。
- 面试考核要素涉及综合能力以及专业知识和技能两个部分。面试应坚持平等原则、权变原则、人本原则、科学原则。
- 面试试题编制应遵循思想性原则、针对性原则、延伸性原则、确定性原则、鉴别性原则。
- 面试试题编制一般有三个步骤:第一步,确定与要测评能力素质相关的因素;第二步,编写能反映相关因素的面试试题;第三步,测试面试试题并制订评价参考标准。
- 面试试题主要有背景型问题、智能型问题、意愿型问题、情景型问题、作业型问题、行为型问题等类型。
- 面试一般经过面试预备、面试引入、面试正题、面试结束及面试评价五个阶段。
- 面试过程中要正确地使用"问""听""观"的技巧,以提高面试的效率。

复习思考题

1. 简述面试的概念、特点以及发展趋势。
2. 如何选取有效的面试方式?
3. 如何编制高质量的面试试题?
4. 面试中如何有效地运用问、听、观的技巧?
5. 5个同学一组,轮番作为面试官利用以下的面试题和面试评估表(见表5-3)考察其他同学,思考自己在哪些方面有待改进。应聘职位是人力资源主管。

面试题目包括:①请做自我介绍。②平时喜欢什么活动?有哪些兴趣爱好?③你的优缺点是什么?④曾经遇到的最大的困难是什么?是如何解决的?⑤你未来三年的规划是什么?⑥你为什么想应聘这份工作?⑦你认为你有哪些有利的条件来胜任将来的职位?⑧你更喜欢独自工作还是协作工作？⑨所学专业知识的提问（可以提问所学的专业术语）。⑩你对待遇有什么要求？

表 5-3 面试评估表

姓名		性别		年龄	
专业		院校		学历	
应聘职位		应聘部门		应聘时间	
考评项目	考评内容	评分			
仪表礼仪	穿着打扮	优(10)良(8)中(6)差(4)			
	行为举止	优(10)良(8)中(6)差(4)			
	形象气质	优(10)良(8)中(6)差(4)			
语言表达	清晰准确	优(10)良(8)中(6)差(4)			
	条理分明	优(10)良(8)中(6)差(4)			
	简洁流畅	优(10)良(8)中(6)差(4)			
思维反应	敏捷迅速	优(10)良(8)中(6)差(4)			
	逻辑性强	优(10)良(8)中(6)差(4)			
专业水平	理论知识	优(10)良(8)中(6)差(4)			
	职业技能	优(10)良(8)中(6)差(4)			
总计		分			

评语：

（录用、待考核、不考虑）

考核人：

第六章 评价中心

学习目标

1. 掌握评价中心的概念、特点和操作流程;
2. 掌握公文筐测试的操作要点;
3. 掌握无领导小组讨论的操作要点;
4. 熟悉实施评价中心其他方法的关键环节。

引导案例

西门子测评中心的实践与发展

一、西门子校园招聘概况

集团每年校园招聘分春秋两季进行,人数约100人,招聘主要方式是培训生项目和实习生项目。培训生项目包括管理培训生、销售培训生、研发培训生、商务培训生,以及少量人力资源培训生等。其中特别一提的是,春季进行的西门子Topaz项目(Topaz意指未经雕琢的璞玉)是招聘第二年毕业生,希望帮助这些学生未来走向职场,无论是否在西门子工作,都能够有更出色的适应能力。

二、测评中心的建立目的

由于应届毕业生的经历普遍比较简单单一,对于人力资源部和用人部门经理来说缺乏可以参考的过往经历或者工作经验,择优录取的工作难度较大。因此,西门子集团针对毕业生的校园招聘设置测评中心的环节,以期望在一天的时间内通过无领导小组讨论、案例分析、演讲等方式考察候选人的行为表现与能力,从而选拔优秀的应届毕业生加入公司。

一方面公司有健全的领导力模型,而且长期在各种培训及日常工作中反复强调和使用,用人部门清楚地知道需要什么样的人才,并且对能力的定义和理解有共同语言;另一方面,由于有西门子管理学院的强大支持,对测评中心的设计非常合理且方便使用,因此从一开始就得到用人部门的支持。

三、测评中心的考察对象

西门子所有培训生项目的候选人都需要参加测评中心考核,这些候选人一部分是有西门子实习经历的学生,另一部分是春秋两季校园招聘申请培训生的学生,他们未来将成为管理、销售、研发等岗位的重要人才。

四、测评中心概览

西门子的测评中心实施至今,每年在校园招聘的同一时间段(约当年10月或11月)开展,候选人经过测评中心的考察,进而决定能否被录用。

1. 进入测评中心前的筛选流程

候选人能否进入测评中心,首先要经过第一层筛选,包括简历筛选、电话面试等;其次是人力资源专员与用人部门经理一同讨论与甄选候选人,以决定参加测评中心的候选人名单。

2. 测评中心设计,基于能力模型[领导力框架(leadership framework)]

测评中心的内容与题目是为考察能力而设计的,针对不同岗位能力要求的不同,候选人在测评中心待考察的能力有相应重点。例如销售、研发类,可能部分能力要求是相同的,但能力要求的程度是不同的,考察能力并不是需要候选人具备所有能力,因而对销售或研发考察的重点将不同。

测评中心的设计包括若干个活动如何组合,如无领导小组讨论、角色扮演、特别任务、案例研究等活动。设计测评中心题目背后的逻辑是,候选人通过完成活动体现具体的行为,从而使得测评中心的观察者能够判断其是否符合职位所需能力。

3. 多个部门参与并支持测评中心的开展

活动观察者(皆来自西门子内部):用人经理、人力资源专员、用人经理直线主管。

活动设计者:西门子管理学院、人力资源专员、培训生项目的项目经理

4. 测评中心实施间隙安排专业测试,节省候选人时间

专业测试并非测评中心的一部分,而是利用测评中心实施的间隙时间,方便候选人,不需要他们额外花费其他时间进行专业测试(因为有些候选人来自外地,由于路途因素不便于第二次参加现场测试)。人力资源专员会根据候选人申请的项目不同,有针对地安排专业测试,包括研发、销售、商业等知识测试,辅助用人部门更多地了解候选人。

5. 测评中心的最后一环:共识会议(consensus meeting)

共识会议安排在测评当天的最后,目的是决定测评中心的结果。会议上观察员根据观察记录进行讨论,讨论程度有时非常激烈。例如,一轮20个候选人,根据大家讨论,最后选出5个候选人,决定是否发录用通知。如果结果不能完全达成共识,会对个别候选人再做面试。

6. 测评结果:个人报告

候选人的测评中心结果,包括针对行为的观察等,可作为个人报告,提供给他未来的直线主管参考。

第一节 评价中心概述

一、评价中心的概念

评价中心诞生于第一次世界大战时期的德国。当时,德国心理学家首先利用行为观察的方法来选拔军官,并将此方法称为"assessment center",即评价中心,又译成评鉴中心。后来,英美

等国也相继采用评价中心的方法来选拔军事人员和文职人员,直至企业的中高级管理人员,从而使评价中心广为运用。随着评价中心的发展,评价中心的测评方法不断完善,评价中心的内涵也相应扩大。与此同时,学者们从不同的角度对评价中心进行了界定。关于评价中心的定义可以归纳为以下几种。

(1)方法说:评价中心是一种较好的适用于管理人员,尤其是中高级管理人员选拔的测评方法。评价中心是通过多种情景模拟方法观察被测评者特定行为的方法。

(2)活动说:评价中心是以测评被测评者管理素质为中心的、标准化的一组评价活动。大部分关于评价中心的研究文献都认为评价中心是一种活动。

(3)过程说:评价中心是有机地利用多种测评技术,定性、定量地判断测评对象特定资质的过程。

(4)程序说:评价中心方法是人力资源管理者用来评估与组织效能相关的员工个人特性或能力的一系列程序。

综上所述,本书给出的评价中心的定义是:评价中心是将各种不同的素质测评方法相互结合在一起的一种新型人员素质测评技术。它通过创设一种逼真的模拟管理系统或工作场景,将被测评者纳入该环境系统中,使其完成系统环境下对应的各种工作,如主持会议、处理公文、进行决策、处理各种日常事务和突发事件等。

评价中心是一种程序而不是一种具体的方法,即评价中心是以测评管理素质为中心的、标准化的一组活动。它是一种测评的方式,不是一个单位,也不是一个地方。这组活动中包括多个测评者采取多种测评方法对素质测评的努力,所有这些努力与活动都围绕着一个中心,这就是管理素质的测评。

在这个过程中,测评者采用多种测评技术和方法,观察和分析被测评者在模拟的各种情境压力下的心理、行为、表现以及工作绩效,以测量评价其管理能力和管理潜能等素质。

显然,评价中心是以测评被测评者管理素质为中心所进行的一系列标准化活动程序,是一种比较全面的测评方式和技术。以下几种单一的活动不能构成一个评价中心:

(1)以小组谈话或一系列连续的谈话作为唯一的技术。
(2)依靠一项特殊的技术如情景模拟练习作为评价的唯一基础。
(3)仅仅使用由纸笔测验所组成的测量试题,而不考虑统计或整体评价。
(4)仅有一位测评者使用多种评价技术单独对被测评者进行评价。
(5)几位测评者都各自准备一份评价结果,但没有将这些结果综合起来作为该评价中心的最终结果。

二、评价中心的特点

评价中心与传统测评方法不同,它不是一个单一的测评方法,而是一组测评方法的综合。它结合了各种测评方法的特点,具体包括六个方面。

(一)综合性

评价中心是对行为观察法和心理测验法等多种测评技术的综合运用,其中行为观察法主要包括无领导小组讨论、管理游戏、角色扮演、公文筐测试等,心理测验法通常采用智力测验、能力测验、人格测验、投射测验和职业兴趣测验等。

评价中心综合使用多种测评技术,因此其能够多角度、多层次考察被测评者各方面的素质特征。另外评价中心不仅有助于挑选出具有发展潜力的管理人才,还能在测评的过程中训练被测评者的管理能力、思维分析能力、团队合作能力等能力,如以选拔为目的的评价中心,兼具选拔与培训的功能。

(二)灵活性

评价中心在测评中有针对性和选择性地灵活使用各种测评技术和测评内容。例如,在测评被测评者的能力发展时采用360度评估方法,测评被测评者的思维分析能力时采用案例分析的方法,测评团队合作能力时采用管理游戏的方法,这样也增强了测评结果的公正性和客观性。

(三)标准化

评价中心运用的测评技术多种多样,测评活动较多且形式多样,测评持续时间从几个小时到几周不等,但是每项测评活动都是按照测评需要设计的,都有统一的设计标准。另外,在测评过程中,多个测评者按严格的程序对被测评者进行集体评价,最后通过定量、定性的方法整合测评结果来达成一致意见。

(四)效度高

评价中心具有效度高的特点,其采用多种测评技术进行测评,使各测评结果得到相互补充和验证。定性评价与定量评价相结合,减少了测评中的误差。评价中心采用情景模拟性测评,测评的内容与真实的工作情景十分相似,测评者能够直接观察和测评被测评者解决问题的实际能力。评价中心效度高的特点,是为人们所公认的,即使是最严厉的批评者也不能否认这一事实。表6-1显示了多个学者对评价中心预测效度的研究结论。

表6-1 测评总结果(OAR)预测效度的研究总结

研究者	时间	结论
比汉(Byharn)	1970年	OAR能够找出那些步步高升的管理者,从测评结果来看,成功管理者的得分高于不成功的管理者。OAR与业绩的相关系数范围为0.27~0.64
科恩(Cohen)等	1974年	OAR与业绩的相关系数为0.33,与潜能的相关系数为0.63,与职业晋升的相关系数为0.40
桑顿(Thornton)等	1982年	OAR能够预测职业晋升情况、业绩水平等
亨特(Hunter)等	1984年	统计分析的结果表明OAR与工作业绩的相关系数为0.43
施米特(Schmitt)等	1984年	统计分析的结果表明OAR与一系列才能指标的相关系数为0.41
高格勒(Gaugler)等	1987年	统计分析的结果表明OAR与晋升、工作业绩评价等的相关系数为0.37

从表6-1中,我们可以看出评价中心测评总结果的预测效度最低为0.27,最高为0.64,平均为0.41。也有一些研究表明评价中心中的结构化行为访谈预测效度为0.35~0.45,单个情景模拟为0.4左右。虽然从绝对效度而言,0.41并不算很高,但是相对于一般的心理测验、笔试等方法而言,其预测效度显然要高很多。

(五)针对性

评价中心的测评指标体系设计是从对岗位的工作分析中得出来的,根据不同层次类别人员的岗位要求和必备素质,设计有针对性的模拟情景,适应不同岗位的需要,在测评过程中尽可能真实地模拟特定的工作条件和工作环境,并在特定的工作环境和压力下进行测评。这样做的结果是尽最大可能保证选拔出来的人员在今后的工作中能够同他们在测验中的表现一致。

(六)成本高

评价中心是多种测试方法的集合,从时间角度计算,评价中心技术要比传统的测评技术或某一项测评技术测试的时间长得多。不同目的的评价中心技术需要的时间不同,基于选拔的评价中心技术大概需要一天的时间,基于培训的评价中心技术需要一天半到两天的时间,基于技能开发的评价中心技术也需要一天半到两天的时间。同时,测试结束后,测评者需要花大量的时间进行定量与定性的综合评价。评价中心的题目也往往需要进行个性化开发,题目开发的工作量非常大,而题型的设计对评价中心的预测效度非常重要。因此,总体而言,评价中心所花费的时间成本和人工成本比较高。

三、评价中心操作流程

一般来说,评价中心操作流程主要包括七个步骤,企业可以根据实际情况加强或弱化其中的某些环节。

(一)明确测评目的

开展任何类型的人才测评工作都要首先明确测评的目的,评价中心也是如此。企业开展人才测评有多种目的,测评要围绕着测评目的展开。

(二)确定测评维度

明确测评目的后,我们需要根据测评目的确定测评的维度,即回答"测什么"的问题。在确定测评维度的工作中,我们可以采取工作分析的方法。通过对岗位说明书的了解以及与任职者的上级及任职者本人访谈,了解该岗位的工作职责和任职规范。从工作分析的结果中可以明确测评的维度。在确定测评维度后要同时对每个维度进行定义,经常采用的定义方法有典型的行为定义,部分指标也可以采用极端特征式的定义方式,然后为各个指标分配合理的权重。用于培训开发的评价中心可以采用维度分类的方法,将所有需要测评的维度划分为核心维度与次级维度。

（三）选择测评方法并进行题目开发

评价中心本质上就是多种测评方法及工具的有机组合，它主要的设计问题就是选择可行的方法及工具，对需要测评的素质进行有效的评价。这里所说的"可行的方法及工具"具体体现在三个方面：一是这些方法及工具适合用来测评相关素质，一般而言，测评的题目需要根据所测岗位的特点进行个性化设计；二是这些方法及工具能够购买到或设计出来，因为测评题目的开发需要专业人才，而目前我国这方面的人才非常缺乏；三是这些方法及工具能够被合理地使用。

（四）培训并协调测评项目相关人员

（1）与所有参与人员进行沟通。评价中心的参与人员包括测评者、被测评者及一些其他参与人员。

对于被测评者，要事先向其提供一些关于评价中心技术的简介和测评指导语，包括有哪些类型的测评、所需要的时间、生活安排及对他们的纪律要求等内容。对于其他参与人员，需要与其就评价中心的每一个细节进行深入交流，以便使其能够理解此次评价的目的、意义，从而很好地配合主要测评者实施测评。

（2）培训测评者。对测评者培训的基本目的在于让测评者掌握如何根据既定的标准和要求对被测评者的表现做出客观的判断和评价。对测评者培训的内容包括四个方面。

第一，评价中心的各项政策和规定，包括被测评者的详细资料和信息的使用限制。

第二，测评方法和工具的使用。测评者应熟练掌握在每项测评的过程中所要观察的维度和典型的行为表现。

第三，所要测评的要素及具体的维度，包括测评要素与行为表现之间的关系。

第四，测评及评分的具体过程，处理、整合数据资料的各种方法与技巧。

（五）设计测评方案并实施

测评方案的实施过程实际上就是解决组织与分工问题，即"怎么测"，一般根据测评方法的特点以及实际情况来决定测评的顺序。设计测评方案要根据"成本最低、时间最短、用人最少"的原则，精确地计算测评成本，准确地规划测评时间，合理地安排测评场地，详细地安排人员分工。

（六）统计测评结果与撰写报告

评价中心技术的正常运行需要专人负责监督与评估，以便及时发现问题并及时调整。在监督的过程中，需要做详尽的记录。

（七）反馈测评结果

测评结果的反馈是测评的最后阶段，但绝不是最不重要的阶段。往往以绩效考核和培训为目的的人才测评是为了找出自身欠缺的地方，帮助员工成长而不是为了评判一个人。测评者的角色不是法官和裁判，而是一个合作者，从被测评者的角度出发，帮助其进行职业生涯的选择以及成长。有些企业运用评价中心找到了有能力的人选,也诊断出相应的培训发展需求,但是迟迟未能付诸行动,致使测评结果根本得不到任何利用。有些企业在利用评价中心的测评结果时,无视作为被测评者的员工对参加评价中心所产生的某种期望与感受,引起员工的不满。

四、评价中心的优缺点

许多研究者和实际应用工作者都认为评价中心具有其他测评方法难以比拟的一些优点,但同时也具有一定的局限性。我们将评价中心的优缺点归纳为以下几个方面。

(一)评价中心的优点

(1)评价中心综合使用了多种测评技术,各测评技术之间互相弥补,取长补短,并由多个测评者进行评价。因此,它从不同角度对被测评者的目标行为进行观察和测评,能够得到大量的信息,从而对被测评者进行较为客观和有效的观察与评价。

(2)评价中心多采用的情景性测评方法是一种动态的测评方法,在被测评者与其他人交往和解决问题的过程中,测评者可以对其较复杂的行为进行评价。对实际行动的观察往往比被测评者的自陈更为准确有效。而且,在这些动态的测评当中,被测评者之间可以进行相互作用,在这种相互作用之中,被测评者的某些特征会得到更加清晰的展现,更有利于对其进行评价。

(3)评价中心所采用的测评手段很多是对真实情景的模拟,而且很多情景是与拟任工作相关的。在这种情况下,被测评者的表现比较接近真实的情况,并且在复杂的任务之下,被测评者也不易做出伪装。因而被测评者在情景性测验中的表现在实际工作中有较大的可迁移性,对被测评者未来的表现有较好的预测效果。评价中心更多测评了被测评者实际解决问题的能力,而不是他们的观念和知识。

(4)评价中心不仅是选拔管理人员的一种强有力手段,也是一种很有价值的培训方法。一方面,被测评者可以从评价结果得到有关自身优点和不足的反馈信息;另一方面,测评者可以从评价过程中认识到什么是管理行为中的重要因素。

(二)评价中心的缺点

(1)在评价中心采用的情景模拟测验中,评价的主观性程度较高,制订统一的标准化的评价标准比较困难。这种测验形式由于其任务的复杂程度较高,任务的设计和实施中的控制也比较困难,一般人不易掌握,需要依赖测评专家,从评价中心的设计到实施都需要专家投入大量的精力。

(2)评价中心的评价时间较长。情景模拟的设计工作一般需要一个月以上的时间,测评者的培训也需要较长的时间,情景模拟的实施一般也需要 2~3 天。

(3)费用较高。情景模拟的工作量比较大,需要专门的设施、设备和道具,因此测评成本费用与其他测评方法相比较高。

第二节 公文筐测试

公文筐测试是评价中心中运用频率最高的一种测评形式。公文筐是对实际工作中的管理人员掌握和分析资料、处理各种信息以及做出决策的工作活动能力的综合测评。它兼备了情景模拟技术和传统纸笔测试的优点,被越来越广泛地应用于领导干部和管理人员的招聘选拔中。

一、公文筐测试的定义

公文筐测试,又称为公文处理测试,是一种情景模拟测验,是对实际工作中管理人员掌握和分析资料、处理各种信息,以及做出决策活动的一种抽象和集中。福特汽车、通用电气等诸多全球500强企业均将公文筐测试作为企业管理人员选拔的重要方法。该测试工具一般在假定情景下实施,要求被测评者以目标岗位管理者的身份,在规定条件下(通常是比较紧迫困难的条件,比如时间和信息有限、孤立无援等)处理一系列目标管理岗位实际工作中将会遇到的典型、棘手问题。公文筐文件的类型一般包括信函或文稿,包括通知、报告、电话记录、办公室的备忘录等。被测评者在处理这些文件时,也应向测评者说明处理的原则和理由,测评者根据被测评者的处理方式及处理结果,按照一定的评价标准,对被测评者进行评价。

公文筐测试的效度和信度非常高且实施方便,因而其对各国企业的人才招聘选拔、考核等起了举足轻重的作用。近十几年来,在国内,公文筐测试被越来越广泛地应用于领导干部和管理人员的招聘选拔中,它在组织管理中的价值和作用也逐步受到理论界及企业人士的重视。

二、公文筐测试的特点

公文筐测试是测评管理人才的重要工具,为中高层人员的选拔、考核和培训提供了具有较高信度和效度的测评手段。与其他测评方法相比,公文筐测试具有以下五个特点。

(一)表面效度高

公文筐所采用的文件都取材于实际的管理活动,几乎都类似于被测评者所拟任职位上日常需要处理的文件,有时候是直接选取的真实文件。同时,处理公文这样一项管理活动也是任何一个管理者在日常生活中经常遇到的事情。这样,被测评者很熟悉公文筐测试的目的所在,非常容易接受此种表面效度高的测评方式。

(二)考察范围广泛

公文筐的测试材料涉及日常管理、人事、财务、市场、公共关系、政策法规等企事业单位的各项工作,可以对被测评者进行全面的评价。虽然公文筐在测验过程中采用的是静态的考察方式,但是知识、操作经验及能力倾向等都可以隐含于文件之中,可以对被测评者的潜在能力和综合素质进行考察。

(三)高度预测性

有研究者观察了51人的工作实际绩效后发现,工作绩效与公文筐测试之间的相关度高达0.42;还有人发现公文筐测试的绩效与日后3年内的晋升之间的相关度为0.32。这说明公文筐测试方法具有良好的预测效度。因此,只要被测评者能够妥善处理公文筐中的各类文件,测评者就可以有理由认为被测评者在一定程度上具备了胜任新职位所需要的素质。但是公文筐测试的方式也有一些不足,如测评者与被测评者之间通常没有互动交流,编一套好题比较难,评分比较难等。

(四)测试公平性较高

公文筐测试把被测评者置于模拟的工作情景中去完成任务,可以对每个参加测验的个体的行为做直接的观察。与无领导小组讨论、结构化面试等其他测评技术相比,公文筐测试向被测评者提供的背景信息和测验材料以及被测评者的作答都是以书面形式完成的。这一方面考虑到被测评者在日常工作中接触和处理大量文件的实际需要,另一方面也是为了统一操作和控制,给每个被测评者提供相等的条件和机会,比较公平,不会因为情景的不同或者小组成员的差异等因素而影响测评结果。

(五)测试成本高

公文筐测试的题目设计、实施、评分都需要较长时间的研究与筛选,为了保证较高的预测效度,必须投入大量的人力、物力和财力,因此所花的精力和费用都比较高。

三、公文筐测试的考察内容

公文筐测试的考察内容主要体现在管理人员的计划、组织、预测、决策和沟通五大能力。

(一)计划能力

计划能力是指被测评者分析每一既得信息所反映的问题、问题产生的根源以及各问题间的相互关系并据此确定工作目标、工作任务、工作方法和工作实施步骤的能力。评价计划能力时,测评者在一定程度上要关注被测评者对其行为未来后果的考虑,例如,考察他们解决问题时是否考虑时间、成本、顾客关系或资源等。计划也包括为避免预期的问题所采用的步骤,以及出现这些问题时,他们对问题的操作步骤与方法。计划的可行性、实施所需要的时间和成本以及风险程度是评价管理者计划能力的关键测评指标。

(二)组织能力

组织能力是指被测评者按照各项既定工作任务的重要和紧急程度安排工作次序,调配人力、物力、财力资源,合理分工与授权,进行相应组织机构或人事调整的能力。工作次序的安排、资源配置、工作分工、授权情况以及组织措施的成本和风险度是评价管理者组织能力的关键测评指标。

(三)预测能力

预测能力是指被测评者模拟工作环境中相互关联的各类因素及总体形势、未来发展趋势,进行准确判断并预先采取相应措施的能力。预测的质量、预测所依据的因素、可行性分析能够考察被测评者在多大程度上用到了所提供的材料,即是否综合运用了各种因素之后才做出预测分析。对工作环境中各类相关因素及总体形势未来发展的多种可能性的预测以及其发生概率的分析论证、各种防范和应对措施的合理性是评价管理者预测能力的关键测评指标。

(四)决策能力

决策能力是指被测评者在解决实际工作问题,特别是重要且紧急的问题时,策划并选择高质量方案的能力。决策目标的清晰程度、决策的质量、备选方案的可行性、各方案的评价比较、影响的因素和最终确定的方式是评价管理者决策能力的关键指标。评价决策能力时,测评者要仔细考虑决策背后的合理性成分,考察被测评者有没有考虑到短期和长期的后果,是否考虑到不同的备选方案的优点,如果采取某种行动方案,要能给出理由。

(五)沟通能力

书面沟通能力是指被测评者通过书面形式,如电子邮件、传真、公文等形式,表达个人思想和意见的能力。根据评估内容,考察被测评者的思路是否清晰,意见是否连贯,措辞是否恰当及文体是否合适。沟通方式的选择、信息的准确性、思维的逻辑性、结构的层次性、文字的流畅性是评价被测评者书面沟通能力的关键测评指标。

四、公文筐测试操作流程

公文筐测试的操作流程包括测试准备阶段、测试开始阶段、正式测试阶段和评价阶段。

(一)测试准备阶段

测试准备阶段应当要有清楚、详细的指导语,且文字应通俗易懂,以保证每个被测评者都可以准确地理解测试要求。

1. 准备相关材料

需要准备的背景材料包括被测评者的特定身份、工作职能和组织机构等。背景材料的多少可以根据测试材料而定,其主要目的就是为被测评者处理问题提供一个背景情况。测试材料包括信函、报告、请示、备忘录等,这些文件可以用多种方法来呈现,如不同的文件用不同规格和大小的纸张来呈现等。

2. 公文筐测试的编制

公文筐测试是一种较为复杂的测评方法,测试效果会受到多方面的影响,而公文筐测试的编制流程是其中一个重要因素。

(1)公文筐测试编制的步骤。公文筐测试的编制需要经过建立指标体系、收集素材、确定测评要素、编制文件、确定评价标准五个步骤。

①建立指标体系。通过因素分析、文献检索等方法来分析拟招聘岗位所需要的所有素质,对牵涉到的每一项素质进行详细的描述,然后编制岗位胜任力任职调查问卷,要求被调查者对每一项的重要性进行打分,最后通过数据分析锁定该岗位所需要的胜任力素质。明确测评指标后,要针对不同指标的重要程度确定其权重,最后要运用胜任力模型对指标权重进行检验。

②收集素材。公文筐测试具有情景模拟的特性,因此除通过历史文献检索法收集公文外,还应进入各工作岗位收集其日常工作中所遇到的典型公文、典型事件,明确公文、事件的结构和形式。收集到的公文应该注重其内容和形式上的全面性。

③确定测评要素。在确定测评要素时要根据企业所在的行业特征、内外环境、企业文化、测评目的、岗位胜任力要求等,尽可能地把测评到的要素全部列入其中。一般来说,公文筐能够测评到的素质特征有规划能力、组织能力、决策能力、表达能力、应变能力、协调能力、控制能力、反馈能力、处理实际问题的能力及应付压力的能力。

④编制文件。利用双向细目表或多向细目表勾画出公文筐测试的整体编制思路,编制过程中要考虑公文涉及的维度,考虑其重要性和紧迫性的程度,考虑公文的形式和内容的比例,还要设计好测验指导语、测验复本等。

⑤确定评价标准。事先编制好评分标准,必要时可给出好、中、差三种情况的特征描述。

由于公文筐测试没有完全客观化的答案,测评的最终分数会受到测评者主观因素的影响,因此可以制订以行为锚定为基础的等级评定量表,以使评价标准客观、详细。

(2)公文筐测试编制的原则。公文筐测试在编制时一定要坚持系统性原则、全面性原则、重要性原则及标准化原则。

①系统性原则。公文筐测试中所包含的所有文件不是孤立存在的,而是一个系统,彼此相互联系。公文筐测试可以考查的能力一般包括逻辑分析能力、统筹能力、组织能力、决策能力、协调能力等。在测验过程中有些能力需要根据被测评者对所有公文的处理来进行评价。如在评价统筹能力时,我们需要考察被测评者是否能够根据公文的轻重缓急有所区别地处理公文。而有些能力则根据几个公文的处理来进行判断,如综合分析能力。再者如决策能力,只需要一个公文就可以测量。可见,一种能力可能涉及多个公文,一个公文也有可能对应着多个能力,各种公文在公文筐测试中扮演着不同的角色、发挥各自的功能,互相牵制从而构成了一个有机的系统。

②全面性原则。公文筐测试中的文件要确保在内容和形式上完整。内容上的全面性是指工作中所涉及的文件都应当有所涉及。形式上的全面性是指报告、指示、函件、制度等都要占到一定比例。以上两者中,内容上的全面性显得较为重要,这是因为不同内容的公文会有针对性地考查被测评者的一种或几种关键能力。例如,受文,一般无须决策,仅需组织执行,主要考查组织、内部协调能力;再如发文,则主要考查决策能力。

③重要性原则。讲求全面性的同时不能忽视重要性原则,不能仅仅为将所有工作中的文件都纳入公文筐中,而忽略了工作重点。公文筐应以工作中的关键事件来构架公文筐测试的重要部分。毕竟,作为一位合格的管理者,如果在岗位必须处理的关键事件上表现出良好的素质,那么才能预测其在接任管理职位之后能够有较好的工作业绩。如果仅从一些非关键事件上来推论被测评者的能力,那么这些可能会与实际情景中表现的能力有所偏差,从而削弱了公文筐测试情景模拟的优势。因此,在设计公文筐测试之前必须做好关键事件访谈这一重要工作。

④标准化原则。标准化原则指公文筐测试的编制要有一个标准化的程序。由于公文筐测试

有别于传统的能力测试,并没有完全客观化的答案,评分会受到测评者主观判断的影响,为了减少主观因素的影响,就必须在设计时尽力做到标准化,并对测评者进行培训。因此,为了贯彻标准化原则,首先,必须做到编制程序的规范、编制方法的科学,这是公文筐测试有效性最为基本的前提保证。其次,评分点要尽可能地做到详细,这样就可以在某种程度上避免因为主观评定标准的差异所带来的误差。最后,必须对测评者进行科学的培训,以提高测评者观察时的准确性。国外有学者在对测评者实施培训与评分准确性的相关性研究中发现,接受了培训的测评者在区分有效行为和无效行为时更加准确。

(3)公文筐测试编制时的注意事项。

①测试材料难度的把握。测试材料的难度要适中,如果把握不准,材料过难,固然可以选拔到很好的人才,但也有可能是大材小用,很难设想此人会安心本分工作,而且会导致人力资源的浪费;材料过于容易,测试会出现"天花板效应",大家都得高分,就不能对被测评者的能力进行区分。

②测试材料真实性程度的把握。完全杜撰的材料,被测评者可以根据一般知识进行推理,处理的结果没有针对性,看不出被测评者的水平差异,被测评者被录取后需要经过较长时间的培训和适应才能胜任工作。完全真实的材料,过于偏重经验的考查,忽视潜能的考查,最后选拔到的人无疑是完全与招聘单位文化气氛相同的人,违背了引入外来人才,给单位输入新鲜血液的本来目的;同时完全真实的材料,使招聘测试本身就造成对单位内部人员和单位外部人员的不公平,同样的能力水平内部人员被录取的可能性大,结果给人留下"一切都是内定的,测试不过是走过场"的印象。

③对测评者的要求。测评者不仅要具备管理学和心理学的基础知识,了解公文筐测试的理论和实际依据,还要对被测评者所任职务的职责权限和任职资格,如工作经验、学历、能力、潜能和心理特征等,进行系统的研究。此外,测评者要能够独立或与他人合作设计测试题目,并了解题目之间的内在联系,能够恰如其分地展开问询,能够对被测评者做出全面、公正、客观的评价。

④测试地点的要求。测试地点安排在一个尽可能与真实情景相似的环境中,且至少保证每个被测评者有一张桌子和必要的办公用具。除此之外,被测评者之间的距离应当远些,避免相互影响。

(二)测试开始阶段

在公文筐测试正式开始前,测评者要把测评指导语读一遍,并对测试要求和注意事项进行介绍。当对测试指导语理解后,每位被测评者就可以开始阅读有关的背景材料,背景材料具体包括被测评者的角色、组织机构表、工作描述、工作任务等。在这一阶段被测评者针对不清楚的问题向测评者进行提问,这有利于让被测评者明确自己的角色,尽快进入情景以便正式开始测试。

(三)正式测试阶段

正式测试通常需要2小时。被测评者一般需要独立工作,没有机会与外界进行任何方式的交流。被测评者有任何问题都不得提问。被测评者处理文件时,测评者应注意对其进行观察,了解他们是如何工作的;对这些公文的处理是否互有联系;是授权别人干工作,还是自己干所有的工作;紧张程度如何;等等。测评者可以在客观的观察过程中做适当的记录,为后面的评价提供信息。

(四)评价阶段

在这一阶段,测评者要对被测评者的作答进行评价。有时候,虽然两位被测评者处理文件的办法相同,但不同的处理理由往往会反映出其不同的能力特征。因此,测评者在评价被测评者时,不仅要注重被测评者的文件处理方式和方法,还要结合被测评者采用何种方法的理由进行评价。公文筐测试有许多评分方法,它们在评分程序的客观程度与最终结论的复杂程度上存在一定的差异,因此每种评分方法的信度、效度和测评结果等在一定程度上也会有差异。常用的测评方法有行为元素评估方法、主观和总体评分方法、维度评定评分方法。

1.行为元素评估方法

行为元素评估方法是对被测评者对每一个文件的回答质量做出评定,然后对各个行为元素进行评价的方法。它能够客观地描述行为元素,信度较高,但效度容易受到质疑。

2.主观和总体评分方法

主观和总体评分方法是针对被测评者处理文件的方式,做出全面、主观的评定的方法。它比行为元素评估方法有更高的效度,但评价的主观性强。

3.维度评定评分方法

维度评定评分方法是针对被测评者在每一个评价维度上的回答进行评分的方法。该种评分方法的应用频率较高,比行为元素评估方法有更高的效度。维度评定评分表按照对评价维度总体还是个别维度评分有不同的格式。

公文筐测验题目举例

指导语:今天是2024年9月1日,恭喜你有机会在之后的2小时里担任××公司人力资源部副总经理。由于人力资源部李总经理正在外地出差,因此,你将在他回来之前全权代理他的职务。××公司是一家大型国有股份制企业,其人力资源部下设四个处:人事处、劳资处、福利处、资产管理处,分别处理人力资源调配、工资奖金、员工福利和资产管理等工作。现在是上午9点,听取下属汇报工作并做好今天的工作安排后,你来到办公室。秘书已经将你需要处理的今日积压的文件整理好,放在文件夹内。文件的顺序是随机排列的,没有任何意义,你需要自己去排序处理。你必须在2小时之内处理完文件,并做出批示。11点你还要接待一批重要客户。在这2小时内,你的秘书会为你推掉所有杂事,相信没有什么人会来打扰你。另外,很抱歉,由于各种原因,你在处理文件的过程中,没有办法与外界通话。

现在需要你以文件、备忘录、便条、批示等形式,将所有文件的处理意见做出书面表达,最后交给秘书传达。在公司,你被员工称为王副总或王总。

好了,可以开始工作了,祝你一切顺利!

文件一：

王副总：

近期我公司进行了一次设备更新，约有100台电脑被淘汰，现在放在仓库里。虽然这批电脑的性能已经不能满足我公司的正常工作需要，但是大部分仍然能正常工作。我们了解到现在我市有部分民工子弟学校正在采购一批二手电脑，以供教学使用。此事如何处理，是卖给学校还是无偿捐赠，望您指示。

资产管理处
2024年8月31日

文件二：

王副总：

近段时间，第五车间的公司员工反映他们的工资不能按时发放，并且经常被无端克扣，他们还指责车间主任王文埃绩效考核时不能客观、有效地对员工进行评定。他们有可能会集体罢工或辞职。此事如何处理？请您批示。

人事处
2024年8月31日

文件三：

王副总：

近期各部门相继反映，由于我公司不断发展扩大，各部门的事务性工作量大幅增长，因此需要聘用一些专职秘书以缓解各部门的工作压力。以往我们的做法是从本地大专院校招聘临时秘书，虽然成本较低，但是稳定性差，不能满足长期工作的需要。现在我处拟从社会上公开择优招聘秘书20余名，关于此项工作您的意见如何？另外，如果决定招聘这批秘书人员，您是否参加面试？

人事处
2024年8月31日

文件四：

王总：

人力资源信息：9月20日在××饭店召开华东地区大型企业人力资源管理高峰论坛。届时到会的有各企业人力资源部总经理或副总经理，以及国内外一些人力资源管理专家和学者。您是否参加？请回复，以便我及早做出安排，办理相关报名事务。开会时间为9月20日上午8:00—11:30，下午13:30—16:30。

秘书
2024年8月31日

文件五：

王副总：

公司办公室转来一封群众来信。信中说公司总务处员工陈伟在某居住地扰得四邻不安，群众很有意见。如果情况属实,将会对公司名誉产生负面影响,特别是其居住地附近住有我们公司重要大客户的一些中高层管理人员。总裁要求尽快处理此事。

秘书
2024年8月31日

附:群众来信

××公司:

我们是富豪居民小区24栋楼的部分住户。贵公司员工陈伟在我们这里租房居住。他经常在家中搞舞会接待朋友,唱卡拉OK,夜里很晚也不结束,影响了我们正常的生活和休息。此外,他还常与社会上一些不三不四的无业人员来往,关系密切,令人反感。希望贵公司能够对此人进行帮助教育。如果他再这样下去,我们将与派出所联系解决问题。

24栋楼部分居民
2024年8月25日

文件六:

王副总:

在前些天的台风中,第一车间和第四车间反映屋面大面积漏水,经过勘查发现是由于房顶年久失修,屋顶建材已经锈蚀,需要总体更换,否则下次大雨情况将更加严重。但是今年的检修预算已经用完,不知能否增加预算,请批示。

资产管理处
2024年8月31日

文件七:

王副总:

根据我们的调查,公司中青年员工离职率高与公司现有住房分配制度有一定关系。目前,公司已停止为员工建设或购买住房,仅为员工提供住房补贴,让他们自行租房居住或由公司提供帮助向银行抵押贷款买房居住。但由于房价太高,中青年员工无力购买,租房又不稳定,员工没有安全感。我们考虑,是否可由公司出资建设或购买一些小型公寓,以适当价格出租给暂时无房的员工,并规定在一定的期限后迁出公寓,给后来的员工暂住。这样可以使中青年员工安居乐业,降低核心员工流动率。此建议是否得当,请指示。如果可行,我们将向总裁办公室提出报告。

人事处
2024年8月31日

文件八:

王副总:

公司业务不断扩大,效益再创辉煌,根据上月公司董事会的会议精神,我们拟订了一个为公司中层管理人员和核心员工涨薪15%的薪酬调整方案。此方案是否得当,请批示。

人事处
2024年8月31日

文件九：

王副总：

关于开展"我们需要怎样的企业文化"的讨论现已告一段落，我们计划下周三上午10:00召开一次中层正职以上管理人员参加的专题讨论会。会议主题是如何确立公司的企业文化、怎样建设我们公司的企业文化。会上将请您说一说对这个问题的看法。届时我们准备把您的讲话要点打印成文件下发。望您务必参加，并将您的看法写成文字资料交给我们以便打印。（测验要求：必须在文件处理中由个人完成此项工作。）

人事处
2024年8月31日

文件十：

王副总：

据了解，我们的员工福利位于同行业的中上等水平。但考虑到现在行业的激烈竞争和高流动率，为了增强凝聚力和吸引力，提高员工的福利待遇是一项有力的激励措施。因此，我们提出一项增加员工福利的计划，也就是将现在的人均福利费200元/月提高到250元/月的较高水平，另外再增加每半年一次的外出旅游，平均每人每次支出为500元。不知您对这项计划的意见如何，请批示。

人事处
2024年8月31日

参考答案如下：

文件一：做出批示，要点有三。①要无偿捐赠给民工子弟学校。②要大张旗鼓地捐赠，以收到良好的社会效益，塑造企业形象。③把这件事交给资产管理处尽快全权处理。

文件二：做出批示，该事即刻找劳资处去第五车间调查，就该车间工资不能按时发放、随意被克扣的原因，以及车间主任的考核不公正事件做出书面汇报。这件事要立刻去做，争取今天之前把详细的调查报告交上来。

文件三：考虑公司的替换成本等原因，只需要招聘10名专业秘书，由这10名专业秘书对其他员工进行培训，提高整体秘书的专业素质。关于面试现场，我不参加，由招聘主管参加即可。

文件四：写一个便条，请秘书给出最迟报名时间以及相关主要内容，再做决定。

文件五：做出批示。①首先去了解实际情况，看群众反映的情况是否属实。②如情况属实，立刻写一封公开道歉信，并由人事处主管亲自道歉。③对陈伟进行批评教育，责令其改正。

文件六：这件事情比较严重，可能预算会比较大，考虑到这个季节不是雨季，可以暂缓对车间进行修整，等明年预算批复之后再做根本的治理。

文件七：可以向总裁办公室提出建议，但是语气要斟酌好，不要强迫、强制要求。

文件八：如果切实符合董事会精神，就同意。

文件九：下周三的事情现在不必马上去做，可以设一个备忘录，让秘书再提醒。

文件十：福利可以增加，但是每半年一次的外出旅游不予增加。

这十份文件交叉重合地考察了五种能力,评价表如表 6-2 所示。

表 6-2 评价表

测评要素及权重		具体观察要素	评分	备注
判断能力(25%)	判断的速度	能在尽量短的时间内迅速抓住问题的要点		
	判断的质量	能正确辨别出各项文件的重要性和紧迫性,并按照优先级排列,抓住问题的核心,找出造成问题的根本原因		
统筹规划能力(20%)	规划的速度	能在尽量短的时间内迅速对手头的工作进行规划		
	规划的质量	能发现文件之间潜在的联系,从而根据各信息的具体情况做出统一、合理的规划		
决策能力(30%)	决策的时效性	根据公文的紧迫性和重要性,对公文所反映的情况及时处理		
	方案的可行性	做出的决策在现有条件下可以做到,且不与其他决策相冲突		
授权能力(15%)	区分任务性质	能表达出个人的合理要求与意愿,并合理使用职权让他人按照自己的要求去完成工作		
	分配任务	能合理地给他人分配任务,并给予适当的指导		
书面表达能力(10%)	思路清晰	表述有逻辑性,层次分明		
	措辞合理	称谓、用词、语气、文体与自己的身份相符,用词准确,言简意赅		
评语:		评分者签字:	总得分:	

(资料来源:徐世勇,陈伟娜,人力资源的招聘与甄选[M].北京:清华大学出版社,2008.有修改)

第三节 无领导小组讨论

无领导小组讨论技术最先用于二战期间德国选拔优秀军官。据统计,在世界 500 强企业中,有 80%以上的企业在高级人才的招聘和职务晋升时使用这种方法。这种方法是招聘和选拔高级管理人才的最佳方法,尤其适用于评价分析问题、解决问题以及决策等具体的领导素质测评。我国自 20 世纪 80 年代引进无领导小组讨论技术以来,无领导小组讨论技术在人力资源评价实践中得到广泛应用。目前,许多大型国有企业的招聘面试及素质评价中也经常用到这个方法。

一、无领导小组讨论的概念

无领导小组讨论是一种情景模拟的测评方法,即将一定数量的被测评者(5~7 人)集中起来,在不指定领导者、被测评者地位平等的情况下,让其就某一问题进行自由讨论。它是一种集体面试的方法,在这个过程中,测评者不参与讨论。测评者根据被测评者在讨论中扮演的角色、言语内容以及非言语行为等,对被测评者进行评价。此方法主要用于测试被测评者的语言表达能力、沟通能力、分析能力、计划决策能力、说服能力、团队领导能力、协调组织能力等。

二、无领导小组讨论的优缺点

1. 无领导小组讨论的优点

无领导小组讨论是已经发展得比较成熟的测评方法,与其他测评方法相比,其具有以下优点。

第一,讨论过程公平公正。无领导小组讨论不指定领导者,不指定发言顺序,地位上去中心化,讨论时被测评者可以不受约束。由于中国人的权威和权力观念比较重,因此没有中心人物可以在一定程度上使个体更好地发挥自己,被测评者可以在一个相互制约的平等的环境下展示自己各方面的才能,测评者可以在测试过程中对各位被测评者进行较为直观的横向对比,发现他们各自的特点。

第二,讨论过程真实性强。被测评者针对一个实际问题展开讨论,每个成员都有表达自己观点的权利,并通过与其他成员沟通交流,最后形成统一的意见。在讨论过程中,随着讨论的进行,被测评者会逐渐进入一种真正讨论的状态,能够诱发出真实的行为模式,被测评者表达观点的能力、说服其他成员的方法、获得他人支持的技巧、对待不同意见的反应、控制讨论进程的方式等细节都会在无意之中反映出其素质特征。这种讨论过程往往是被测评者在与他人互动的情境下的即时反应,因而难以掩饰和提前准备,更能真实地表现出被测评者各方面的优点和缺点。

第三,评价过程客观。在无领导小组讨论中,测评者在对被测评者评价时主要从可观察、可比较的行为表现中提取信息,并运用定量或定性的方法去评判,能有效克服传统测评中易犯的主观偏见,如晕轮效应、近因效应等,从而做出相对公平公正的判断,也解决了传统面试中存在的"说得好不一定做得好"的问题。

第四,测评效率较高。从时间成本的角度上来看,无领导小组讨论可在同一时间内对多个被测评者进行观察,比个别测试节省时间,有利于减少重复的工作量,从而提高了测评效率。

第五,人际互动的考察维度多。无领导小组讨论最突出的特点就是具有生动的人际互动。被测评者需要在与他人的沟通和互动中表现自己,该方法考察的维度也多与人际交往有关,如言语表达能力、人际影响力、解决团队冲突能力等。被测评者无论是发表自己的观点,还是对他人观点做出反应,都在一定程度上折射出自己的素质和个性特点。这种方法适用于人际要求较高的岗位人员的选拔,比如中层管理者、人力资源部员工和销售人员等,而对于较少与人打交道的岗位,如财务人员和研发人员的选拔,无领导小组讨论并不十分合适。

2. 无领导小组讨论的缺点

第一,测试题目的要求较高。无领导小组讨论的题目的优劣直接关系到对被测评者评价的全面性、准确性和合理性。在基于工作分析及胜任力素质的题目编制上,需要投入大量的人力、物力和财力,而工作分析、胜任素质及评分标准的确定,都对题目的编制者和讨论的测评者的专业知识和经验提出了较高的要求。

第二,对测评者的要求较高。无领导小组讨论可以对同组的成员进行组内差异的评价,但是无法对不同小组的组间差异进行评价。测评者在评价中使用的是相对标准,而不是绝对标准。同一个讨论的题目,可能有的小组讨论的气氛很活跃,而有的小组则比较沉闷,没有办法展开充分的讨论。同时,在一个小组中,被测评者的表现会受到其他成员的影响,例如,一个说服能力很强的人,当他遇到一组能言善辩的成员时,就会显得表达能力一般,但是如果将其分在一个说服力相对较弱的小组中时,就会显得说服力很强。而测评者对被测评者的评价很容易会受到小组整体表现的影响,会产生一定的误解和偏见,造成不同无领导小组讨论之间缺乏横向比较性。

第三,被测评者的经验和性格特点可能会对其表现产生一定的影响。在无领导小组讨论中,被测评者知道自己的表现会影响到测评者对自己的评价,因此,会存在做戏、伪装和表演的可能性。如果被测评者了解了此次无领导小组讨论的测评意图及测评的维度,并且被测评者具有一定的无领导小组讨论的经验,就会有针对性地表现出迎合测评者的期望的行为。测评者在对被测评者进行评价时,在决策能力、影响力等素质方面,通常会根据发言次数而非发言质量做出评价,这对于外向型的人来说是有利的,但是在实际的管理工作中,内向型的人在决策能力和影响力方面不逊于外向型的人。

第四,中西文化差异影响测评效果。评价中心技术是西方文化背景下的产物,西方人强调在竞争中主动展现自我,因此无领导小组讨论更多地反映了西方人的性格特点,为他们提供了展现自我的平台。而中国文化主张谦虚、内敛。夸夸其谈的人往往会被视为"金玉其外,败絮其中";而沉默者往往深藏不露,"沉默是金"。在短时间内从一组人中识别出胜任素质较高的人,存在一定的难度。因此,在中国使用无领导小组讨论,应该要与其他的测评技术结合起来。

三、无领导小组讨论的分类

无领导小组根据不同的测评目的及标准可分为不同的类型。

(1)根据有无假设情境分类,无领导小组讨论分为有情境的无领导小组讨论和无情境的无领导小组讨论。有情境的无领导小组讨论是指将被测评者置于某种假设的特定情境中,要求被测评者从该种情境中的角色角度去理解和思考某个问题,情境信息通常包括组织的简单介绍、目前面临的困难问题以及需要完成的任务。无情境无领导小组讨论没有特定情境限制,通常要求被测评者就一开放性问题或两难问题进行讨论,一般会选择近期社会的热点问题进行讨论,被测评者可以自由阐述自己的观点,并积极争取小组的其他成员接受自己的意见,利用自身的影响力说服不同意见者,或协调小组中的不同意见者。无情境的无领导小组讨论一般要求在规定时间内达成一致性结论。

(2)从是否给被测评者分配角色的角度来划分,无领导小组讨论分为有角色分配的无领导小组讨论和无角色分配的无领导小组讨论。有角色分配的无领导小组讨论是指在讨论过程中,给每个被测评者分配一个固定的角色,这个角色是与他在日常生活中的角色不同的,且各个角色的任务和目标存在差异,各位被测评者必须从所给定的角色的角度出发阐述或履行责任,完成该角色所规定的任务。无角色分配的无领导小组讨论是指在讨论过程中并没有给被测评者分配一个固定的角色,他仅仅是从自己的角度出发阐述观点,其角色与组内其他人没有任何差别。

(3)根据参与者之间在完成任务过程中的相互关系,无领导小组讨论分为竞争型无领导小组讨论、合作型无领导小组讨论和竞争合作型无领导小组讨论。

在竞争型无领导小组讨论中,每位被测评者都代表其本人利益或者其所属群体的利益,不同小组成员或不同所属群体间存在利益冲突或矛盾,被测评者往往需要就有限的资源或机会进行争夺。在合作型无领导小组讨论中,所有的被测评者要求相互合作、相互配合完成某项任务,各位被测评者的成绩都与该项任务的完成情况相关,同时也取决于各位被测评者自己在完成该项任务中所做出的贡献。在竞争合作型无领导小组讨论中,所有成员被再分为几个小组,不同小组间存在相互竞争,而在小组内部则是合作型的,所有被测评者之间既存在共同目标及合作空间,又存在相互竞争。

四、无领导小组讨论的题目类型

目前,比较流行的是将无领导小组讨论题目分为以下五种:开放式问题、两难问题、多项选择问题、操作性问题、资源争夺问题。

(一)开放式问题

所谓开放式问题,是答案的范围可以很广、很宽的问题。它主要考察被测评者思考问题时是否全面,是否有针对性,思路是否清晰,是否有新的观点和见解。例如,你认为什么样的领导是好领导?关于此问题,被测评者可以从很多方面如领导的人格魅力、领导的才能、领导的亲和力、领导的管理取向等方面来回答,可以列出很多的优良品质。开放式问题对于测评者来说,容易出题,但是不容易对被测评者进行评价,因为此类问题不太容易引起被测评者之间的争辩,所考察被测评者的能力范围较为有限。

(二)两难问题

所谓两难问题,是让被测评者在两种互有利弊的答案中选择其中一种的问题。它主要考察被测评者的分析能力、语言表达能力及说服力等。例如,你认为以工作为取向的领导是好领导,还是以人为取向的领导是好领导呢?一方面,此类问题对于被测评者而言,不但通俗易懂,而且能够引起充分的辩论;另一方面,对于测评者而言,不但在编制题目方面比较方便,而且在评价被测评者方面也比较有效。但是,此种类型的题目需要注意的是两种备选答案一定要有同等程度的利弊,不能是其中一个答案比另一个答案有很明显的选择性优势。

(三)多项选择问题

此类问题是让被测评者在多种备选答案中选择其中有效的几种或对备选答案的重要性进行排序,主要考察被测评者分析问题实质、抓住问题本质方面的能力。此类问题对于测评者来说,比较难于出题目,但对于评价被测评者各个方面的能力和人格特点则比较有利。

(四)操作性问题

操作性问题,是给被测评者一些材料、工具或者道具,让他们利用所给的这些材料,设计出一个或一些由测评者指定的物体来,主要考察被测评者的主动性、合作能力以及在一个实际操作任务中所充当的角色。例如,给被测评者一些材料,要求他们相互配合,构建一座铁塔或者一座楼房的模型。此类问题对于考察被测评者的操作行为方面要比其他方面多一些,同时情景模拟的程度要大一些,但考察言语方面的能力则较少。同时测评者必须很好地准备所能用到的一切材料,其对测评者的要求和题目的要求都比较高。

(五)资源争夺问题

此类问题适用于有角色分配的无领导小组讨论,是让处于同等地位的被测评者就有限的资源进行分配,从而考察其语言表达能力、分析问题能力、概括或总结能力、发言的积极性和反应的灵敏性等。如让被测评者担任各个分部门的经理,并就有限数量的资金进行分配。因为要想获得更多的资源,自己必须要有理有据,必须能说服他人,所以此类问题可以引起被测评者的充分辩论,也有利于测评者对被测评者的评价,但是对讨论题的要求较高,即讨论题本身必须具有角色地位的平等性和准备材料的充分性。

开放式问题和操作性问题不易引起被测评者之间的争辩,除了特殊情况,一般不予考虑使用。两难问题由于对出题的要求过高,且考察的要素相对简略,过程不容易控制,应尽量避免使用。所以,在一般的甄选过程中,特别是甄选组织的中高层管理人员时,更多地应该考虑使用多项选择问题和资源争夺问题。这两类问题在实践过程中有相通之处。一般来说,相同的材料可以变成这两种题型中的任何一种。当然,这两种题型对题目编制的要求比较高,这就使无领导小组讨论题目设计研究更有意义。特别是资源争夺问题,一定要保证案例或者角色之间的均衡性,这一点尤为重要。

五、无领导小组讨论的实施过程

无领导小组讨论的实施过程可分为准备、实施和评价三个阶段。

(一)准备阶段

无领导小组讨论的有效性主要取决于讨论题的编制和评分表的设计,此阶段是整个过程的主要环节。

1. 编制讨论题

(1)编制步骤。讨论题的编制步骤如下:

①进行工作分析。进行工作分析是为了了解拟任岗位所需人员应该具备的特点和技能,根据这些特点和技能来进行有关试题的收集和编制。

②收集案例。收集拟任岗位的相关案例,案例应该能充分地反映拟任岗位的特点,并且被测评者在处理时会感到有一定的难度。

③案例筛选。对收集到的所有原始案例进行甄别、筛选,选出难度适中、内容合适、典型性和现实性均好的案例。

④编制讨论题。为符合无领导小组讨论的要求,对所筛选出的案例进行加工和整理,主要包括剔除那些不宜公开讨论的部分或者过于琐碎的细节,根据所要考察的目的,相应地补充所需的内容,尤其是要设定一些与岗位工作相关且符合特点的情况或者问题,使讨论题真正具备科学性、实用性、可评性、易评性等特点,既新颖、凝练,又具有典型性。

⑤试测讨论题。讨论题编制完成后可以对相关的一组任职者(不是被测评者)进行试测,来

检查该讨论题的优劣,以及能否达到预期的目的。

⑥修正讨论题。试测完成后,对于那些效果好的讨论题便可以直接使用,对于那些效果欠佳的讨论题则要进行修正,直至讨论题达到预期的效果。

(2)编制原则。编制讨论题时应遵循以下原则:

①针对性原则。编制题目时,首先需要明确拟招聘岗位的任职资格条件,确定测评指标及其所占的比重,测试题目必须建立在测评项目的的基础上,针对测评要素进行编制。测试题目内容能够反映测要素的内涵,在讨论中能反映被测评者的能力、品质等。

②熟悉性原则。测试题目应该是被测评者熟悉的题材,并且题目的内容不会诱发被测评者的防御心理,以保证被测评者能够就此话题有感而发,充分表达自己的观点,展现各方面的素质。如果被测评者对测试题目比较陌生,就会限制其在讨论中的发挥,导致其能力、品质无法展现。

③典型性原则。题目越具有典型性,越能在讨论中反映被测评者是否具备完成实际工作的各项素质。对于来自实际工作中的素材,要经过适当的处理,使之具有典型性,避免完全真实或者完全杜撰的情境。例如,有情境的无领导小组讨论的测试题目所设计的情境应该具有典型性,能高度模拟实际情境,代表拟任工作的典型特点。

④难度适当原则。提供的材料或者话题难度要适中,应具有一定的争议性或冲突性,在讨论时要能够引起争论,便于测评者考察被测评者在争论过程中的行为表现。如果试题过于简单,可能不需要深入的讨论就能够达成一致,测评者就很难区分被测评者的素质;题目的设计也不能太难或者特别尖锐,以致小组成员无法达成一致意见,这就失去了无领导小组讨论的意义。

2.设计评分表

评分表包括评分标准及评分范围。评分标准是对各测评能力指标的表述;评分范围给出各测评能力指标在总分中的权重和具体分值,以及该能力优、良、中、差等级的评分区间。

(1)应从岗位分析中提取特定的评价指标。不同的岗位对员工的要求是不同的,例如,对基层岗位的员工主要考查其业务技能,而不是人际技能和领导技能;对营销岗位或高层管理岗位的员工主要考查其人际技能、团队意识、洞察力。即使是同一层级的岗位,不同的部门对岗位的要求也是不同的,因此,对测评的管理能力指标不能强求一致。针对不同部门的不同岗位要分别设计其特定的评价指标。

通过无领导小组讨论可以了解被测评者三个方面的能力:一是被测评者在团队工作中与他人发生关系时所表现出来的能力,主要包括语言和非语言的沟通能力、说服能力、组织协调能力、合作能力、影响力、人际交往的意识与技巧、团队精神等;二是被测评者在处理一个实际问题时的分析思维能力,主要包括理解能力、分析能力、综合能力、推理能力、想象能力、创新能力、对信息的探索和利用能力;三是被测评者的个性特征和行为风格,主要包括动机特征、自信心、独立性、灵活性、决断性、创新性、情绪的稳定性等特点。根据招聘岗位对各能力要求的不同,确定各能力指标在整个能力指标中的权重及其所占分数,然后根据优、良、中、差等级分配分值。

(2)应确立统一的评分标准。评分标准应该具体到要素的行为水平,不能太抽象,以免测评者不得要领,或产生不同的理解,仅凭印象给分。

3.人员准备

(1)选择和培训测评者。测评者是决定被测评者能否顺利进入下一轮的重要因素,因而有必要对他们进行培训,以提高他们对评分表中各项指标的判断力。培训内容主要包括:准确理解测评指标的含义,包括各指标的考量重点及对实际工作的意义;学会观察并准确记录被测评者的行为,测评者要记录被测评者的表达或行为特点,而不是对这些观点或行为加以主观判断。

(2)培训工作人员。除了培训测评者之外,还应对参与无领导小组讨论的工作人员进行培训。培训的内容包括:无领导小组讨论的工作规程,工作人员的职责,熟悉被测评者的情况。

4.场地准备

无领导小组讨论的测试环境要安静、宽敞、明亮等。如果有条件,要对无领导小组讨论的整个过程进行监测、录像,以便在测评者发生争议时回顾讨论实况;如果没有条件录像,测评者必须坐在小组讨论场地的旁边,其方位必须能观察到各被测评者的表情,并能清晰地听到他们的谈话。在讨论中,测评者需要用计时器来掌握被测评者的发言时间,作为评分的依据,并控制讨论进程。

(二)实施阶段

1.将被测评者分组

分组时,适当控制小组的人数,以5~7人为宜,在性别、年龄方面相对均衡,不能表现出显著的差异。适当的比例搭配有助于营造讨论的气氛,使测评者更容易做出全面的评价。

2.宣读指导语

指导语是在测评过程中说明测评方式以及如何回答问题的指导性文字。测评者向被测评者宣读无领导小组讨论测试的指导语,介绍讨论题的背景材料、讨论步骤和讨论要求。指导语应力求清晰、简明,使被测评者能很快明白应该做什么。指导语宣读完毕后,测评者必须要提醒被测评者是否还有不清楚的问题,确保被测评者对问题都明白无误后,才能宣布讨论正式开始。时间一般为3~5分钟。

3.正式讨论

被测评者明白讨论规程后,进入正式讨论阶段。测试时间根据需要而定,与招聘的级别、层次、专业等因素有关,也与小组的人数有关,时间通常为60~120分钟。正式讨论一般分为个人发言及集体讨论两个阶段。在个人发言阶段,被测评者首先根据自己对试题的理解轮流阐述自己的观点,个人发表意见的时间是有限制的,一般为3~5分钟,当发言超时时,测评者要进行适当的提醒。个人发言结束后,进入集体讨论环节,这是无领导小组讨论的关键阶段。因为在个人发言阶段,每位被测评者都已经了解并熟悉了他人的观点,在这个阶段中,测评者不应该继续阐述自己的观点,而应该对他人的观点做出反应,深化讨论,最终形成统一的意见。集体讨论时间一般为30~40分钟,在集体讨论过程中,测评者不做任何干预。

(三)评价阶段

1.确定评估要素

在无领导小组讨论中对各被测评者的表现进行评估时,测评者可从以下方面进行考评。

(1)被测评者参与有效发言的次数。在讨论中,被测评者应当主动发言,阐述自己的观点,为整个讨论提供有效的信息。最终,测评者也以被测评者的有效发言的次数为考评依据。

(2)被测评者是否善于提出新的观点或方案。被测评者虽然能够积极主动表达自己的想法或者建议,但是所提出的建议早已被众人所知或只是对小组其他成员所提出的方法的扩展或补充,表明被测评者的思维能力或创新能力较差。

(3)被测评者是否能够缓解讨论的紧张氛围,并调解争议。被测评者能否找到有效途径来平息小组的纷争,促进开放的、支持性的、凝聚的团队氛围的建立,推动小组为实现小组目标形成统一意见。

(4)被测评者是否能够大胆提出与他人不同的看法。在讨论中,被测评者为取得小组其他成员的认同,通常会主动迎合他人的观点,但是他人的观点可能是错误的。通过这些,测评者就可以考查被测评者能否提出新颖、独到的观点或见解。

(5)被测评者是否能够尊重他人并有效说服他人。被测评者主动倾听他人的见解,在他人发表意见时认真聆听,不随便打断,并及时给予回复,如点头、微笑等。被测评者语言表达自信、有力,能够通过语言或行为引导他人认同自己的观点或者想法。

2.选择评价方式

评价包括打分评价和评语评价两个方面的内容。

(1)打分评价。打分评价就是测评者严格按照无领导小组讨论评分表里的测评维度的操作定义及评分标准对每位被测评者打分。打分的方式主要有三种。

①每位测评者对每一位被测评者的每一项测评维度进行打分。这种方式的优点是便于评价分数的汇总和比较,但测评者的工作量较大,同时准确地观察记录所有被测评者比较困难。

②测评者之间进行分工,每一位测评者只对分配给他的被测评者的每一项测评维度打分。这种方式的优点是,测评者可以集中精力评价少数几位被测评者,注意力较集中,评价较准确;缺点是不同测评者的评价对象不同,评价结果无法比较。

③每位测评者只对每一位被测评者的某几个特定测评维度打分。这种方式的优点是,测评者可以集中精力,重点观察几个特定测评维度,对测评维度的把握较准确;缺点是测评者不能全面评价被测评者,不便于从不同测评要素之间存在的紧密联系的角度去全面评价被测评者。

(2)评语评价。评语评价是对打分评价的补充,可以解决打分评价不能具体形象地说明被测评者的素质特点的问题。评语评价一般包括两方面的内容:一是对被测评者的重点行为进行描述,主要是陈述事实;二是测评者的评价,主要反映测评者基于被测评者的行为表现对其做出的判断。

最终对被测评者的综合评价进行排序。在做出最终录用决策时,测评者应该再召开一个评分讨论会,在讨论会上,所有测评者应结合被测评者在活动过程中的表现进行沟通,沟通内容包括被测评者的态度、各种能力、优缺点以及性格特征是否适合岗位的需要。通过评分讨论会,测评者能够对每个被测评者形成一个更加清晰完整的评价,当测评者们都认为他们已经获得了足够信息时,他们就可以进行最终的决策。

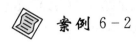

案例 6-2

无领导小组讨论

一、背景

你现在是某集团公司(该公司共有6个分公司)下属分公司的人力资源经理,同时也是集团公司薪酬委员会委员。现在集团公司决定将一笔特殊奖金授予6个分公司中3名工作表现出色的员工。6个分公司各自推荐了1名候选人,你代表自己的分公司出席。

二、困境

这笔奖金为5万元。虽然你希望所有候选人都能得到这笔特殊奖金(因为他们的表现都非常优秀),但公司并不允许你这样做。这笔奖金只能授予一等奖1人,奖金3万元;二等奖2人,奖金各1万元。

在参加讨论会之前,你已经和分公司经理交流过意见,他同意本分公司候选人应该获得这笔奖金。委员会中的其他人同样代表他们所在的分公司,会努力为他们所代表分公司的候选人争取尽可能多的奖金。同时,他们也是集团公司薪酬委员会委员。

三、过程

你将看到一份关于本分公司候选人的背景材料。在正式讨论开始之前,你要用不超过5分钟的时间阅读材料。正式讨论开始之后,要向其他成员介绍本分公司候选人的情况,阐述理由,听取他人的观点,然后经过充分讨论之后形成一个决议。在讨论结束的时候,要尽量得出一个一致性的建议,否则,任何人都将无法得到这笔奖金。

正式讨论的时间限制为1小时,在此过程中主考官将不做任何干涉,一切由成员自行安排。

四、要求

具体要求如下:
(1)这笔奖金只能按照要求给3个人,不能平均分配。
(2)如果不能达成一致,也可以暂时不动用这笔奖金。
(3)做出一份书面报告,将最后决议的理由陈述清楚,以便向总经理汇报。

五、目标

你的目标如下:
(1)作为分公司代表,努力争取使你所代表的候选人得到这笔奖金。
(2)作为集团公司薪酬委员会委员,促使临时会议形成合理、有效的分配决议。

六、候选人资料

以下均以分公司代表的第一人称进行叙述。

1. 候选人赵逸飞:设备公司高级销售经理

赵逸飞是一个年轻的销售经理,进入我们公司工作的时间虽然不长,但是他为公司做出的贡献有目共睹。他非常善于和客户建立关系,他与公司两个最重要客户的密切关系是任何人所不能比的,去年他所完成的销售额是最多的。他给公司带来了很大的利益,但最近我听说另一家与我们竞争的公司会给他提供20000元的月薪,为了经济利益,他很可能会离开公司,这样不但会造成公司利益上的损失,而且竞争对手会如虎添翼。

与他谈话时他表示,假如他的薪水有实质性的增加,他就会留下来。他确实是一个难得的人才,我们应该尽量留住这样的员工。

赵逸飞在上一次提薪时很不幸运,因为公司只给上年3月31日之前来公司的员工提薪,而他恰好是4月1日来的。我认为在这次特别奖金的授予中应给予相应的弥补。

候选人的具体情况如下:

(1)目前的月薪:8000元。

(2)与和他从事同类工作的员工的工资相比:中等水平。

(3)其他公司同类工作的员工的月薪范围:8000～20000元。

(4)最后一次提薪的时间和数目:没有资料。

(5)最后一次奖金发放的时间和数目:没有资料,2000元。

(6)在本公司服务的时间:1年5个月。

(7)起始薪金:8000元。

(8)学历:本科。

(9)相关工作经验:3年。

(10)下一次正常奖金发放的时间:半年以后。

2.候选人江月:广告展览公司设计师

江月具备优秀的设计能力,她在美工与平面设计方面十分擅长,由她主持设计的广告均取得了较好的效果。在上一次大型博览会上,由她主持设计的展览展示得到了公司内外的一致好评。她是一位很难得的设计师,而且勤奋好学。为了提高工作能力,她攻读了中央美术学院在职硕士学位。读书期间,她的工作丝毫没有受到影响。

当她6月返回工作岗位时,我就建议为她提高薪金,但上级一直没有批准。

我们公司一向主张员工不断进修,提高自己的工作能力,我认为我们应该用这笔奖金来奖励她的勤奋与突出成就,并且她在学术方面的发展又大大提高了工作能力。

候选人的具体情况如下:

(1)目前的月薪:6500元。

(2)与和她从事同类工作的员工的工资相比:多出15%。

(3)其他公司同类工作的员工的月薪范围:4000～8000元。

(4)最后一次提薪的时间和数目:一年半以前,300元。

(5)最后一次奖金发放的时间和数目:一年以前,1000元。

(6)在本公司服务的时间:4年7个月。

(7)起始薪金:1500元。

(8)学历:硕士研究生。

(9)相关工作经验:8年。

(10)下一次正常奖金发放的时间:半年以后。

3.候选人张华文:华旅公司信息中心主管

信息中心成立的时间不算很长,张华文是中心的创建者之一。多年以来,他在工作中兢兢业业。

由于去年公司新增加了一些设备,信息工作的重要性日益凸显出来,张华文作为中心主管以及技术水平最高的电脑工程师,任务更加繁重。尤其是今年上半年,他领导全中心的员工加班加点完成了全公司的计算机联网工作。其间,他们经常工作到深夜,甚至彻夜不眠。现在我们公司的计算机网络如此畅通,很大程度上就归功于他。

就张华文的工作繁重性和技术水平而言,我们给他的薪水是较低的。他在工作中表现出很强的能力和责任心,应该受到奖励。

候选人的具体情况如下:

(1)目前的月薪:5800元。

(2)与和他从事同类工作的员工的工资相比:非常低。

(3)其他公司同类工作的员工的月薪范围:5000~15000元。

(4)最后一次提薪的时间和数目:一年半以前,300元。

(5)最后一次奖金发放的时间和数目:一年以前,1000元。

(6)在本公司服务的时间:3年2个月。

(7)起始薪金:1800元。

(8)学历:本科。

(9)相关工作经验:10年。

(10)下一次正常奖金发放的时间:半年以后。

4.候选人苏文辉:华星公司高级技师

苏文辉是一名非常踏实肯干的员工,在我们公司已经工作了20年,为公司的发展立下了汗马功劳,在员工中有口皆碑。

这样一个有经验的技师不应该只拿现在这么少的薪水。我们的产品在市场上之所以站得住脚,很大程度上是因为我们的产品过硬。苏文辉一向致力于产品的设计和开发工作,他的一项技术成果在今年年初获得了全国一等奖。

候选人的具体情况如下:

(1)目前的月薪:4500元。

(2)与和他从事同类工作的员工的工资相比:没有资料。

(3)其他公司同类工作的员工的月薪范围:4000~8000元。

(4)最后一次提薪的时间和数目:一年半以前,300元。

(5)最后一次奖金发放的时间和数目:半年以前,3000元。

(6)在本公司服务的时间:20年4个月。

(7)起始薪金:40元。

(8)学历:大专。

(9)相关工作经验:20年。

(10)下一次正常奖金发放的时间:半年以后。

5.候选人王洪波:电子公司安保员

王洪波以前在公司中的表现是"出了名的"。他经常迟到,上班时间开小差,还与别人打架斗殴。

但最近一年以来,他的转变让人吃惊。他上班不再迟到,工作也非常认真。尤其是积极采取行动避免了两次重大意外事故的发生,为公司挽回了近30万元的损失。还有一次,他在社会上见义勇为,直到别人将奖状送到公司,我们才得知这件事情。这几件事情后来被总公司通报表扬了。最近,他还自费参加了业余的学习班,提高自己的能力。

由于对他过去的偏见,任何奖励都与他无缘。我建议授予他特别奖金,是因为这样做可以让员工知道,只要付出了努力、做出了优异的表现,不管过去的表现如何,都可以获得奖励。

候选人的具体情况如下:

(1) 目前的月薪:1500元。

(2) 与和他从事同类工作的员工的工资相比:中等水平。

(3) 其他公司同类工作的员工的月薪范围:1000~2000元。

(4) 最后一次提薪的时间和数目:一年半以前,150元。

(5) 最后一次奖金发放的时间和数目:无。

(6) 在本公司服务的时间:5年8个月。

(7) 起始薪金:300元。

(8) 学历:高中。

(9) 相关工作经验:6年。

(10) 下一次正常奖金发放的时间:半年以后。

6. 候选人杨雪萍:商贸公司办公室主任

杨雪萍的工作超乎寻常的琐碎,然而她在工作中表现得非常耐心、细致。商贸公司能够正常地运转,她有很大的功劳。

与其他候选人相比,她可能显得有些平凡,因为她并没有什么突出的事迹。但恰恰是在这平凡的工作中才体现出她的不平凡。这份工作并不是任何一个人都可以做得这么好的。

在工作中她克服了许多个人困难。她的家离工作地点很远,每天早出晚归,上小学的孩子还需要照顾。在这种情况下,她上班从不迟到。因此,我认为像她这样兢兢业业的工作者最应该得到奖励。

不久之前,她的家庭发生了一件不幸的事情:丈夫患了不治之症,她在经济上和情感上都遭受了严重的打击,但她并没有因此影响工作。目前,她在经济方面有很大困难。即使授予这笔奖金,也是杯水车薪、无济于事,但我认为还是应该授予她这笔奖金。

候选人的具体情况如下:

(1) 目前的月薪:3500元。

(2) 与和她从事同类工作的员工的工资相比:略低一些。

(3) 其他公司从事同类工作的员工的月薪范围:3000~6000元。

(4) 最后一次提薪的时间和数目:一年以前,200元。

(5) 最后一次奖金发放的时间和数目:一年半以前,1000元。

(6) 在本公司服务的时间:6年3个月。

(7) 起始薪金:500元。

(8) 学历:本科。

(9) 相关工作经验:11年。

(10) 下一次正常奖金发放的时间:半年以后。

这个小组讨论的评价维度可以从综合分析能力、组织协调能力、言语表达和合作意识四个方面进行，各维度评价的参考标准见表6-3，据此，考官们可以根据各代表人在无领导小组讨论中的表现给他们打分。

表6-3 各维度评价的参考标准

	维度			
	综合分析能力	组织协调能力	言语表达	合作意识
代表人	好(8~10分)：分析问题思路清晰，条理性强，善于抓住问题的要害，并提出符合实际的解决办法 中(4~7分)：基本抓住问题的实质，并提出有一定可行性的措施，但缺乏思维深度和广度 差(1~3分)：思路狭窄，没有把握问题的实质，考虑问题片面，缺乏逻辑性和条理性	好(8~10分)：在讨论中善于寻求大家观点的共同点和分歧之处，为达成小组目标主动平息小组的纷争，推动小组形成统一意见 中(4~7分)：对他人的不同意见能以理力争，但在推动小组形成统一意见方面的意识不强 差(1~3分)：在讨论中固执己见，听到不同意见时情绪激动，无理指责他人，不能从完成小组目标的角度去平息纷争	好(8~10分)：能清晰地表达自己的观点和思想，语言流畅，并善于用他人的观点来完善自己 中(4~7分)：基本能表达自己的观点，能理解他人的观点，但缺乏感染力和说服力 差(1~3分)：表达凌乱，语无伦次，不能理解别人的观点，找不出别人观点	好(8~10分)：善于察言观色，与他人沟通的态度和方式很得体，能主动与他人达成一致的观点 中(4~7分)：能理解他人的意图，与他人意见不一致时能做一定的让步，但原则性与灵活性不够 差(1~3分)：不能很好地理解他人的意图，与他人沟通的态度和方式欠妥，与他人意见不一致时不懂得让步
代表人1				
代表人2				
代表人3				
代表人4				
代表人5				
代表人6				

表现最好的代表人：
表现最差的代表人：
其他意见

考官签字：

(资料来源：徐世勇，李英武.人员素质测评[M].北京：中国人民大学出版社，2019.)

第四节　其他测评技术

一、角色扮演

角色扮演是评价中心的重要测评手段，它要求被测评者在某个情境下演一个特定的角色，通过观察被测评者在这个过程中的行为表现，来评判被测评者的素质和能力。

角色扮演有多种形式，按照测评任务的不同，可以分为沟通型、应变型和问题解决型。沟通型的角色扮演通常设置一系列困难或矛盾，要求被测评者扮演一定角色，与同事、上下级或客户进行沟通，以此评价其人际关系处理能力。应变型的角色扮演通常让被测评者处理某种突发的事件，以此考察其危机处理能力。问题解决型的角色扮演主要是让被测评者独自或者与他人一起完成一项任务，解决某个问题。

(一)角色扮演的优缺点

1. 优点

角色扮演主要有以下几个优点。

(1)综合性。角色扮演可以考察被测评者多方面的能力，如沟通能力、判断能力、应变能力等，多人参与的角色扮演还可以培养参与者的团队合作能力。

(2)仿真性。角色扮演是一种情境测评方法，它所模拟的情境和角色通常源于实际工作，这使得被测评者能够对情境产生信任感，尽快融入自己的角色。因此，角色扮演能够很好地预测被测评者未来的工作表现。

(3)灵活性。角色扮演的灵活性包括两个方面的含义。对于用人单位来说，角色扮演的内容和形式是多样的，用人单位可以根据目标职位的工作要求来设计相应的情境和角色。对于被测评者来说，他的表现形式也是灵活多样、不受限制的，这样就可以充分发挥，尽可能多地展现自己的素质和能力。

2. 缺点

角色扮演主要有以下几个缺点。

(1)专业性强。角色扮演对试题设计和最终的评估都有较高的要求，如果没有很高的设计水平，会导致情境和角色的虚假化和表面化、流于形式，使得被测评者无法进入角色或者表现得不真实，从而对测评结果造成不良影响。而如果没有专业性很强的测评者，则很难对被测评者的表现做出客观公正的评估。

(2)表演意愿与表演行为。一方面，某些被测评者为了使自己在角色扮演的过程中表现得更好，可能会提前进行一些角色扮演的训练，并在测评过程中表现出刻意准备的一些行为或模式化行为，而掩盖他们真实的特征，这对其他被测评者来说是不公平的；另一方面，有些被测评者由于自身的原因并不乐意接受这种测评方式，却又没有明确拒绝，导致他们并没有真正进入角色，从而使测评失去了意义，这对这一部分被测评者也是不公平的。

(3)标准化困难。角色扮演中通常需要一位合作者来扮演对手的角色，这名合作者在与不同的被测评者进行互动时可能会有不同的表现,使得角色扮演很难做到标准化。

(二)角色扮演的实施

1. 前期准备工作

(1)明确角色扮演的目的。角色扮演适用于评价被测评者的关系协调能力,与他人的沟通能力,在高压环境中的工作表现,决策、计划与组织能力,冲突管理能力。因此,需要首先确认角色扮演是否适合测评目标岗位的胜任特征。

(2)确定角色扮演的评价指标和评价标准。不同的岗位所需要的胜任特征是不同的,因此,角色扮演实施时应该根据目标岗位设计评价指标。确定评价指标后,应该经由专家小组讨论来确定各评价指标的评价标准。

(3)培训被测评者的合作者。角色扮演过程中通常会设置多种角色,既有被测评者扮演的角色,也有经过培训的合作者扮演的角色。评估的主要依据就是被测评者与合作者之间的互动过程。因此,测评活动开始前,需要对合作者进行培训,使合作者熟悉被测评者的工作环境,并对合作者的言行进行规范。

(4)设计角色扮演模拟情景。情景要和被测评者以后面临的工作环境高度相关,要突出目标岗位最重要的能力要求,要明确告诉被测评者他的任务是什么。

2. 实施过程

(1)位置的安排。在进行位置安排时,要考虑到角色扮演中各位被测评者之间必须是平等的,避免因位置的差异而造成心理压力,从而更有利于进行沟通。另外,被测评者要面对测评者,这样便于测评者对被测评者进行观察和评价。

(2)角色扮演的过程。角色扮演正式开始前,测评者应该向被测评者说明角色扮演的要求和注意事项,并回答被测评者的相关疑问。角色扮演正式开始后,测评者不再给被测评者任何指导,也不进行任何干涉,而是由被测评者充当积极主动的角色,由被测评者控制角色扮演的话题和气氛。

(3)观察和记录。在整个角色扮演过程中,测评者要持续观察被测评者的行为表现,并记录被测评者的言语,最好采用被测评者的原话。记录内容要详细、客观、准确,测评者在记录过程中不要对被测评者进行评价。

3. 评分

角色扮演结束后,测评者需要重新阅读角色扮演的记录文献,对被测评者的行为和话语进行分析,对照之前准备的评价指标和评价标准,对被测评者就每一评价指标进行评分。

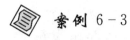

案例 6-3

角色扮演

测评岗位:人力资源部经理、各业务部门经理。

测评要素:说服能力、言语表达、问题解决能力、领导艺术。

测评设计:让受评者以部门经理的身份找一个员工(考官的合作者)谈谈,目的是辞退该员工。

情景设计:受评者(部门经理)与员工拿到各自的角色定位和面谈任务,10~15分钟以后,开始进行模拟面谈。

受评者的角色

情景:你是一家民营计算机公司的人力资源部经理,公司的人习惯称你为王经理。公司现有员工400多人,资产规模为1.5亿元,主要业务领域为金融系统的信息管理系统设计与维护。由于近年来IT(信息技术)行业竞争激烈,公司已处于亏损的边缘,为此,公司高层领导决定裁员20%。

你所主管的人力资源部现有5人,按规定必须裁1人,考虑到员工的表现及工作发展的需要,你打算将分管培训工作的小张辞掉,尽管他已在公司干了5年,没有大的工作失误,但业绩与表现很一般,工作不求创新,越来越不适应公司人力资源管理发展的要求。为此,你准备就此决定与他进行一次面谈。

任务:你的任务是通过15分钟的面谈,让小张知道公司的这一决定,并根据人力资源部的具体情况来说服他心平气和地接受公司决定,不要给公司留下任何后患,所以这次面谈对你来说是很重要的。

谈话扮演者(考官的合作者)的角色

情景:你是一家民营计算机公司人力资源部的员工,分管培训工作,公司的人习惯称你为小张。公司创办于1988年,现有员工400多人,资产规模为1.5亿元,主要业务领域为金融系统的信息管理系统设计与维护。由于近年来IT行业竞争激烈,公司已处于亏损的边缘,为此,公司高层领导决定裁员20%。员工们近来都在议论此事,生怕自己下岗。你在人力资源部的业绩虽不突出,但进公司5年来一直都勤勤恳恳。刚才,部门的王经理说有事要与你谈谈,你估计与这次裁员有关。

任务:在15分钟的面谈中,无论如何得竭力留下来工作,一方面,你是三口之家的主要经济支柱;另一方面,你也愿意努力做好本职工作,而且部门其他人也比你好不了太多。所以,你的任务是在面谈中尽量说服经理,让他把你留下来。

二、案例分析

案例分析法最初用于培养高级管理人员,后来逐渐发展成为人员素质测评的一种方法。案例分析是指向被测评者提供一份书面的情境事件,要求其以某种身份对事件进行分析和决策,解决案例中出现的各种问题。测评者通过对被测评者分析报告的评估,来判断被测评者的某些素质和能力,如综合分析能力和判断决策能力等。

案例在设计时要遵循以下要求:

第一,案例的选材要具有典型性和真实性,设计的评价指标数量要适当。

第二,案例中的事件描述要尽量具体,给出回答问题所需要的全部信息。

第三,案例的篇幅要适中,一般控制在500~1000字。

第四,问题的设定和拟定的参考答案要有启发性和开放性,以使被测评者和测评者都有较大的发挥空间。

(一)案例分析的特点

案例分析有以下两个突出特点：①案例分析适用于管理人员的测评，尤其是中高层管理人员的选拔。这是因为案例分析可以根据施测对象，编制不同背景和不同难度的具体案例。②案例分析的实施比较便利。案例分析的实施过程较为简单，被测评者根据所提供的书面材料提供相应的回答。相比无领导小组讨论、角色扮演等测评手段，案例分析既可以单独对个体施测，也可以大规模地对群体施测，从而大大提高了测评的实施效率。

(二)案例分析的实施

1. 前期准备工作

(1)提前准备好测评材料。测评材料包括试题材料、答题卡、评价标准、指导语等。

(2)安排测评场地。测评场地必须舒适、安静。

(3)选择并确定测评者。案例分析的评分有一定难度，需要事先对有一定测评经验的测评者进行培训。

2. 实施过程

案例分析开始前，测评者需要朗读事先准备好的指导语，确保被测评者清楚理解案例，不能向测评者提问。案例分析的结果可以是口头的解决方案，也可以是书面的。

3. 评分

测评结束后，测评者需要对被测评者口头或书面的解决方案进行整理，并根据事先确定的评价指标和评价标准，就每一指标对被测评者进行打分，做出科学、公正的评价。

三、管理游戏

管理游戏是指通过引入游戏的方式来模拟管理场景，观察被测评者在玩游戏过程中表现出来的沟通协调、组织、决策、合作、创造性思维、压力管理等素质和能力。管理游戏有不同的类型，如销售游戏、破冰游戏、创造力游戏、会议游戏、团队建设游戏、压力释放游戏、激励游戏、客户服务游戏等。管理游戏包括游戏目的、游戏程序、游戏规则、游戏道具、游戏时间安排、游戏注意事项、讨论题等要素。

(一)管理游戏的特点

与其他测评方法相比，管理游戏有以下特点：首先，管理游戏的参与性强。管理游戏最大的特点在于它是通过游戏的方式进行的，游戏具有趣味性，能够消除被测评者的紧张情绪，提高被测评者的兴趣，使他们更快地进入测验的状态，从而在轻松愉快的氛围中展现自己的能力和素质。其次，管理游戏的灵活性强，可以针对不同的管理问题设计独特的管理游戏。最后，管理游戏通常以团队的形式呈现，使被测评者的团队合作能力得到了锻炼，也是观察被测评者领导能力、沟通能力和合作能力的极好机会。

(二)管理游戏的实施

1. 前期准备工作

管理游戏前期准备工作包括以下内容：

(1)布置管理游戏的场地。场地要便于管理游戏的开展,要确保在游戏过程中将外界干扰减到最少。

(2)准备好备选方案。当原管理游戏由于某些原因不能正常进行时可以采用备选方案。

(3)提前向被测评者发出通知,告诉被测评者参加管理游戏的注意事项,让其提前为管理游戏做好准备。

2. 实施过程

管理游戏开始前,测评者要简要介绍本次游戏的背景、目的、游戏规则和任务,确保每个被测评者都理解该游戏的规则和内容;然后向每位被测评者发放管理游戏的相关材料,之后管理游戏开始。在游戏开展过程中,测评者不能打扰游戏的正常进行。为了事后更好地评价被测评者,在游戏开展过程中,最好用摄像机将游戏的整个过程拍摄下来。

3. 评分

管理游戏主要用于人事决策或管理能力提升,需要根据管理游戏的目的来进行评分。以人事决策为目的的管理游戏应该事先确定游戏所测评的维度,最后根据被测评者的表现给出每个维度的相应得分,依此来判断被测评者与目标岗位的适合程度。游戏测评的维度也应该围绕目标岗位展开。最终得到的每个被测评者的评价报告,用来判断被测评者的能力是否与目标岗位的能力要求相符合。对员工的反馈可以在游戏中进行,也可以在游戏结束后进行,并鼓励员工积极进行总结和反思。

案例 6-4

游戏类型:团队课程中的团队决策。

参加人数:全体学员。

游戏时间:30分钟。

所需材料:一罐玻璃弹珠。

场地要求:会议室。

活动目的:

(1)通过具体的活动来说明团队的智慧高于个人智慧的平均组合,只要学会运用团队工作方法,就可以达到更好的效果。

(2)如何在团队中综合统一各方面的意见。

操作程序:

(1)出示一个装满玻璃弹珠的罐子(讲师事先清楚罐子中弹珠的数量)。

(2)让每一位组员看过后推测罐子中弹珠的数量。收集结果,计算小组平均数,并将其出示给小组成员(有时会同时出示每位小组成员推测的具体理由)。

(3)重复推测过程三次,或直到推测结果保持相对稳定为止。

(4)揭示正确答案,并让组员比较他们最初的个人推测结果与最后小组结果的正确程度。

(5)根据以上程序可以预测某些大家实际工作中关心的未来事件,如五年后公司的销售情况等。

(6)如有必要,在预测某些事件时,每位小组成员可以匿名对这些事件进行预测。

相关讨论:

(1)是个人推测结果更准确,还是团队决策更准确?

(2)为什么团队决策会更准确?

(3)团队的预测为什么会集中到一点上?

(4)如何将德尔菲法运用到你的实际工作中?

第五节 评价中心设计和实施

一、评价中心设计注意事项

评价中心设计实际上就是模拟实际情形,使其达到逼真的效果,从而达到既定的测评目的。因此,在进行情景设计时应注意以下事项。

(一)相似性

它要求所设计的情景要与拟聘职位的工作实际具有相似性,具体表现为素质、内容与条件三个方面的相似。素质相似是指情景模拟中所测的素质要与实际工作中经常需要的工作素质相一致;内容相似是指情景模拟中被测评者所要完成的活动与实际工作的内容相一致;条件相似是指情景模拟中被测评者所拥有的工作条件与实际工作中人们所拥有的工作条件相一致。如调研模拟,只给被测评者一个调研任务,而对于调研途径、方法及调研对象不予给定,这与实际工作中调研情形是一致的,使被测评者有一种"现实感"。

(二)典型性

典型性一是指所模拟的情景是被测评者未来任职中最主要、最关键的内容,而不是那些次要的、偶然的事情;二是所设计的情景,不是原原本本地从实际工作中节选的一段,而是把实际工作情形中多种主要的与关键的且最具代表性的情形,归纳、概括、集中在一起,使本来在不同时间、不同情形下发生的事情集中在一起出现。

(三)逼真性

它是指所设计的情景,在环境布置、气氛渲染与评价要求等方面都必须与实际相仿,否则情景模拟就失去了它的测评价值。逼真与真实还是有一段距离的,这是指所设计的情景是根据一定工作原型与生活规律经过加工创造的"情景"。它们来源于工作实践,受实践的规律制约,是一种相对的"真实",而非绝对的真实,是现实的写照而非现实的摄照。

(四)主题突出

虽然所模拟的情景一般包括多种活动,要测评被测评者的多种素质,但所有这些活动并非主次不分、杂乱无章,整个情景设计应该使被测评者的行为活动围绕一根"主线"进行,突出表现所测评的素质,不要让一些不相干或相干不大的细节浪费了宝贵的测评时间。

（五）立意高、开口小、挖掘深、难度适当

这即要求所设计的情景立意要从大处着眼，从素质的宏观结构与深层次内涵出发，根基要深，使整个情景模拟的每一步都有根有据，可以考查较复杂的素质。

留给被测评者问题的入口要具体一些、小一些，使其可以从小处着手，不会感到漫无边际而无从下手；问题的开口要小一些，在要求上有一定的弹性，水平高的被测评者可以深挖，水平低的被测评者则点到为止。问题不是所有的被测评者都一下子就能回答的，而是"仁者显仁、智者显智、能者显能、劣者显劣"。情景设计要看似容易深入难，使不同水平的被测评者都能有所领悟，有所表现，而优秀的被测评者也能脱颖而出。

二、评价中心实施

（一）评价中心实施失败的原因

研究认为，许多评价中心陷入失败困境的原因大致有以下几个方面：

（1）没有充分的准备与计划，或者准备工作过于累赘。评价中心陷入失败困境，有时是因为初期的讨论会没有请到合适的人参加；有时是因为评价中心没有得到高层管理人员足够的关心和重视；有时是因为原来倡导评价中心的人离职，而这部分工作没有人接手；有时是因为评价中心解决不了人力资源管理中的问题，而被人丢弃。同时，在准备阶段，必须进行工作分析、情景模拟调试与编制和测评者训练，这些工作是相当耗时的，可能会超出企业的忍受程度。

（2）测评结果被误用或根本得不到利用。比如，诊断或发展项目中的测评结果常常会被错误地用于晋升决策，辛苦建立起来的效度水平就此毁于一旦。有时候测评结果根本得不到任何利用，有的企业建立了评价中心，并运用这种方法找到了有能力的人选，也诊断出相应的培训发展需求，但是事情就到此为止了，这些结论一点用处也没有。通常参加评价中心都会让被测评者产生某种期望，但企业完全无视他们的感受，于是员工的不满情绪滋生起来。

（3）评价结果缺乏预测效度。评价结果与后来工作的实际绩效之间缺乏一致性。这意味着评价结果是错误的，或者说对后来工作绩效的评价是不准确的。在这种情况下，评价中心得不到公司的支持和信任，因为有些在测评中得分低的人实际工作相当出色，公司因此会失去许多优秀的人才。

（4）评价中心得不到高层主管的支持与帮助。任何评价中心的实施都离不开上级领导在人力、财力、物力与时间上的支持与帮助。

（二）成功实施评价中心的关键环节

1.明确目标岗位的素质要求

所谓"目标岗位"，是指招聘和选拔的人才将被安置的位置。所谓"素质"，是指与有效的绩效或优秀的绩效有因果关联的个体的潜在特征，即能够将某一个工作中表现优秀者和表现一般者区别开来的个体潜在的深层次特征。哈佛大学麦克利兰教授把素质划分为五个层次：

知识、技能、自我概念、态度及价值观和自我形象等。从素质的含义可以看出,素质是直接与个体的工作绩效表现紧密相关的内在因素,因而是预测个体工作绩效有效的评价指标,评价中心应以此作为测评工作的基准。如果忽略这一环节,那么即使在测评上投入再多的精力也是无的放矢,甚至是南辕北辙。所以,测评之前要针对企业具体目标岗位进行工作分析,确定该岗位对员工的能力、知识和动机等素质要求(胜任力),并界定素质维度定义,作为测评的标准。比如,销售人员的素质要求(胜任力)可以是人际敏感性、说服力、客户服务意识、分析能力和成就动机,等等。

2. 精心设计测试方案

(1) 选择和完善测试方案及工具。针对目标岗位的素质维度(胜任力),选择合适的测试方案及工具。选择测试方案及工具的原则如下:

①每个方案必须与测评的素质维度(胜任力)标准直接相关;

②每个方案的难度适中、内容丰富,具备与岗位相关的情境,并且整个测试练习和工具经过专家的精心设计,具有合理的信度和效度;

③针对客户的组织特点和时间、费用要求,对测试工具进行修正。

(2) 设计素质评价矩阵。评价矩阵包括测试工具和素质维度(胜任力)两部分内容,每个素质维度必须通过多个测试手段进行观察,以保证测试的效度。比如"影响力",该素质可通过无领导小组讨论、面试和演讲三种不同的测试工具进行评估。

(3) 制订评价行动计划,包括确认评价目标、设计测评流程和测试的时间进度表,并将测试时间表提供给每位测评者。测试应按时间进度进行,确保每位被测评者在公平、公正、公开的条件下进行测试。

3. 培训测评者

测试效果的好坏在一定程度上依赖于测评者的技术水平,测评者要在专业人员中挑选,具有丰富的测评实践经验。即使是最优秀的测评专家,在测试前也要接受具有针对性的培训。培训包括:熟悉测评的素质维度(胜任力)和测试工具,了解特殊测验的一些细节内容;掌握测试过程中行为观察、归类和行为评估技巧;统一评价的标准和尺度,提高评价的一致性。

4. 进行测试评估

测试结束后,每位测评者要将观察记录进行归类、评估,写出评语,然后一起对每位被测评者在不同测试练习中的表现进行分析整合,逐一对每一项素质维度(胜任力)给出具体分数,并按照严格的格式撰写测评报告。测评者对被测评者的以下几个方面做出评价:被测评者的管理能力和素质,有何劣势;被测评者的潜在能力和发展趋势;被测评者还需要什么样的能力和经验才能满足既选岗位所明确的条件;要采取何种培训,来弥补被测评者经验和能力的不足等。

只有做到以上几点,评价中心才能成为一种科学有效的人才选拔和评估工具。

 **本章小结**

- 评价中心是将各种不同的素质测评方法相互结合在一起的一种新型人员素质测评技术。评价中心的特点包括综合性、灵活性、标准化、效度高、针对性、成本高。
- 评价中心操作流程包括七个步骤:明确测评目的,确定测评维度,选择测评方法并进行题目开发,培训并协调测评项目相关人员,设计测评方案并实施,统计测评结果与撰写报告,反馈测评结果。
- 公文筐测试是一种情景模拟测验,是对实际工作中管理人员掌握和分析资料、处理各种信息,以及做出决策活动的一种抽象和集中。公文筐测试的考察内容主要体现在管理人员的计划、组织、预测、决策和沟通五大能力。公文筐测试的操作流程包括测试准备阶段、测试开始阶段、正式测试阶段和评价阶段。
- 无领导小组讨论是将一定数量的被测评者集中起来,在不指定领导者、被测评者地位平等的情况下,让其就某一问题进行自由讨论。它是一种集体面试的方法,在这个过程中,测评者不参与讨论。无领导小组讨论考察的内容包括语言表达能力、沟通能力、分析能力、计划决策能力、说服能力、团队领导能力、协调组织能力等。
- 无领导小组讨论题目的类型有开放式问题、两难问题、多项选择问题、操作性问题、资源争夺问题。
- 无领导小组讨论的设施过程可分为准备、实施和评价三个阶段。
- 测评技术中角色扮演、案例分析和管理游戏具有各自特点,在应用中结合测评目的、指标特点和测评环境实施操作流程。
- 评价中心设计注意事项包括相似性,典型性,逼真性,主题突出,立意高、开口小、挖掘深、难度适当。
- 评价中心实施失败的原因大致有四个:没有充分的准备与计划,或者准备工作过于累赘;测评结果被误用或根本得不到利用;评价结果缺乏预测效度;评价中心得不到高层主管的支持与帮助。
- 成功实施评价中心的关键环节共有四个:明确目标岗位的素质要求,精心设计测试方案,培训测评者,进行测试评估。

 复习思考题

1. 试述评价中心的概念。
2. 评价中心的特点和评价维度是什么?
3. 如何正确地认识评价中心?
4. 简述几种常用评价中心技术。
5. 评价中心设计中要注意哪些问题?

6. 概述评价中心实施失败的原因。

7. 简要阐述评价中心成功实施的关键环节。

8. 假设你是 B 公司人力资源部门负责人，现在公司需要招聘生产部经理，需要对应聘者进行人事测评，需要测试岗位知识、职业兴趣、价值观，评价中心采用的是无领导小组讨论和公文筐测试，请设计测评实施流程与相关测试试题。

第三篇

设计应用篇

第七章 人事测评指标体系的构建

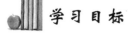

1. 了解人事测评指标和指标体系的概念与结构；
2. 了解人事测评指标设计的原则和方法；
3. 掌握人事测评指标体系设计步骤；
4. 熟悉人事测评指标体系的应用。

基于胜任力模型的人员测评

T公司成立于1953年，经过几十年的发展，现已成为集技术研发、工程总承包、实业运营、国际贸易和投融资五大能力于一体的国际工程公司。T公司现有职工2100余人，以工程技术和研发岗位为核心力量。随着公司的快速发展，公司对人才的要求越来越高，每年都面临大量的校园招聘和内部选拔工作。因此，T公司建立了以岗位胜任力模型为测评标准的人才测评体系。

首先，构建岗位胜任力模型。结合T公司的发展需要与企业文化特点，建立以岗位胜任力模型为核心的人才标准。在建立模型阶段，主要通过资料分析、战略演绎、高管访谈等方法，对组织的战略与文化要求进行分析，演绎出指导企业发展的关键因素。另外，通过岗位职责分析和绩优人员访谈法，并对标同行业相关岗位的模型，从而总结出T公司研发类和设计类岗位的胜任力模型，模型包含岗位角色、一级指标、各等级行为描述及测评要素构成。

其次，开发测评工具。结合人才标准，开发相应的面试题库及评分标准。以前期构建的胜任力模型为基础，将各个指标做拆解，形成关键评价点，并为每一个评价点设计结构化面试题。题的类型分为两大类，分别是过往经历挖掘题和情景假设题，其中包含评分标准，面试官通过将候选人作答情况与评分标准做对比，得出客观评价。

为了提升测评使用效率，开发了线上测评服务，支持以胜任力模型为基础的测评活动有效落地。同时对测评人员进行培训，提供专业的测评面试技术，有效实现精准识人。

第一节　人事测评指标体系概述

一、人事测评指标

我们常常用长度、硬度、比重等指标来衡量物体的物理特征,长度、硬度、比重等都是物理指标,是衡量物体的物理特征的维度。人事测评指标就是能反映人事测评对象特定属性的一系列考查方面或维度。

尺子之所以能用来测量长度,是因为它有代表长度单位的刻度。同样的,人事测评也必须有这样的"尺子"才能进行评价,所以确定人事测评指标不单单要确定评价的维度,而且要制定测评中使用的统一测评的"尺子"。一个完整的人事测评指标应该包括测评要素、测评标志和测评标度三个方面的内容。后二者也经常被称为测评标准,它们是衡量测评要素的"尺子"。

(一)测评要素的含义

测评要素是指测评内容的细化条目。所谓测评内容是指人事测评所指向的具体对象与范围,它具有相对性。例如,管理者人事测评中的"管理能力"与"管理技能",面试中的"仪表""口才",高考的"数学""语文""英语"等都是测评实践中所确定的内容。确立测评指标的第一步就是制定测评要素,根据测评对象(如管理者、销售人员)的分析结果拟订出测评要素。分析测评对象是设计指标要素的基础,虽然指标设计的方法有很多种,但是在不同程度上都要依据对测评对象的认识和分析。

(二)测评标志和测评标度的含义

测评标志是为每一个测评要素确立的关键性描述特征或界定特征,要求必须是可辨别、易操作的特征。通常一个测评要素要由多个测评标志来说明。测评标度是指描述测评要素或要素标志的程度差异与状态水平的顺序和度量。对于这种程度差异或状态水平的刻度表示,可以是数量的也可以是语言的,可以是精确的也可以是模糊的。对每一个测评要素都要制定相应的测评标志和标度,例如,逻辑思维能力测评指标见表7-1。

表 7-1　逻辑思维能力测评指标

测评要素	测评标志	测评标度		
逻辑思维能力	1.回答问题层次是否清楚 2.论述问题是否周密 3.论点论据照应是否连贯	清晰、周密、连贯	一般	混乱、不周密、不连贯

在现实应用中,测评指标可以没有测评标志,也可以将测评标志与测评标度合二为一。如后文所说的"评语短句式测评标志"本身就带有标度含义,不需要另外的测评标度。

(三)测评标志的形式

测评标志有以下三种表述形式。

1. 评语短句式

它是指用对测评要素的简短判断与评论的短句来作为测评标志,多为动宾词组或动补词组,有的还加入具体的量词。例如,对语言表达能力的考评要素之一是"用词准确性",这一考评要素的考评标志可以用一组评语短句来揭示,见表7-2。

表7-2 评语短句式测评标志示例

测评要素	测评标志
用词准确性	1. 没有用词不当的情形 2. 偶有用词不当的情形 3. 多次出现用词不当的情形

2. 设问提示式

它是指以具体问题来提示测评者注意某个测评要素的特征,见表7-3。

表7-3 设问提示式测评标志示例

测评要素	测评标志	测评标度				
		优	良	中	可	差
协调性	1. 合作意识怎么样? 2. 见解、想法固执吗? 3. 自我本位感强吗?					

3. 方向指示式

这种测评标志只规定了从哪些方面去测评,并没有具体规定测评的标志与标度,而是让测评者自己把握。这种测评在传统测评中经常被采用,优点是指标确立迅速、方便,缺点是很难避免测评者不同的主观判断标准造成的差异。表7-4就是一个具体的例子。

表7-4 方向指示式测评标志示例

测评要素	测评标志	测评标度
业务经验	主要从应聘者所从事的业务年限、熟悉程度、有无工作成果等方面进行测评	根据具体情况把握

(四)测评标度的形式

1. 量词式标度

这种标度是用一些带有程度差异的形容词、副词、名词等修饰的词组刻画与揭示有关测评标志状态、水平变化与分布的情形。例如,"多""较多""一般""较少""少"。

2. 等级式标度

这种标度是用一些等级顺序明确的字词、字母或数字揭示测评标志状态、水平变化的刻度形式。例如,"优""良""中""差","甲""乙""丙""丁",以及"1""2""3""4""5"。

等级与等级之间的级差应该是有顺序关系的,最好还要有等距关系。等级之间的距离要适当,太大了,有可能犯"省略过度"的错误,考评结果太粗,区分度差;太小了,有可能使考评操作烦琐,判断过细,不好把握与操作。研究表明,当等级数超过 9 时,人们难以把握评判;当等级数在 5 以内时,考评结果最佳。等级式标度可以进行相应的赋分,以便测评后期的数据统计分析工作。赋分包括正向赋分和反向赋分两种,以避免被测评者投机取巧的猜测因素,即有些题按由大到小的顺序赋分,有些题按由小到大的顺序赋分。如三等级的标度,当正向赋分时,就分别是 1、2、3 分,而当反向赋分时,三个等级的分数就是 3、2、1 分。

3. 数量式标度

这种标度是以分数来揭示测评标志水平变化的一种刻度形式。它有离散点标式与连续区间式两种,如表 7-5 和表 7-6 所示。

表 7-5 离散点标式标度示例

测评要素	测评标志	测评标度
综合分析能力	能抓住实质,分析透彻	10 分
	接触实质,分析较透彻	5 分
	抓不住实质,分析不透彻	0 分

表 7-6 连续区间式标度示例

测评要素	测评标志与标度				
	4.5~5 分	4~4.4 分	3.5~3.9 分	3~3.4 分	3 分以下
协作性	合作无间	肯合作	尚能合作	偶尔合作	我行我素

4. 符号式标度

这种标度一般是以一种简便的符号来提示测评标志的状态变化或水平变化情形。例如,"○""△""∩"分别表示"上""中""下"三种水平;或用"√"与"×"分别表示"是"与"否"。这种方式既能避免差异刺激的负面影响又直观形象,且不受语种差异影响。

5. 定义式标度

这种标度是用许多字词规定各个标度的范围与级别差异,实质上是说明型标度。表 7-7 是定义式标度的例子。

表 7-7 定义式标度示例

测评项目		三级标度定义			测评结果
序号	要素描述	A 级	B 级	C 级	
1	工作中进取精神如何	克服困难完成工作	有心干好工作	让我干,我就干	
2	是否有计划地安排好众多的工作	有条理地制订计划,积极主动安排工作	能制订计划与完好安排工作	没有计划或不合理,没有安排或不太会安排工作	

二、人事测评指标体系

测评指标是测评指标体系的基本单位。根据测评对象、测评目的和要求,选择一系列评价点或方面(指标),这些测评指标的集合就组成了测评某类人员的测评指标体系。每个测评指标只代表了人员素质的某一侧面。所以,测评指标体系反映了人事测评要检测的各个方面,反映了这一测评系统所测对象素质的宽度、深度和层次关系,是人事测评工作的框架基础。

组成人事测评指标体系的每个素质结构成分(一级指标或因素)又由相应的测评亚指标(二级指标或子因素)组成,有时二级指标又由三级指标组成。例如,传统上我国人事测评指标体系一般包括德、能、勤、绩四个方面的指标,即品行结构指标、能力结构指标、考勤结构指标和绩效结构指标。组成人事测评指标体系的每一素质结构,又都由相应的测评子指标组成。如品行结构指标就由事业心、责任心、原则性、积极性、政策性等测评亚指标组成;考勤结构指标由工作坚持性等测评亚指标组成;能力结构指标由专业知识、知识面、自学能力、观察力、理解力、组织能力、用人授权能力、判断能力等测评亚指标组成;绩效结构指标由工作成绩、工作质量、工作效率等测评亚指标组成。针对不同行业、不同岗位系列和不同层次岗位的人员素质确定的测评指标体系会有所不同。

第二节 人事测评指标设计的原则和基本方法

一、人事测评指标设计的原则

(一)针对性原则

在对不同类别被测评者进行功能测评时,人事测评指标体系中的各项指标应有所不同,要针对各类人员的具体特点来进行指标设计。在设计评价指标时,应首先对各岗位进行工作分析,确定它对人员素质在心理、道德、智力、能力、绩效和体能等方面的基本要求,然后进行调查研究,归纳提炼出评价指标。对于不同类型的人进行测评的指标是不同的,即使有些指标相同,但其内容是不一样的或者其权重设置是不一样的。如测评的对象是科技人员,其测评指标除了应具备的基本要素之外,还应具备一些特殊要素,如设计能力、实际操作能力等。如管理人员,其特殊指标有决策能力、组织能力等。

(二)可操作性原则

可操作性即设立的指标应该可以辨别、可以比较、可以测评。也就是说,评价指标所展示的标志是可以直接观察、计算或能通过一定的方法辨别、把握和计量的。因此,在进行评价指标设计时,要充分考虑可操作性,评价指标的措辞应当通俗易懂,避免意义含糊不清;测评指标的内容和形式,应当尽量简化,突出重点。

(三)完备性原则

完备性指的是处于同一个指标体系中的各种指标相互配合,在总体上能够全面反映工作岗位所需具备的素质及功能的主要特征,使全部测评对象包含在评价指标体系内容之中。即在能够获得被测评者素质结构完备信息的基础上,以尽可能少的指标个数来充分体现测评目的。例如,反映被测评者综合分析能力的具体指标可以多种多样,其中由严密性、精确性、理解力和逻辑性四个指标组成的指标体系,就能满足指标设计中的完备性原则,这样既做到了使指标的个数尽可能少,又很好地反映了被测评者的综合分析能力。

(四)独立性原则

独立性即设立的评价指标在同一层次上应该相互独立,没有交叉。一般来说,人事测评指标体系由多个层次构成,独立性原则要求同一层级上的 A 指标与 B 指标不能存在重叠和因果关系。

(五)精练性原则

测评指标的设计应尽量简单,只要能达到既定目的并获得所需要的功能信息就行。换言之,就是要把一切不必要的以及不能反映人事测评特点的指标都删除。冗杂烦琐的要素往往掺杂相互重叠的成分,如不筛取,不仅费人费时,难以被采纳和掌握,而且会使测评结果成为重叠信息,降低测评的有效性。

(六)权重原则

测评指标体系中各个指标针对不同的测评目的(如招聘、培训等)和不同的测评对象(如管理人员、技术人员等)应有不同的权重,体现同一素质对不同人员的不同要求程度,以提高人事测评指标体系的效度。

二、人事测评指标设计的基本方法

(一)工作分析法

工作分析法是一种以确定职位工作要求与责任范围为目的的人力资源管理方法。通过工作分析,可以明确这一工作要求任职者应具备哪些素质,哪些素质是必不可少的,哪些素质是最重要的,哪些是不需要的,哪些素质是无关紧要的。在人事测评指标的设计中,运用工作分析法的操作步骤如下:

(1)根据测评目的与工作要求,确定需要调查的职位范围,制订调查提纲与计划;
(2)采用一定方法广泛收集有关职位任职者的主要工作要求与内容素材;

(3)通过定性方法筛选,形成内容全面的素质调查表,包括品德、智能、知识、经验与资历等方面的调查内容;

(4)在更大范围内进行调查,要求被调查者对调查表上的素质内容进行评价与补充;

(5)对调查结果进行多元统计分析,筛选主要素质项目;

(6)对筛选出的主要人事测评项目进行试测或专家咨询,以保证人事测评目的的实现。

(二)专题访谈法

专题访谈法是指研究者通过面对面的谈话,用口头信息沟通的途径直接获取有关专题信息的研究方法。例如,研究者可以与领导者、人事干部、某职务人员等进行多次的广泛交谈,交谈内容围绕下述问题展开:你认为具备什么条件的人最适合担任这个岗位?这个岗位的工作成效检验的主要指标是什么?

研究者通过访谈可以获取许多极其宝贵的材料。专题访谈法有个别访谈法和群体访谈法两种。个别访谈轻松、随便、活跃,可快速获取信息。群体访谈以座谈会的形式进行,具有集思广益、团结民主等优点。两种访谈形式的采用或有机结合,有助于测评要素的确定。专题访谈法具有简单易行、研究内容集中、便于迅速取得第一手材料等优点,因而在实践中被广泛运用;但是谈话无统一规范,因此信息的获取与加工都要受到研究者个人条件的影响。

(三)问卷调查法

问卷调查法是指运用内容明确、表达正确的问卷量表,让被调查者根据个人的知识与经验,自行选择答案的研究方法。

例如,研究者通过访谈法把评价某职务人员的测评要素归纳为 40 个要素,为了筛选要素或为了寻求关键要素,可以用问题或表格的形式进行问卷式的民意调查。

问卷按答案的标准化程度可以分为开放式问卷和封闭式问卷两种。开放式问卷无标准化答案和回答程序,被调查者可以根据自己的真实想法自由回答。例如,某油田科技拔尖人才评价量表的调查问卷中有如下两题:

(1)你认为拔尖人才主要应当具备什么条件?

(2)你认为"草案"中提供的十项能力是否合理?要增加或删减吗?

封闭式问卷有标准的答题方式,常见的封闭问卷有是非法、选择法、等级排列法三种。

(1)是非法,要求被调查者对问卷中的每一个问题做出"是"或"否"的回答。例如,教师需要有较强的口头表达能力吗?是□否□。

(2)选择法,要求被调查者从并列的两种假设提问中做出选择。例如,研究人员应当有合作精神□,研究人员应当有民主作风□。

(3)等级排列法,要求被调查者对多种可供选择的方案,按其重要程度排列出名次。例如,现代领导者应该具有事业性、责任性、坚韧性、原则性、民主性这五个品德特性,试按重要性依次排列这五个特性。

一般而言,开放式问卷可以广泛了解民意,大量收集信息,适合于要素选择的初级阶段运用;封闭式问卷答案规范,便于统计分析,适合于素质的分析判断及要素体系的总体规划。人事测评指标评价表示例见表 7-8。

表7-8　人事测评指标评价表示例

指标	完全同意 4	同意 3	不同意 2	完全不同意 1	指标	完全同意 4	同意 3	不同意 2	完全不同意 1
创造性					工作质量				
原则性					工作数量				
灵活性					工作效率				
事业心					工作经历				

(四)个案研究法

对某一个体、群体或某一组织在较长时间里连续进行调查研究,期望从典型个案中推导普遍规律的研究方法称为个案研究法。常见的个案研究法有典型人物(或事件)分析法与典型资料分析法两大类。

典型人物分析法是通过对典型人物的工作情况、具体表现或工作角色特征的剖析研究,来编制人员测评的指标体系的方法。具体操作步骤是:首先,明确测评的目的与对象;其次,依据测评目的与对象特征来选择典型样本;最后,选择适当的方法,对典型人物做一个透彻全面的分析,关键要能在众多特征内容中找出最主要的特征,要能在众多特征的观察中寻找到最为客观的标志。

典型资料分析法以人物或事件的文字资料为直接研究对象,通过对这些材料的总结分析,归纳出测评指标体系。可以选择成功的典型资料,作为正向测评指标,也可以选择失败的典型资料,作为反向测评指标。如每个企业都可以找到企业中某种工作岗位的不成功者的素质特征来做反向测评指标的分析。个案是现实生活中的典型,它具有真实、可信等优点,由此产生的要素既有针对性,又有较为全面的整体构思。缺点是研究周期长,研究结果具有描述性,容易受研究者的经验、知识、能力等个人因素的影响。

(五)胜任力特征分析法

这是一种基于胜任力概念的人事测评指标分析法。胜任力指标体系的形成一般应经过以下步骤。

第一步,确认企业战略。需要对组织面临的竞争挑战和组织文化进行研究,同时明确胜任力模型将主要运用在何处,是侧重于绩效考评、薪酬管理、人员选拔,还是职业发展与培训。只有了解企业的远景,才能了解组织与员工的目标和共同利益,发展符合企业文化和员工可接受的有效胜任力模型。

第二步,数据收集。需要选择合适的方法来收集模型构建中必要的数据信息,这将是构建过程中的主要工作。通过数据收集,得到胜任力的主要模块和指标体系。

构建素质模型最为常见的方法是行为事件访谈法,主要是与特定工作领域或工作职位上的高绩效者面谈,有时也会找一些普通绩效的员工作为对比引发他们讲述自己的成功故事。面谈的目的是识别导致高绩效的行为。通过与一批成功者的面谈,比较并总结他们的成功故事,通过与一般员工或非成功者在绩效差距方面的行为特征对照,研究者可以找出关键的支持高绩效的行为主题和特征。这些能够区分在特定工作领域或岗位上成功者与非成功者的行为事件和行为特征就形成了"特征素材库"。然后,在这些特征素材的基础上选择出与工作要求关联度强的那些特征作为该工作领域或职位的胜任力特征,进而组成相应的胜任力特征(指标)体系。确定胜任力特征权重的依据可以通过以下几种方法。

(1)个人访谈:有时高绩效的行为事件难以归纳,而且随着组织的变化,过去的成功并不意味着现在乃至未来的成功。在这种时候,往往需要与关键管理岗位员工进行面谈,了解其成功的行为。

(2)焦点小组:让一些来自同一层次的员工组成小组,让他们历数出高绩效者普遍具备的胜任力素质,或者提供足够的事例。这种方法比访谈拥有更广的信息来源,而且更加有效地集中于未来导向的成功因素。

(3)问卷调查:将一系列行为书面列出,加以描述,要求被调查者指出哪些行为是组织中高绩效者才有的,这对于修正适合组织的胜任力模型十分有效。

(4)专家数据库:从已有的胜任力模型中找出专家意见,在类似的模型环境中识别出重要的资质信息。

第三步,数据集成。需要将已收集的数据进行归纳,这需要采取一些统计方法,对前面形成的要素和数值进行因子分析,从而提炼出主要影响因素。

第四步,有效性分析。模型初步成型之后,构建过程并没有结束,还需要通过绩效考评进行效度验证。只有在一定时间后,员工的绩效符合模型中的预测,才能证明此模型是有效的。然而这一步往往被很多企业所忽视,构建出的模型就失去了其区分绩效的效用。

第三节 人事测评指标体系设计步骤

制订一个成功的测评指标体系需要多次反复实践才能达到较为理想的效果。测评指标体系的制订过程是一个系统的过程,其流程见图7-1。

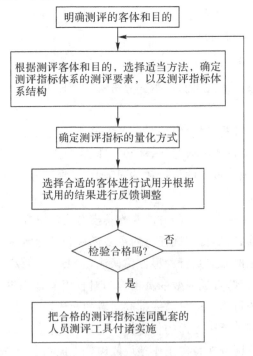

图7-1 测评指标设计流程图

一、明确测评的客体与目的

人事测评指标体系的制订,首先必须以一定的测评客体为对象,以一定的测评目的为根据。测评客体的特点不同,测评指标体系就不同,即使同一测评客体,若测评目的不同,则所制订的标准体系也不尽相同。例如,对教师的测评标准显然不同于对厂长经理的测评标准,选拔性测评标准体系显然要区别于配置性人事测评标准体系。

二、明确测评要素和测评指标体系结构

(一)测评要素的信息基础

测评指标体系的制订者要根据不同的测评目的、测评类型、测评客体与对象结构收集有关的内容,如已有的研究文献资料、工作分析资料、工作绩效资料、访谈资料、人事档案资料、问卷调查资料和理论基础资料等,推论出符合理论原理和已有经验资料及工作实际需要的测评要素和指标体系构想。

(二)测评指标描述与筛选

1. 制订适当的测评标志和标度

这一步实际上是对测评指标进行清楚、准确的表述和界定。测评标志是进行文字意义和情景意义上的定性表述和界定,测评标度是进行数量等级或程度上的表述和界定。这是使测评指标体系具有可操作性的关键步骤。

2. 筛选测评指标

如何筛选那些优良的人事测评指标呢?一般是依据下列两个问题逐个检核指标:一是这个测评指标是否具有实际价值;二是这个测评指标是否切实可行。一个测评指标虽然具有实际价值,但并不一定切实可行,或者虽有可行的条件但实际价值不大,这种指标都应删掉。那么怎样检验一个测评指标的实用价值和可行性呢?

第一步就是要对这个测评指标陈述一个明确的理由与用途,说明为什么要这个测评指标,以及所得结果将如何使用。做到这一点就回答了这个测评指标的潜在价值。

第二步就是要考查这个测评指标的可行性与现实性。这可以针对下面三个问题进行检查:①保留这个测评指标并进行测评,这在逻辑上是可行的吗?②所需要的数据结果及行为表现是否可以从这个测评指标中得到,或者测评者与被测评者双方经过合理的努力之后是否能够得到?③实施这个测评指标的条件是否具备?

三、确定测评指标的量化方式

(一)测评指标权重的确定

人事测评指标确定以后,并不等于整个测评指标体系已经确定。测评指标仅仅是确定了人事测评指标体系的内容,人事测评更关注的是每个测评对象在这些检测指标上的测评结果怎么样,即确定每个测评指标应怎样解释并量化计分。

各个测评指标相对于不同的测评对象来说,会有不同的地位与作用,因此要根据各测评指标对测评对象反映的不同程度恰当地分配与确定不同的权重。但如果仅有一个权数,而没有对每一个指标规定一个统一的计量办法,则测评者的测评结果会有很大差异。

测评指标的计分在相当程度上依赖于测评对象和测评目的,同样的测评指标内容在不同对象的测评中,其解释和计分是不一样的。如"语言表达能力"这一测评指标,在招聘研发人员、行政职能人员和市场销售人员时的要求是大不相同的。即使对于同一类人员,若这一指标同时在笔试、面试和小组讨论中被测评,其对最后结果的影响,随不同指标权重分配的不同,也会是不一样的。因此,要根据各测评指标对测评对象和测评目的反映的不同程度而恰当地分配与确定不同的权重。

所谓权重,即测评指标在测评指标体系中的重要性或测评指标在整个测评总分中所应占的比重。

权重加权有以下三种基本形式:

(1)纵向加权,即对不同的测评指标给予不同的权数值。其目的是使不同的测评指标的得分可以进行纵向比较,或者说使各测评指标的分数计量单位相等。表7-9是车间工人的指标加权表,其中的权数 0.15、0.18 等是纵向加权,表明了不同指标对测评车间工人这个测评对象的重要程度。

表7-9 车间工人的指标加权表

素质指标	量表原始分	权数
健康状况	100	0.15
智力	100	0.18
职业能力	100	0.24
职业兴趣	100	0.18
专业技能	100	0.25

(2)横向加权,即给每个指标分配不同等级分数。其目的是使不同的测评对象在同一测评指标上的得分可以比较。

一般的加权是根据不同的测评主体、不同的测评目的、不同的测评对象、不同的测评时期和不同的测评角度而指派不同的数值。因此加权是针对相对特定的情况而进行的,适用某一场合的权数并不一定适用于另一场合。如表7-10所示,对于不同的测评对象,同一素质指标(如健康状况)有不同的权重(如 0.15、0.3、0.3)。

表7-10 指标加权分配表

素质指标	量表原始分	权数		
		车间工人	销售人员	经理
健康状况	100	0.15	0.3	0.3
智力	100	0.18	0.1	0.25
职业能力	100	0.24	0.2	0.15
职业兴趣	100	0.18	0.2	0.2
专业技能	100	0.25	0.2	0.1

（3）综合加权，即纵向加权与横向加权同时进行。其目的是使不同的测评对象在不同的测评指标上的得分可以相互比较。

(二)确定权重的方法

1. 主观加权法

主观加权法即加权者依据自己的经验权衡每个测评指标的轻重直接加权。如选拔德才兼备的管理干部，若认为两者同等重要，则等额赋予"德""能"各 50 分或 0.5 的加权系数；若强调能力，则可以赋予"德"30 分或加权系数 0.3，"能"70 分或加权系数 0.7。主观加权法要注意"四性"：

一是权重分配的合理性，即权重分配要反映测评对象的内部结构和规律，防止因权重分配不当而脱离实际或产生偏向。

二是权重分配的变通性，即权重分配要符合客观实际的需要，可以根据测评目的与具体要求而适当变通分配。

三是权重数值的模糊性，即对权重的分配不必十分精确，可以为方便测评而模糊一点，实际上有些测评指标根本无法做到精确。

四是权重数值的归一性，即各个测评指标的权数和应为 1 或 100。

2. 专家加权法

专家加权法即先聘请人事测评方面的专家，要求他们各自独立地对测评指标体系加权，然后按每个测评指标进行统计，取其平均值作为权重系数。这种方法比主观加权法可靠些，也比较简便，但如果大家意见分散，则权重系数效果较差。

3. 德尔菲法

德尔菲法（又称专家咨询法）是请专家"背靠背"反复填写对权重设立的意见，不断反馈信息以期专家意见趋于一致，得出一个较为合理的权重分配方案。

这种方法避免了权威、职称、职务、口才以及人数优势对确定权重的干扰，集中了大多数人的正确意见。其缺点是由于最后不再考虑少数人的意见，容易失去一部分信息，同时也缺乏科学的检验手段。

4. 简单比较加权法

比较加权法即首先确定测评指标中重要程度最小的那个指标，把其他测评指标与它进行比较，做出是它多少倍的重要程度的判断，然后进行归一化处理，即得到各个测评指标的权重系数。这种方法易于掌握，虽然主观性也很大，但是与专家加权法结合使用，则效果良好。

例如，在专业知识、语言表达能力、人际关系技能、团队精神、创新能力五项测评指标中，若对于招聘销售人员来讲，假设专业知识这一测评指标被认为重要程度最小，将其定为 1，其他四项指标与它相比较，它们的重要性分别是专业知识这一测评指标的 2.5 倍、3 倍、3 倍、2.5 倍，那么将这些数值相加得到 12，则每个指标所占百分比为分别用 1、2.5、3、3、2.5 除以 12，即得到这五个测评指标的权重系数为 0.08、0.21、0.25、0.25、0.21。

5. 层次分析法

层次分析法（AHP）的步骤如下：

首先,建立一个多层次的递阶结构,按目标的不同、实现功能的差异,将系统分为几个等级层次。在表 7-11 中,能力素质指标之下有交际沟通、思维判断等指标,交际沟通指标下又有宣传表达、沟通说服等指标,形成等级层次。

表 7-11　素质指标等级层次示例

一级指标	二级指标	三级指标
能力素质	交际沟通	宣传表达
		沟通说服
		乐群性
	思维判断	逻辑推理
		预见判断
		开拓创新
	管理组织	决策能力
		知人善任
		动员激励
		授权协调

其次,确定以上递阶结构中相邻层次元素间的相关程度。通过构造两两比较判断矩阵及矩阵运算的数学方法,确定对于上一层次的某个元素而言,本层次中元素与其相关元素的重要性排序——相对权值。在表 7-12 中,括号内权数为本指标对上级指标的贡献率(重要性)。

表 7-12　素质指标各层次对上层贡献率

一级指标	二级指标	三级指标
能力素质	交际沟通(30%)	宣传表达(30%)
		沟通说服(20%)
		乐群性(50%)
	思维判断(30%)	逻辑推理(40%)
		预见判断(20%)
		开拓创新(40%)
	管理组织(40%)	决策能力(30%)
		知人善任(30%)
		动员激励(20%)
		授权协调(20%)

最后,计算各层元素对系统目标的合成权重,进行总排序,以确定递阶结构图中最底层各个元素在总目标中的重要程度。在表 7-13 中,宣传表达对能力素质的贡献率是 9%。

表7-13 素质指标各层次对最上层贡献率

一级指标	二级指标	三级指标
能力素质	交际沟通(30%)	宣传表达(9%)
		沟通说服(6%)
		乐群性(15%)
	思维判断(30%)	逻辑推理(12%)
		预见判断(6%)
		开拓创新(12%)
	管理组织(40%)	决策能力(12%)
		知人善任(12%)
		动员激励(8%)
		授权协调(8%)

(三)测评指标的计量

人事测评指标的量化,除了上面的权数确定外,还有对各测评指标的计量问题。任何一个测评指标的计量,均由两个因素决定:一是计量等级及其对应的分数;二是计量的规则和标准。在计量等级及其对应的分数方面,为了使测评的结果规范化、统一化和计分简单化,对于测评指标体系中的每一个指标,常用等比、等距的分等计分法,如表7-14所示。

表7-14 等距分等与等比分等计分法

量化类型	分级					得分
等距量化	很好	较好	一般	较差	很差	
	100	90	80	70	60	
比例量化	很好	较好	一般	较差	很差	
	100	80	60	40	20	

四、测试并完善测评指标体系

经过以上三个步骤所制订的测评指标体系在工作中会受到许多因素的干扰,因此尽管在主观上按照科学方法行事,尽了很大努力,但实际效果并不一定就能如愿以偿。其客观性、准确性如何,可行性怎样,还必须经过实践的检验。因此,测评指标体系在大规模的施测之前,还必须在一定范围内进行试测,对整个测评指标体系进行分析、论证、检验并不断修改,最后形成一个客观、准确、可行的测评指标体系,以保证大规模测评的可靠性与有效性。这个过程要注意使用的主体和客体的选择、情景控制和对偶发情况的记录。一般而言,应该选择指标设计者自己较为熟悉的测评客体做检验,这样有利于将使用结果与实际情况对比分析。

第四节 人事测评指标体系应用示例

一、行业人事测评指标体系的应用

随着社会分工越来越精细，行业也越来越多。虽然所有的行业都具有共性，如对利润的追求，规模的不断扩大，人员素质要求积极主动、敢于承担责任、认同企业文化等，但各个行业对外却主要表现为自己的特殊性，特别是在人员选拔上，每个行业都有所侧重，如服务业，要求人员具有较高的服务意识；高科技行业，要求人员具备较强的创新能力和学习能力。根据每个行业对人员要求的特殊性以及行业发展成熟度的不同，行业人事测评指标体系在建立时，要有各自不同的侧重点。

表 7-15 是对几个较为典型行业的分析，根据各行业测评重点，提供了不同的测评指标。

表 7-15 不同行业的人事测评指标示例

行业	需要分析	测评指标
生产制造业	全面严格的质量控制力、安全生产	废品下降率、产品质量合格率、生产伤害频率、有无人员伤亡等
服务行业	人际交往技能、客户服务意识	客户投诉率、客户满意度、应急事件处理能力等
高科技行业	创新能力、科技敏感度、高科技信息把握能力	新产品开发计划达成率、提出新创意次数、技术改进方案可行性、高科技信息与现有工作结合能力等
文化产业	思维创新性、策划能力	项目计划完成率、提出新创意次数、客户接受程度等

二、岗位人事测评指标体系的建立

公司岗位的设置是与公司所处的内外环境相关的，不同的岗位具有不同的胜任素质要求，因此，岗位人事测评指标体系的建立主要有三个来源。

一是组织的特性。组织的特性是岗位人事测评指标体系建立的最原始资源，所有指标都应当紧紧围绕组织的特性。

二是部门目标。部门会根据部门内部的目标事先对各岗位进行职责设置，包括各岗位的能力、个性及知识技能等。

三是岗位职责。岗位职责是人事测评指标体系设立的重要参考。

表 7-16 为某公司基层管理岗位素质测评指标体系的示例。

表 7–16　某公司基层管理岗位素质测评指标体系

测评要素	内容	权重	测评标志	测评标度
个人内在能力(30%)	专业知识水平	10%	仅一般了解本专业知识,对于相关的学科知识知之甚少	1~3分
			掌握本专业知识,仅一般了解与本专业相关的学科知识	4~6分
			熟悉本专业工作,掌握与本专业有关的多学科知识	7~10分
	专业技能	10%	对本岗位工作有初步经验,基本符合岗位要求	1~3分
			有一定的岗位工作经验,能带领他人工作	4~6分
			有丰富的工作经验,能指导他人工作	7~10分
	开拓进取意识	10%	对开拓性任务有极大的热情,但是需要导师指导	1~3分
			对开拓性任务能够胜任,且能够提出改进意见	4~6分
			有很强的开拓意识,主动承担挑战性任务,提出好建议	7~10分
人际沟通能力(20%)	人际关系营造能力	10%	在工作场所,基本能够维持正式的人际工作关系	1~3分
			在工作之外的俱乐部、餐厅等地与同事、顾客进行接触,或能够相互家庭拜访	4~6分
			与同事、顾客成为亲密的朋友,并善于对人际资源归类,合理利用人脉	7~10分
	信息沟通能力	10%	书面和口头表达能力一般,需要上级指导工作	1~3分
			书面和口头表达能力较强,表达清晰,能独立撰写方案	4~6分
			书面和口头表达能力很强,能准确表达意见并切中要害,能独立、快速完成重大方案的撰写	7~10分
组织管理能力(50%)	统筹计划能力	10%	基本上按工作计划进度的要求工作,通常不能承担较多工作,时间利用率一般	1~3分
			计划性较强,能统筹安排自己的工作,时间利用率较高	4~6分
			计划性强,能合理安排多项工作,时间利用率高	7~10分
	预测判断能力	15%	判断力、预测力一般,反应能力较慢	1~3分
			具有较好的判断力,能够根据现状准确预见,并做出反应	4~6分
			具有准确的判断力,能根据现状准确预见并及时做出反应	7~10分
	执行能力	15%	执行能力尚可,但完成任务的质量一般	1~6分
			执行能力较强,能够创造条件,完成多项任务	7~12分
			执行能力很强,能够创造性地执行各项任务	13~20分
	指导能力	10%	下属1~6人,能进行一般的监督指导;或下属1~3人,能够严格监督指导	1~3分
			下属7人,能进行一般的监督指导;或下属4~6人,能够进行较严格的监督指导	4~6分
			下属7人,能进行较严格的监督指导;下属4~6人,能够严格监督指导	7~10分

本章小结

- 人事测评指标就是人事测评中衡量和评价被测评者的维度。一个完整的人事测评指标应该包括测评要素、测评标志和测评标度三个方面的内容。测评指标的集合就组成了测评某类人员的测评体系。每个测评指标只代表了人员素质的某一侧面,所以,测评指标体系反映了人员测评要检测的各个方面。它反映了这一测评系统所测对象素质的宽度、深度和层次关系,是人事测评工作的框架基础。
- 测评指标设计原则有针对性原则、可操作性原则、完备性原则、独立性原则、精练性原则、权重原则。
- 测评指标设计方法有工作分析法、专题访谈法、问卷调查法、个案研究法、胜任力特征分析法。
- 人事测评指标体系的设计步骤为:明确测评的客体与目的,明确测评要素和测评指标体系结构,确定测评指标的量化方式,测试并完善测评指标体系。

复习思考题

1. 人事测评指标的结构包含哪几部分?
2. 人事测评指标中的标志有哪些形式? 标度有哪些形式?
3. 什么是人事测评指标设计的可操作原则?
4. 人事测评指标设计有哪些方法?
5. 测评指标的权重分配依据是什么?
6. 测评指标体系设计的步骤是什么?
7. 假设你是一家汽车销售公司的招聘专员,随着业务扩展,公司需要招聘三名汽车销售业务员。为了招聘到合适的人员,你向销售部征求了意见,了解到该业务人员的岗位职责,确定了招聘要求如下:

(1) 了解汽车行业,熟悉汽车各项功能;
(2) 有两年以上销售经验;
(3) 具备良好的沟通表达能力;
(4) 有良好的团队合作能力;
(5) 工作富有激情,具有较强的执行能力;
(6) 诚信正直,具有较强的进取心;
(7) 认可本公司,对公司的产品有兴趣。

了解到这些信息后,请你确定本次招聘的测评指标、权重、测评标准,并试着制订一个人事测评指标体系。

第八章　人事测评的实施

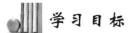

1. 掌握人事测评方法选择的依据；
2. 熟悉测评方法与工具的设计应用；
3. 了解人事测评实施流程。

评价技术在校园招聘中的运用

传统的校园招聘方式主要考察的是应聘者的知识、技能和经历，缺乏对应聘者未来表现的预测与判断，对个人潜在素质的重视程度不足，这使得招来的大学生出现了"眼高手低"、难以适应企业环境、在企业中成长的后劲不足等问题。针对传统校园招聘方式的一系列问题，现在越来越多的企业开始重视对大学生综合能力素质的评价，并在校园招聘中，开始采用多种评价方法相结合的方式进行评价。但是，评价方法都有其侧重考察的素质，仅仅采用多种方法是不行的，企业必须形成一套评价体系，同时需要考虑评价过程与应届生的特点相符合。

企业想要做好校园招聘的精准评价，招聘到符合企业需求的人才，人才评价技术的使用必不可少。另外，人才评价是一个体系化、系统化的活动，也需要从多个角度出发，采取多种措施。

（1）明确招聘目标和要求：企业需要明确每个职位的招聘目标和要求，包括所需的技能、经验、教育背景等。这将有助于选择适当的评价工具和方法，确保评价的准确性和有效性。

（2）选择合适的评价工具：根据职位要求，选择适合的评价工具和方法。例如，对于技术类职位，可以采用知识技能考核和实际操作演示等工具；对于管理类职位，可以采用行为面试、小组讨论和情景模拟等工具。

（3）设计合理的评价流程：在选择合适的评价工具和方法后，企业需要设计合理的评价流程。评价流程应包括初步筛选、面试、技能考核、心理测评等多个环节，以确保全面了解应聘者的能力和素质。

（4）注重公平性和公正性：在评价过程中，应注重公平性和公正性，要制订合理的评价标准，确保评价结果的可比性和可接受性。

（5）建立人才数据库：通过建立人才数据库，企业可以系统地收集、整理和分析应聘者的信息，以便于进行精准的匹配和评估。同时，人才数据库还可以为企业提供人才发展趋势的分析和

预测,为企业制定人才战略提供支持。

(6)提高评价人员的专业水平:评价人员的专业水平和经验直接影响着评价结果的准确性。因此,企业应加强对评价人员的培训和管理,提高他们的专业水平,确保评价工作的准确性和公正性。

企业做好校园招聘的精准评价,不仅有助于企业招到合适的人才,还可以提高企业的竞争力,为企业的长远发展奠定坚实的基础。

第一节 人事测评方法的选择与设计

人事测评方法由于测评内容、测评目的等方面的不同会有不同的选择,正确地选择和使用人事测评方法是人事测评的核心和关键,这有利于对被测评者的知识技能、品德、发展潜力等进行测量和评价。

一、人事测评方法选择的依据

人事测评方法选择主要从人事测评体系的建立及实施、企业、被测评者三个角度来进行。

(一)从人事测评体系的建立及实施的角度来选择

(1)在建立人事测评体系时选择人事测评方法。在实施人事测评时,首先需要有测评方案。在测评方案设计中,人事测评指标体系的建立和测评目的的确定非常关键,因此,需要根据人事测评的具体目的、测评指标的性质及人事测评实施达到的效果来确定测评方法。如果组织要求建立以选拔为导向的人事测评体系,那么对一般职员来讲,笔试和面试就是较适合的测评方法,对高级管理者来讲,评价中心就是较有效的测评方法。

(2)依据人事测评指标的特点选择人事测评方法。此时人事测评方法的选择关键是看人事测评指标考核的内容和目的,例如,在进行心理健康状况的测评时可以采用心理健康问卷,如明尼苏达多相人格问卷或投射技术;在进行人格测评时一般采用问卷调查法。

(3)依据人事测评方法本身的特点来选择人事测评方法。任何一种人事测评方法都有其自身的特点和适用范围。在人事测评的实施过程中,为保证测评的信度和效度,大多数情况下是将几种测评方法进行有机结合和应用,以达到人事测评的目的,因此要根据人事测评方法的特点以及其他条件来选择。

(二)从企业的角度选择人事测评方法

从企业的角度来选择人事测评方法,主要是根据企业文化、企业管理体系、领导者的管理风格和组织行为模式来选择人事测评方法。

(1)企业文化。人事测评方法的选择成功与否,跟企业文化有不可分割的关系,同样企业文化对人事测评的适用性起着重要的作用。由于企业文化的作用,同样的测评方法对一些企业适用,但对另外一些企业却不适用。例如,360度反馈法,在管理比较严谨的企业就比较适用,但在提倡和谐的企业或一些家族企业中就不太适用。

(2)企业管理体系。企业管理体系是支撑人事测评体系的支柱,管理体系由战略目标、经营理念、程序流程、表格设计、组织结构、功能模块、部门岗位、权责价值、规章制度、纪律规范、管理控制、决策支持等模块组成。如果在选择人事测评方法时没有考虑企业的管理体系,就会使人事测评脱离外部环境而存在,这样建立起来的人事测评体系是不切合实际的。如在一些企业中没有完善的规章制度和管理流程,在实行绩效考核时不能有效地辨别员工的行为标准,不能有效地建立数据收集系统,这使绩效考核的结果难以真实地得到反映。

(3)领导者的管理风格和组织行为模式。企业中的人事测评是从上向下推行的,那么人事测评方法的选择就需要考虑领导的管理风格,否则设计出来的人事测评体系就不够完美。另外,企业中或多或少会存在成文或不成文的规矩或行为模式,在选择测评方法时也要对其进行考虑。

(三)从被测评者的角度来选择

(1)根据被测评者的职务来选择测评方法。被测评者所任职务不同,其工作的性质、内容、责任、工作标准等就有所不同,所以对被测评者的测评要素也不同。这时需要根据测评的侧重点来选择相适应的人事测评方法,如表8-1所示。

表8-1 根据被测评者的职务来选择的人事测评方法

职务	主要测评要素	测评方法
基层员工	个性特征、操作能力、工作经验	履历分析法、人格测试、结构化面试
中层管理者	能力特点、个性特征、职业适应、专业知识、管理能力	结构化面试、人格测试、职业适应性测试、管理风格测试、评价中心技术
高层管理者	管理能力、领导能力、创造性思维能力、成就动机、沟通能力、开放和变革意识、心理素质、知识素质	评价中心、管理风格测试、领导行为测试、管理潜能测试、人格测试、动机测试

(2)根据被测评者所在的部门来选择。组织中的各个部门是组织活动的承担者,每个部门的工作性质、难度、技能等各方面的要求不同,这使得各个部门对人员素质的要求也有所不同。在对不同部门的人员实施测评时,需要根据测评重点选用人事测评方法。如生产部门人员侧重于全面严格的质量控制能力、创新开发能力,在人事测评时注重对部门人员进行个性特征、职业兴趣取向、行为风格、操作能力的测评,人事测评方法可以选择履历分析法、人格测试、职业兴趣测试和面试法等。

(3)根据被测评者所在的行业特征来选择。组织所处的行业不同,决定了其从业人员素质要求不同,各行业可以结合自身的特点对不同人员的能力、个性特征等提出要求。如服务行业,其需求要素为适用于服务取向的个性和兴趣、人际技能,其适宜的人事测评方法为个性测验和人际技能测验;而文化产业需要具有创造性思维、高超的组织策划能力及综合能力的人才,人事测评方法一般可用思维测验、管理能力测验和案例分析。

二、人事测评方法选择的原则

由于人事测评方法各有优缺点，因此，既没有一种方法是完全可靠有效的，也没有一种方法是完全没有价值和用武之地的。其关键就在于我们如何选择和组合各种测评方法，扬长避短，发挥整体的互补功能，使得最终的测评方法在总体上达到最优。在选择人事测评方法时，应当遵循匹配性、灵活性、有效性、公平性及经济性五项原则。

1. 匹配性

匹配性是指测评方法必须与特定的测评目的、测评岗位和测评要素等相匹配。如选拔性人事测评的目的是为组织挑选合格的职位候选人，实现"人岗匹配"，那么就需要通过工作分析、观察法等方法，从职位任职资格（或职位说明书）中提取知识、技能、能力等测评要素，针对不同需求选择合适的测评方法和测评工具。

2. 灵活性

为了避免相关信息在测评时被伪装或隐瞒，应该选择灵活多变的人事测评方法，使其具有测谎机制，或在编制测试试题时采用声东击西的策略，或采用多种人事测评方法使各项分数能够相互印证。当采用两种或两种以上的方法同时对某项测评指标进行测评时，就可以通过不同方法对同一测评指标的结果是否一致来相互印证测评的有效性。当几种方法对该指标的测评结果基本一致时，就说明测评有较好的信度和效度。

3. 有效性

有效性是指人事测评方法必须能够有效地将人才素质区分开来，具有预测效度。如评价中心方法受到了许多部门和行业的好评，特别是招聘高层管理者的评价中心的预测效度得到了广泛认同。

4. 公平性

公平性侧重于各种人事测评方法对不同的候选者的公平性，具体表现为测评程序公平、测评指标科学性和量化方式科学化等。如为了避免测评者主观因素产生的误差，在招聘中要求所采用的测评方法必须具有较高的客观性，如结构化面试、标准化测验或各种测验方法相互印证的评价中心等。美国两位工业心理学家对当前使用的 12 种人事测评方法的公平程度进行过比较，其结果如表 8-2 所示。

表 8-2 对 12 种人事测评方法的评价

测评方法	效度	公平程度	可用性	成本
智力测验	中	中	高	低
能力测验	中	高	中	低
个性与兴趣测验	中	高	低	中
心理测验	中	高	中	低
面谈	低	中	高	中

续表

测评方法	效度	公平程度	可用性	成本
工作模拟	高	高	低	高
情景练习	中	未知	低	中
个人资料/履历分析	高	中	高	低
同行评定	高	中	低	低
自我介绍	低	高	中	低
推荐信	低	—	高	低
评价中心	高	高	低	低

5.经济性

测评的经济性是指测评收益相对于测评成本的比率。人事测评都会耗费一定的人力、物力和财力,因此在操作过程中,应该尽量通过科学的安排降低成本,节约时间。测评者可以通过科学的方法选择和安排测评项目的顺序,实现成本节约的目的。在具体的实施中,不同的测评方法应该遵守先简单后复杂和先淘汰后筛选的顺序进行。先简单后复杂是指在人员选拔的过程中,履历分析、笔试等简单和容易操作的方法应该放在前面实施,而评价中心、结构化面试等复杂和较难操作的方法放在后面,这样可以大幅降低测评的成本,提高效率。先淘汰后筛选是指在测评实施过程前面的方法,主要是用于将那些明显不符合要求的人员淘汰,侧重于测评对象的缺点和不足;后面采用的测评方法应该侧重于测评对象的优点和长处,目的是在候选人中选出与岗位最为匹配的人。遵循这一原则可以有效降低测评的费用,实现降低成本的目的。如在选拔一般职员时鉴于收益与成本的考虑会采取面试法和笔试法等比较简单的测评方法。

三、人事测评方法设计的步骤

人事测评方法的设计一般包括七个步骤:确定测评目的、分析测评需求、确定测评方法与工具、预期结果、设计实施过程、说明测评时间、给出费用预算或报价。具体来说,人事测评方法设计是针对组织的需求,适应个人、组织和职位的特点,通过测评专家对各种测评技术的熟练把握和灵活运用,选择最全面、最有效的测验结合。

(一)确定测评目的

确定测评目的是人事测评的开端。明确测评目的不仅为具体方案的设计指明了方向,而且为后期对测量目的及其效果进行评估监控确定了依据,这不仅仅是测评活动实施的目的所在,而且是从思想认识上统一企业上下对测评工作价值认同的过程。从大处讲,测评目的的确定要结合社会、市场、经济区域的发展状况,结合企业的长远发展战略、企业的文化追求;从小处讲,测评目的的确定要结合企业的经营策划、组织策划、变革策划。具体来说,要结合具体的人事管理目的和人力资源开发需要,来确定人事测评的目标和方向。

(二)分析测评需求

分析测评需求建立在对准备进行人事测评的企业有全面、深入的认识的基础上,从而大体上把握符合企业形象追求的人员素质的结构和水平。这需要人事测评专业人士与企业双方的广泛深入的沟通来达成共识,从而甄别出人员素质测评要素。测评要素是整个测评的技术性测评目标,测评要素是否全面、敏感、有效,决定了整体测评工作的质量和可实现价值,所以人员素质的测评要素必须反映企业文化和理念的要求、岗位工作的要求、岗位职责的要求、个人可发展的要求、适应性的要求。

(三)确定测评方法与工具

进行了详细的需求分析后,就可以选择具体的测评方法,在选择一个具体的方法与工具时,要说明这个测评方法与工具的功能、采用的理由。在选择测评方法与工具时,必须考虑企业特色与文化。

(四)预期结果

确定了所有测评方法与工具后,应重新系统地评价这个设计方案,对可能的结果做出预期,这一预期包括几方面的内容:①由具体的分数如何建立综合报告;②测量的结果将如何指导后期的工作;③可能在多大范围内对员工产生影响。

(五)设计实施过程

在此阶段,要把实施的所有测评的具体程序确定下来,包括有关时间、地点、辅助材料、现场布置要求、分组、设备、流程等所有细节工作的安排、落实等。由于一般都会有多个测评项目,因此不同项目的先后顺序也要考虑妥当。一般来说,要遵循以下原则:

(1)简便易行的测评放在前面。
(2)成本低的测评放在前面。
(3)当一个测评的内容可能影响(如暗示、帮助)其他测评时,这个测评应放在后面。
(4)容易产生疲劳的测评放在后面。
(5)测评内容比较敏感或容易造成较大压力的测验(如能力测验往往会影响人的自信心)放在后面。

(六)安排测评时间

在测评组合设计时要考虑和说明测评的时间。由于特殊需要,有时测评项目会比较多,总时间就会很长,甚至需要几天的时间。这时应当进行成本-收益分析。实际上,许多组织常常是因为不能接受测评时间而放弃测评计划的。因此,可行性也是需要考虑的因素。

(七)给出费用预算或报价

一般而言,在完成一个人事测评方案的设计时,要给出它的预算或报价。在人事测评行业,测评的费用通常按照每个人每项测评内容来计费。同时测评的人越多,单人计费越高。当一个组织同时测评很多人,特别是在整个组织大规模测评时,往往需要对所有被测评者的综合结果或是对整个组织的情况做出全面报告。

部分人事测评方法与工具汇总见表8-3。

表8-3 部分人事测评方法与工具汇总表

测评类别		主要测评工具	测评内容与指标
基本测验	个人品质测验	卡特尔16种人格因素问卷	乐群性、敏感性、稳定性、聪颖性、兴奋性、恃强性、有恒性、敢为性、怀疑性、幻想性、世故性、忧虑性、实验性、独立性、自律性、紧张性
		DISC个性测验	支配性、影响性、稳定性、服从性
		管理人员个性测验	正性情绪倾向、负性情绪倾向、乐群性、责任心、广纳性、内控性、自信心、成就动机、权力动机、面子倾向等
	职业适应性测验	生活特性问卷	风险动机、权力动机、亲和动机、成就动机
		需求测试	生理需要、安全需要、归属和爱的需要、自尊需要、自我实现需要
		职业兴趣测验	经营取向、社交取向、艺术取向、研究取向、技能取向、事务取向
	能力测验	多项能力、职业意向测验	语言能力、概念类比、数学能力、抽象推理、空间推理、机械推理
		数量分析能力测验	数量及数量关系的识别和分析能力
		逻辑推理能力测验	思维测验,评估思维的逻辑性、灵活性和发散性
		敏感性与沟通能力测验	一般人员的人际敏感性、营销意识、沟通行为倾向、营销常识
基本调查	个体行为	工作感觉评定	工作满意度
		价值取向评估	理论取向、经济-政治取向、唯美取向、社交取向
	领导行为	沟通方式评估	正确的上下沟通的知识和技能掌握情况
		冲突应付方式评定	竞争型、迁就型、逃避型、妥协型、合作型
		工作习惯评定	科层意识
		变革意识评估	灵活性和创新意识
	团体行为	团体健康度评定	共同领导、团队工作技能、团队氛围、团队凝聚力、成员贡献水平
		团体绩效评定	评估团队绩效
基于情境的测验		公文筐测验	计划能力、授权能力、预测能力、决定能力、沟通能力等
		无领导小组讨论	组织行为、洞察力、倾听力、说服力、感染力、团队意识等
		结构化面试	评估综合分析能力、仪表风度、情绪控制能力、应变能力和动机匹配性等
面向高绩效的管理人事测验		人际敏感性测验	对人际关系的敏感力
		管理变革测验	变革意识、创新意识
		团队指导技能测验	团队管理开发技巧
		自我实现测验	寻求自我发展、发挥的动机
		人际关系管理测验	应付人际关系能力
		沟通技能测验	沟通技巧
		管理方式测验	基本管理理念
		基本管理风格测验	管理风格
		管理情景技巧测验	在各种情景中的行为模式
		组织绩效测验	绩效意识与可能的潜力
		管理者自我开发测验	专业知识、敏感力、分析判断力、社交技巧、情绪灵活性、主动进取、创造性、心智灵活性、学习技巧、自我意识等

第二节 人事测评方法的设计应用

人事测评的工具编制得好不好,不仅要看其在人员素质实际评价中是否有效,还要看它是否达到了几个通用的测量标准。一般来说,在保证实施测量标准化的条件下,对这些测量学的标准的遵循与该测评的有效性是一致的。只有遵循了信度、效度、项目分析和常模这些测量学的标准,才能保证人事测评的有效性。此外,测评方法与工具是服务于具体岗位和组织的,用统一的方法与工具去服务所有的岗位和组织是不可取的,违背了人事匹配的基本原则。因此,在选择测评方法时,应该从测评的目的、岗位职责的特点以及被测组织的特征等方面进行选择。

一、基于不同目的的人事测评方法设计应用

(一)用于招聘甄选的人事测评方法设计应用

针对招聘甄选工作的特点,人事测评方法设计应用时注意如下方面:

(1)区分性。应聘者往往数量众多,人事测评方法要能有效地将其按照不同的素质水平区分开来。在这里有两种策略,即汰劣与择优。汰劣策略要求使用成本低、容易实施、标准明确的测验方法,如能力倾向测验、职业能力测验、知识考试等。其往往用于一般人员的选拔或对大批应聘者的初步筛选。择优策略则要求对应聘者进行全面、详细的考查,可以综合采用面试、面向高绩效的管理测验、评价中心等成本高、效度高的方法。择优测验往往用于选拔职位要求高、职责重大的人员。

(2)客观性。在招聘中,为了避免主观因素带来的偏差,要求所采用的方法有较高的客观性,如标准化测验、结构化面试和各种测验方式相互印证比较的评价中心等。

(3)灵活性。为了避免被测评者伪装和隐瞒信息,所选用的测评方法应该是灵活可变的,或者是具有测谎机制的,或者是编制上采用了声东击西策略的,或者是各项分数能够相互印证比较的。

(4)公平性。招聘过程需要公平、公正、公开,因此所选测评方法也要估计公平程度,避免统计性歧视,以及具备较高的表面效度。

(二)用于晋升选拔的人事测评方法设计应用

晋升是职务工作的一种转换,是不同职务或岗位的调动。它是一种激励的杠杆,对保持组织自身吸引力和加强人员稳定性是有用的。在晋升过程中普遍存在三个问题。首先,从基层到中高层,管理职责差异很大,所需能力不同,在基层干得好的人在更高层的职务上未必干得好;其次,晋升的公平性问题,是应该基于能力、基于资历、还是基于绩效;最后,客观性问题,即由谁来选拔的问题,这涉及从直接领导者到各级管理层的复杂关系。要解决这些问题,在建立合理的职位素质模型的基础上,应该采用标准化、客观化、明确、公开的测评方法,且预测效度更高,这样才能保证公平性和晋升工作的信誉。能力倾向测验、人格与个性测验、评价中心方法都是不错的选择。

(三)用于培训的人事测评方法设计应用

用于培训的人事测评作为培训需求分析的必要工具和评价培训效果的重要工具,属于开发性的测评,不像选拔性测评那样注重测评结果的区分功能。它需要保证的是测验的信度、效度和

可行性,讲究成本适当,操作方便,测评结果准确可信,并有完备的常模标准进行对照。结合培训针对的素质能力,可选择相应的知识考试、职业技能测验、管理认识测验和公文筐等模拟测验等。

(四)用于考核的人事测评方法设计应用

考核包括对工作业绩、工作能力、工作态度的测评。考核与人事测评是有区别的。考核是常规性的管理活动,以事实性的工作结果和行为时限为根据,具有监督、指导、激励等功能;人事测评往往是一种应时性的咨询诊断工作,考查行为及其背后的素质水平,其结果是客观的描述,不会对被测评者的行为产生实质的影响。它们之间的关联之处在于人员考核借鉴了人事测评的方法,两者可以互相补充。在心理测评工具中,能力测验的预测力和诊断力是最为可靠的,可以用作潜能考核的有效手段。

(1)多向能力测验:预测能力结构,依据优劣势分析,进行合理的工作安排和团队组合。

(2)管理数量分析能力测验和管理逻辑推理能力测验:预测管理潜力和创造潜力,判断是否易于实现有效管理。

(3)公文筐测验:适用于高层管理者,预测工商管理素质,评估综合管理技能,鉴别是否有全面系统的经验和独当一面的魄力。

(4)小组讨论:适用于中高层管理者,预测工商管理素质,评估领导意识和素质、表达能力和协调引导能力,预测管理功能和管理风格。

(5)面向高绩效的管理潜能开发测验:适用于中高层管理者,考查管理者的知识、技能水平和管理风格定位,强化管理效能和管理风格。

二、基于不同测评对象的人事测评方法设计应用

人事测评的对象包括组织中不同的职务层次人员,即一般职员、基层管理人员、中层管理人员和高层管理人员。

(一)一般职员的人事测评方法设计应用

一般职员通常是指组织中基层的生产、服务、业务工作人员,他们所从事的工作任务量大,工作内容单一。虽然一般职员负责组织相对底层、简单的工作,但作为组织正常运作的基础,他们的素质和工作水平对组织的绩效有直接的影响。对于一般职员而言,其胜任力特征主要为个性特征、与岗位相关的专业技能、一般能力和心理健康状况等。对员工的专业技能测评可以通过简历筛选法和笔试法(技能考试)来完成。另外还需要对员工的心理健康状况进行测评,针对异常情况,组织要有针对性地做出辅导和安排。适用于一般职员的测评工具有 Y-G 性格测验、90 项症状自评量表(SCL-90)和霍兰德职业兴趣量表、投射测验和卡特尔 16 种人格因素问卷(16PF)。

(二)基层管理人员的人事测评方法设计应用

基层管理人员一般是指在生产、销售、教学和科研一线,承担管理任务来保证各任务在基层全面落实的人员,如班主任、车间主任、领班和工头等。适用于基层管理人员的测评工具有沟通能力测验、管理能力测验、16PF 和操作能力测验等。

(三)中层管理人员的人事测评方法设计应用

中层管理人员是组织中的执行层,他们是组织管理的中坚力量,是组织领导联系一般员工的

纽带和桥梁，也是一般员工的直接管理者。中层管理人员的主要职责，包括执行公司的决策，与上级、同级和下级沟通，对本部门事务进行管理，参与员工的职业生涯管理。中层管理者所应具有的品质是多样的，要有健康的身体，要有较高的智力水平，要对组织忠诚，有创新意识，还要掌握相关的专业知识和技能。所以，对中层管理人员进行测评时要针对四个方面进行，包括能力、个性特征、动力适应性和知识经验。适用于中层管理者的测评工具有沟通能力测验、管理能力测验、霍兰德职业兴趣量表、16PF 和 DISC 个性测验等。

（四）高层管理人员的人事测评方法设计应用

高层管理人员位于组织的最高层，需要对整个组织负责，他们负责确定组织目标，制定组织战略，监督和解释外部环境状况，针对影响整个组织的问题进行决策。高层管理人员的胜任素质主要有工商管理能力、变革与决策意识能力、创造性思维、较高的成就动机、坚韧的毅力和沟通能力等。高层管理人员需具备较高级的复杂能力，可以采用以下测评工具对其进行考察，包括情景模拟测验、DISC 个性测验、经营决策能力测验和领导能力测验等。

三、基于不同岗位的人事测评方法设计应用

各岗位的任职技能、业务的活动性质、工作难度和工作条件等是不同的，各岗位对组织的贡献也不相同，因此针对不同岗位的人事测评也就不同。企业部门大致可分为销售部、财务部、研发部、售后服务部、行政人事部和生产部，下面仅选择一些有代表性的岗位来说明其素质要求及测评工具选择。

（一）适用于销售岗位的人事测评方法设计应用

销售岗位对员工的基本素质要求包括良好的沟通、协调和人际交往能力，较强的应变能力、适应能力和情绪控制能力，熟悉产品知识、营销知识和销售渠道，具有良好的客户关系，个性表现为乐观、热情、健谈、耐挫性强。适用于销售岗位的人事测评工具包括职业适应性测验、敏感性与沟通能力测验、性格测验、无领导小组讨论和交往能力测验。

（二）适用于财务岗位的人事测评方法设计应用

财务岗位对员工的基本素质要求包括具有良好的判断力、决策力和金融预测力，有专业资格认证和良好的职业道德，个性表现为细心、精准、严谨、谨慎、原则性强。适用于财务岗位的人事测评工具有数量分析能力测验、DISC 个性测验、面试（结构化或非结构化）、工作动机测验和职业价值观测验。

（三）适用于研发岗位的人事测评方法设计应用

研发岗位对员工的基本素质要求包括具有发现和解决问题的能力，具有独创性和创造性，思维严密，善于学习，具有相应的技术等级认证。适用于研发岗位的人事测评工具有逻辑推理测验、抽象推理测验、创造力测验、专业知识测验和成就动机测验。

（四）适用于售后服务岗位的人事测评方法设计应用

售后服务岗位对员工的基本素质要求包括具备良好的沟通能力和一定的专业技能，熟悉产品知识，具备良好的应变能力，工作中应热情、耐心、细心和友善。适用于售后服务岗位的人事测

评工具有交往能力测验、工作动机测验和职业价值观测验。

(五)适用于行政人事岗位的人事测评方法设计应用

行政人事岗位对员工的基本素质要求包括具备良好的人际沟通能力、适应能力和全面细致的分析能力,熟悉行政人事管理的专业知识和相关的劳动法规,工作中应热情、可信、细致、耐心。适用于行政人事岗位的人事测评工具包括DISC个性测验、无领导小组讨论、沟通能力测验和职业适应性测验等。

(六)适用于生产岗位的人事测评方法设计应用

生产岗位对员工的基本要求包括具有时间管理能力,熟悉生产流程,操作能力强,反应灵敏,具备安全生产知识,有认真和负责任的工作态度。适用于生产岗位的人事测评工具有操作能力测验、价值观评定、面试(结构化或非结构化)、兴趣偏好测验和专业技能测验。

四、基于被测组织特征的人事测评方法设计应用

(一)针对企业行业特征的人事测评方法设计应用

各个行业都有自己的规范和特征,对从业人员的能力、个性特征、动机需求等方面都有特别的要求。在人事测评方法的设计上应该反映行业的特点,特别是那些具有突出的行业特征的企业。此外,不同行业的发展水平不同,管理规范不同,也可能影响对从业人员的水平要求。这些行业背景因素都应在人事测评方法设计过程中予以考虑,以便有针对性地选择难度适宜的测评方法,或针对性地设定适宜的考查选拔标准。

(二)针对企业文化特征的人事测评方法选择

企业文化是企业中长期形成的为所有成员共同接受的信念、价值观念和行为标准,是一种具有企业个性的信念和行为风格。它有助于将企业目标与个人需要统一起来,提高员工的归属感和责任感。在针对企业进行人事测评设计时,有必要了解其理念和文化追求,了解企业文化的建设状况,据此有针对性地使用不同的测评方法,使测评的结果更加具有应用价值。

五、基于不同问题的人事测评方法设计应用

基于了解或解决不同问题而设计的人事测评方法可以分为测验法和行为观察类方法两种。

(一)适用于测验法的测评方法设计应用

测验法是通过观察或调查被测评者具有代表性的行为,对于贯穿在行为活动中的心理特征依据一定的原则和统计方法进行分析的测评方法,这种方法又叫作纸笔测验法。测验法一般要事先编制量表或成套的测验题目。量表是一种测量工具,它试图确定主观的、有时是抽象的概念的定量化测量的程序,对事物的特性变量可以用不同的规则分配数字,因此形成了不同测量水平的测量量表,又称为测量尺度。为了解被测评者的专业知识可以进行技术性笔试,为考察被测评者的外语阅读和写作能力、综合分析能力、数理分析能力等可以进行非技术性笔试。

(二)适用于行为观察类方法的测评方法设计应用

为测评被测评者在特定情境下的实际操作能力、专业技能运用能力、运作能力、团队协作能力和观察能力等可以运用行为观察类的测评方法,如情景模拟和评价中心等。在人事测评中为突出了解被测评者的语言表达能力、仪容仪表仪态、沟通技巧和专业知识等可以采取面试的测评方法。

第三节 人事测评实施流程

企业对人员能力进行测评时,必须经过测评准备阶段、测评实施阶段、测评结果调整与处理阶段、测评结果综合分析阶段、测评结果应用与检验阶段(见表8-4),任何阶段的工作质量均影响着测评的整体效果。

表8-4 人事测评实施流程

阶段	内容
测评准备阶段	收集必要的资料
	组织强有力的测评小组
	制订测评方案
	选择合理的测评方法
测评实施阶段	测评前动员
	测评时间和环境选择
	测评操作
测评结果调整与处理阶段	引起测评结果误差的原因
	测评结果处理的常用分析方法
	测评数据处理
测评结果综合分析阶段	测评结果的描述
	人员分类
	测评结果分析方法
测评结果应用与检验阶段	应用与检验

一、测评准备阶段

(一)收集必要的资料

在实施人事测评之前,测评人员必须掌握测试过程中所需的相关资料和数据,不同的方法和不同的对象都应该有相应的资料,再加上素质力的隐蔽性,情况更是如此;否则,有可能导致测评的中断或结果的盲目性。

例如,使用观察判断法对某员工进行测评时,测评人员事先应对该员工的某一方面情况有所了解,再进行针对性的观察才能取得较好的效果;否则,有可能对其行为感到不解。

(二)组织强有力的测评小组

在测评之前,应设立一个工作小组,具体负责测评过程中的事务性工作,然后选择适当的测评人员组成强有力的测评小组。测评人员的质量和数量对整个测评工作起着举足轻重的作用。合理的人员搭配和人数的确定,能使测评的指标体系和参照标准体系发挥预定的效用,甚至可以弥补某些不足之处,最终达到测评的目的。测评人员必须:坚持原则,公正不移;有主见,善于独立思考;有一定的实际工作经验,尤其是在测评方面的工作经验;具有一定的文化水平;有事业心,不怕得罪人;作风正派,办事公道;了解测评对象的情况。

在测评小组中,由于人员的知识和素质参差不齐,而且各种人事测评方法都具有相当的技巧和微妙性,因此必须对小组成员加以培训,使之了解熟悉并掌握各种方法和相关的知识,尽量避免个人感情因素对测评工作的干扰。

(三)制订测评方案

1. 确定测评对象范围和测评目的

针对不同的测评对象和测评目的,所采用的指标体系和参照标准不同。测评结果可以用于晋升,也可以用于调整岗位。这样,测评工作必须要有先后次序,每一步都要有所侧重。在测评过程中,要明确测评哪一类人员,并且确定各类人员的范围。

2. 设计和审核人事测评的指标与参照标准

第一次进行人事测评,先要按照测评指标体系的设计程序、设计方法和必须遵循的原则建立指标体系和参照标准。如果不是第一次进行该工作,就要对以前使用过的指标体系进行审核,如是否需要增加新内容,或各项指标是否明确直观,整个体系结构是否合理,有没有重复现象,是否符合少而精的原则,测评的内容是否完整等。这项工作是减少测评过程中测评误差的一种手段,应引起足够的重视。

3. 编制或修订人事测评的参照标准

测评的参照标准是测评人员所遵循的客观尺度。在编制参照标准时,要严格遵守编制程序、方法和原则。

(四)选择合理的测评方法

评价测评方法通常用四个指标,即效度、公平程度、实用性、成本。根据这四个指标,参照本章第一节的内容,选择合理的测评方法与工具。

二、测评实施阶段

测评实施阶段是测评小组对被测评者进行测评从而获取素质能力数据的过程,它是整个测评过程的核心。

(一)测评前动员

测评前动员的目的是使参加测评工作的所有人员统一思想,明确测评的意义和目的,要求每个测评人员以主人翁的态度参加测评工作,协助测评小组实施该项工作,从而保证测评工作的顺利开展。

(二)测评时间和环境选择

时间和空间对测评工作也有一定的影响。比如,在被测评者心理或情绪不稳定的情况下,对其实施测评,结果一定不能很好地反映客观状况。

人事测评各指标的特点不同,测评时间也不同。例如,测评工作成效,因为工作成效是"硬指标",测评内容变化频率较快,被测评者只要工作就有一定的工作成效表现,所以两次测评之间的时间就可以安排得短一些;智力和能力却相对要稳定一些,它的变化需要一个较长时间的努力过程,只有在工作成效变化到一定程度的时候,才会引起智力和能力的变化,因此,对智力和能力的测评时间安排间隔可以长一些。

在测评具体操作时,如果选用集中测评方式,即把测评人员都集中在一起,在一定时间内完成对被测评者的测评,那么测评时间最好不要选在一周开始的第一天或周末,而是选在一周的中间,并且通常在上午9点左右进行。如果不采用集中测评的方式,那么测评人员不受具体操作和时间的限制,可以在一定时间范围内,将测评时间选择在他认为最合适的时间里进行;时间确定后,要通知被测评者预先将工作安排好,以利于安心配合测评工作。

良好的测评环境可以使测评人员注意力集中、思维敏捷,从而提高测评的准确性和测评速度。因此,测评环境应尽可能具备如下条件:宽敞、通风,光线充足、明亮,温度适中,安静。

(三)测评操作

测评操作包括从测评指导到实际测评,直至回收测评数据的整个过程。

1. 报告测评指示语

测评指示语是在测评具体操作之前,由测评主持人向全体测评人员报告测评目的和填表说明,明确数据保密等事宜,目的是使测评人员能正确地填写人员素质能力测评表,消除顾虑,客观准确地对被测评者进行测评。测评指示语包括人事测评的目的、测评与测验考试的不同、填表前的准备工作和填表要求、测评结果保密和处理、测评结果反馈等内容。

报告测评指示语的时间应控制在5分钟以内,时间过长容易引起测评人员的抵触情绪。测评指示语应打印成稿,随同表格一起发给每位测评人员。

2. 测评具体操作

在测评时,测评人员可采用单独操作或对比操作的方式对被测评者进行测评。

(1)单独操作。单独操作是测评人员在对某一被测评者全部测评完成以后,再对另一被测评者进行测评,直到测评完全部被测评者为止。这种操作可以使测评人员严格依据测评参照标准的内容,对被测评者的素质能力进行测评,但花费时间较多。

(2)对比操作。在对比操作时,首先要把所有测评对象进行分组,然后把某一组的指标,根据相应的测评参照标准内容,采用对比的方式,对组内每个被测评者进行对比测评,直到所有指标测评完后,才对下一组的测评对象采用相同的操作方法。这是一种相对测评的方法,容易出现不严格依据测评参照标准内容进行测评的现象,使测评结果无形中增加了不同程度的主观成分。但这种方法可以节省时间,特别是在人数较多的时候应用比较合适。

3. 回收测评数据

测评完的数据,要由测评主持人统一进行回收。如果是集中测评,则测评主持人应把收集到的全部数据当众进行封装,减少被测评者的顾虑。如果不是采用集中测评的方式,则在发出测评表格时,发给每位测评人员一个信袋。测评完的数据,由每位测评人员自己装进信袋并进行封装,之后再交给测评主持人,或由测评主持人向各位测评人员索取信袋。回收测评数据一定要按照回收测评数据的程序和规定进行,否则,将影响测评人员的积极性。

三、测评结果调整与处理阶段

(一)引起测评结果误差的原因

(1)测评的指标体系和参照标准不够明确。例如,指标定义不够明确,内容有重复或相近现象,内涵不清晰,参照标准各等级之间的区分不明显等,使测评人员难以判断,不易评价,因此,在测评过程中产生心理作用,以致不能严格依据测评参照标准,而是凭主观理解进行测评。

(2)晕轮效应。心理学家桑代克根据心理实验证明,发现考核者在对人的各种品质进行考核时,会有一种偏高或偏低的习性,即由于某人某方面的品质和特征特别明显,使观察者容易产生清晰明显的知觉,从而忽略其他的品质和特征,做出片面的判断。因此,晕轮效应也称以点概面效应。

(3)近因误差。测评人员对被测评者近期印象深刻,记忆清楚,而对远期表现印象模糊,记忆不清,会以近期的记忆代替整个测评时期的全部表现,导致产生测评结果误差。

(4)感情效应。测评人员和被测评者之间的关系也是影响测评结果的重要原因。若两者关系好,则测评结果偏高;否则,结果偏低。这种情况在指标为"软性"时更为明显。

(5)测评人员因素。测评人员对测评系统的参照标准理解不统一或认识不深,测评方法掌握得不熟练,以及测评人员之间相互影响等,均会对测评产生影响。

(二)测评结果处理的常用分析方法

人事测评结果处理的常用数理统计方法有集中趋势分析、离中趋势分析、相关分析和因素分析等。

集中趋势是指在大量测评数据分布中,测评数据向某点集中的情况。描述集中趋势的量数,在数理统计学中叫集中量数,其功用有二:一是它是一组数据的代表值,可以用来说明一组数据全貌的一个方面的特征,即它们的典型情况;二是可以用来进行组间比较,以判明一组数据与另一组数据的数值差别。在人事测评中,最常使用的集中趋势量数有算术平均数和中位数。

数列的离中趋势描述数列的分散程度,以差异量数来说明。一个数列只有同时用集中量数和差异量数才能体现数列的整体特征。差异量数越大,集中量数的代表性就越小;差异量数越小,则集中量数的代表性越大。在人事测评中,最常使用的差异量数是标准差。

相关分析法是指求两组测评数据之间的相互关系的方法。根据两组测评数据的变动方向是否相同,相关的情况有正相关、负相关和零相关三种。相关系数的取值为$-1 \leqslant r \leqslant 1$,$r=1$ 表示完全正相关,$r=-1$ 表示完全负相关,$r=0$ 表示零相关。

因素分析法一般应用于分析受多个因素影响的现象,这类现象的量一般表现为若干因素的乘积。其中每一因素发生变化都会使总量发生变化。因素分析的目的就是要确定在受多个因素影响的情况下,各个因素受影响的方向和受影响的程度。

(三)测评数据处理

在对测评数据汇总和分类的基础上,要应用一定的计算方法,对每个被测评者的汇总测评数据进行加工,计算被测评者每个指标的测量结果。然后,根据每个测评指标的结果分值,按一定的组合顺序,绘制素质水平测评曲线图和素质结构测评曲线图。每张测评曲线图上的测评曲线,可根据不同的分析目的进行绘制。例如,如果想了解不同测评人员测评的差异,则可把不同测评人员的测评结果绘制在同一张坐标图上进行分析。

四、测评结果综合分析阶段

(一)测评结果的描述

1. 数字描述

数字描述是利用测评结果的分值对被测评者的素质情况进行描述的方式。这种描述方式是利用数字可比性的特点对多个人员进行对比。

2. 文字描述

文字描述是在数字描述的基础上,对照各参照标准等级的内容,用文字去评价被测评者的素质。比如,对企业科技人员的基本素质、技术水平、业务能力和工作成果可描述如下:

(1)基本素质。具有扎实的专业理论功底,能够掌握自己感兴趣的新理论,但不全面;岗位工龄12年,能把实际工作中总结出的经验运用到新的工作中去;身体健康,能坚持正常的工作;能够帮助同志;当工作顺利时信心较足,但当遇到困难时有畏难情绪;能遵守各种规章制度和工作程序,组织观念强;有工作和学习热情,有一定的科研能力和进取精神;能经常听取同事的意见和深入基层了解他人对自己工作问题的反映,并改进自己的工作;技术上不保守,能同他人合作,热爱本职工作。

(2)技术水平。基本熟悉与本职工作相关的业务和理论知识,工作有见解,不满足现状,敢于面对工作中的困难,工作质量高于一般水平,能按期完成任务,借助外文词典能看懂一般性专业外文资料。

(3)业务能力。能了解与本职工作有关的国内先进技术,重视与本职工作有关的信息,对分配的工作掌握程度一般,理解基本无差错,工作有一定的计划性和条理性,但归纳能力不强;对工作中出现的问题能进行冷静的思考和分析,对车间反馈上来的和工作中碰到的问题能较快解决,实际动手操作能力强,能独立完成本职工作范围内的一般性设计工作,处理问题及时。

(4)工作成果。能提合理化建议,具有一定的科研能力,一年内有1~3项工作成绩(技术革新和技术改造)。

(二)人员分类

在对测评结果进行分析时,除了要对测评对象素质进行评价以外,还要对测评对象进行分类,即根据每一个被测评者的测评结果,按照一定的分类标准把具有某一方面特性或具备某一素质条件的人员归为一类,便于合理开发和使用。对人员进行分类的标准有调查分类标准和数学分类标准两种。

(1) 调查分类标准。调查分类标准是以调查方式确定的分类标准。它是在走访有关人员、问卷调查、抽样分析的基础上，根据分类要求，针对各类人员的特点和期望各类人员测评素质应该达到的内容和水平，进行素质分类。因此，它具有一定的普遍性和相对稳定性，调查范围越广，就越接近实际。以此种标准区分出的各类测评对象，还分别代表着各类人员所应达到的素质要求和水平。

(2) 数学分类标准。数学分类标准是根据测评对象的测评结果和测评结果的数学分布，使用数理统计的方法按照测评结果的分析要求对测评对象进行分类。

(三) 测评结果分析方法

(1) 要素分析法。要素分析法是根据每个测评指标的测评结果，依据人事测评参照标准的内容，进行要素分析的一种方法。以要素分析为基础，它又可以分为结构分析法、归纳分析法和对比分析法。

(2) 综合分析法。这是根据模糊数学中综合评判的思想，对测评指标进行加权处理，计算指标的加权平均数，综合分析测评结果的一种方法。综合分析法可以防止结果分析中的片面性，具有可比性。

(3) 曲线分析法。曲线分析法是把各指标的测评结果分值按照一定的要求标在坐标图上，用折线依次连接两个相邻指标所对应的测评结果分值点，根据坐标图上曲线的"起伏"情况，对测评对象素质进行分析的一种方法。它具有直观简便的特点，从曲线图上可以很快了解和掌握测评对象的素质情况、各种特征以及各类人员的某一指标的差异情况。

五、测评结果应用与检验阶段

人事测评的应用与检验是指根据不同的测评目的，对测评结果进行检验跟踪。测评结果应用与测评目的联系紧密，以选拔为目的的测评，其决策内容为候选人名单；以安置为目的的测评，其决策内容为岗位与应聘者的匹配；以评价为目的测评，其决策内容为对被测评者素质的评价；以诊断为目的的测评，其决策内容为对被测评者的问题和特长或应聘团体的状况和管理问题；以预测为目的的测评，其决策内容为被测评者未来的绩效和工作表现。同时还需要对测评结果及聘用结果进行检验跟踪，主要是根据工作绩效对测评结果和聘用进行检验，这就为前面的工作提供了重要的反馈，为测评取得经验性资料，为测评进一步校正以达到更大的精确度提供依据。我们通常可以通过测评分数和绩效之间的相关性来判断测评的预测效度，并可据此对测评工具进行校正。可以说，到这一阶段，才真正完成了一个人事测评的工作闭环。

本章小结

- 人事测评方法选择主要从人事测评体系的建立及实施、企业、被测评者三个角度来进行。
- 在选择人事测评方法时，应当遵循匹配性、灵活性、有效性、公平性及经济性等原则。
- 人事测评方法的组合设计包括七个步骤：确定测评目的，分析测评需求，确定测评方法与工具，预期结果，设计实施过程，安排测评时间，给出费用预算或报价。

- 在选择测评方法时,应该从测评的管理目的、岗位职责的特点以及被测组织的特征等方面进行选择。
- 人事测评的实施需要经过测评准备、测评实施、测评结果调整与处理、测评结果综合分析以及测评结果应用与检验五个阶段,每一阶段的工作质量均影响着整体测评结果。

 复习思考题

1. 如何进行人事测评方法的组合设计?
2. 如何有效地进行测评工具与方法的设计?
3. 实施人事测评应遵循哪些步骤?
4. 根据所学内容,设计一个完整的人事测评过程。

第九章 人事测评质量分析

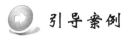

1. 了解和掌握人事测评误差的主要来源与控制方式;
2. 掌握信度的含义和类型;
3. 了解影响信度的因素,掌握提升信度的方法;
4. 掌握效度的含义和分类;
5. 了解影响效度的因素,掌握提升效度的方法。

引导案例

招聘主管的苦恼

W公司招聘主管李先生最近很苦恼。几个月前他从生产主管岗位转到了招聘主管的岗位上。刚开始接手招聘工作时,他觉得招聘无非就是笔试加面试,再加上长期的生产管理工作使他对各类人员都有较为深刻的了解,他甚至认为招聘工作对他来说有些大材小用了。可是,一段时间之后,他就遇到了麻烦。在一次公司大规模的招聘后,人力资源经理要求他对这次招聘进行总结,在总结中要对这次招聘公司所采用的各类选拔方式的信度、效度进行分析,最后还要细化到对每个测评题目进行分析。由于此次招聘的人员试用期转正率较低,各用人部门负责人对招聘过程的组织与测评提出诸多问题。

面对如此情境,李先生彻底傻眼了。在咨询过同事之后,李先生意识到自己在招聘过程中人事测评质量控制方面出现了问题,同时对于人事测评相关质量分析方法需要进行专门学习提升。

(资料来源:徐世勇,李英武.人员素质测评[M].北京:中国人民大学出版社,2017.)

第一节 人事测评的误差分析

一、人事测评的误差

误差是在测量中与目的无关的变因所引起的不准确或不一致的效应。这个定义包括两层含义:其一,误差是由与测量目的无关的变因引起的;其二,误差是不准确或不一致的测量结果。

人事测评的目的是要对被测评者做出尽可能准确和公平的评估,而这种准确性和公平性是以减少和控制误差为前提的。在这个问题上无疑存在着一对矛盾：一方面，理想状态是一组人事测评工具能够准确地反映出被测评者的真实情况，越接近真分数越可信，最好100％可靠；另一方面，由于人事测评理论和技术的局限，向真分数接近只能是一种努力方向，测评实施过程中各类误差在所难免。人事测评误差是指与人事测评目的无关的因素对人事测评结果干扰而产生的人事测评结果与实际水平的偏离。人事测评误差的大小直接决定人事测评的信度和效度高低。

测评的形式在人事测评中占有相当重要的地位，它对测评目的的达成以及误差的产生具有直接的影响。人事测评的基本形式有观察类测验、行为模拟类测验、投射类测验、标准化纸笔测验四个大类。观察类测验主要涉及观察时机的选取、观察时间的长短、观察指标的选择可能带来的误差，当然观察手段的采用，如采用肉眼观察，还是客观的仪器观察也会影响到误差的产生。行为模拟类测验主要涉及在实施控制中的困难性，例如当评估被测评者在角色扮演或无领导小组讨论中的表现时，测评者的经验、价值观、主观判断力等人为因素将成为误差的重要来源。投射类测验主要涉及测验时间长度的不确定性、对测评者专业背景和经验的依赖、重测信度低、主观解释的难以统一等带来的误差。标准化纸笔测验是目前在人事测评中使用最广泛的一种形式，一般涵盖智力测验、成就测验、人格测验、能力倾向测验等多种测验。虽然与其他测验形式相比较，它具有操作方便、节省时间、比较客观等多项优点，但是由于这类测验往往都有现成的答案，难以回避被测评者的练习效应、考试技巧、猜测因素、自我掩饰，由此而产生的误差也不容忽视。

为了保证人事测评的准确性、可靠性和科学性，专业人员必须认识、预见各类误差，并在实施过程中尽量避免、减少和控制误差。

二、人事测评误差的主要来源

人事测评的误差主要有四类：第一类是来源于人事测评工具本身的误差，第二类是来源于测评实施过程的误差，第三类是来源于被测评者的误差，第四类是来源于测评者的误差。

（一）测评工具和方法的因素

我们用精确到毫米的长度测量工具测量两个机器配件，两个机器配件的直径是相等的。测评工具越精密、测评方法越科学，则误差越小，反之则误差越大。人事测评不像物理化学测量，人的才能、个性、品德等许多特性都是无法直接测量的，而且人事测评常常有主观的因素。因此，人事测评工具和方法造成的误差比物理化学测量要大得多。测评工具和方法造成误差的原因大致有以下一些。

(1)测评工具所测评的行为和特性与目标上欲测评的行为和特性之间不一致。比如，测评情绪稳定性的所有测评题目都应该只测评情绪稳定性，而实际上，有的题目还测了情绪稳定性以外的特性，这些特性就成了干扰因素，是测评误差的来源。

(2)测评指标不能完全代表测评目的，测题抽样不能完全代表测题总体。因为成本因素、可行性因素等原因，我们不可能把与测评目的有关的所有指标都作为测评的指标，也不可能把与测评指标相关的全部测题都选为测试题目，而只能选有代表性的指标、有代表性的测题样本用作测评。那么，选出来的指标是否可以完全代表测评目的、选出来的测题是否可以完全代表测评指标呢？这是不可能的事，测评指标与测评目的之间，测题样本与测题总体之间肯定会有差距，代表性越差,差距越大,这差距就成了测评误差的来源。一般来说,测评指标、测题越多,则代表性越好,误差也就越少。测题的内容和难度分布是测题代表性的重要指标。

(3)测题的格式和用词、测评程序等。有的格式的题目(如是非题)具有可猜测性,有的格式的题目(所有的主观题)的评分具有主观性,测题的用词有歧义或用词不是很准确,这些都会引起测评误差。

(二)测评的具体实施过程中的偶然因素

随着现代信息技术的使用,测评实施已经越来越标准化,由测评实施造成的误差也越来越少,但是测评的具体实施过程中还是会有许多不可预期的偶然因素。

(1)环境干扰。测评环境的温度、通风、噪声、照明等因素,都可能产生误差。

(2)测评纪律控制不好。测评纪律控制不严格,出现有人作弊(如代考、抄袭、相互交流等)、泄露测评题目等,也会造成测评误差。

(3)错误操作。误读指导语,对指导语理解错误,误答(如自己答的答案是 A,却选了 C),记录错误,记分错误等,都会造成测评误差。

(三)被测评者因素

(1)生理因素。身体健康因素、饥饿与过饱、疲劳程度、生理周期等都会影响测试的结果。生理因素对测评影响最大的是被测评者的答题速度。精力充沛时,人的反应速度快,动作灵活,对某些能力测试,尤其是速度和动作灵活性、稳定性测试影响较大。生理因素也可以在一定程度上影响人格测试,如果被测评者身体不佳,测评期间因感风寒而重感冒,则势必会影响被测评者对自己的某些个性特征做出不同于正常情况下的判断和反应,比如会倾向于判断自己的稳定性比较差。过分的疲劳,会引起被测评者注意力分散,以至于错看题目或误解题目。一般情况下,生理因素不至于对被测评者的人格测评造成太大的影响。

(2)动机水平。每个被测评者都有参加测评的目的,这个目的可以导致被测评者故意掩饰自己,采取装好或装坏的倾向性回答,其结果就不能反映出被测评者的真实情况。不同的被测评者的动机水平不一样,因而掩饰程度也会有所不同。而且,不同的动机水平可以引起被测评者不同的应激状态,动机过分强烈会引起被测评者产生测评焦虑,而动机不足则会引起被测评者对测评采取敷衍了事的态度,动机过分强烈和动机不足都会使测评结果不能反映被测评者的正常情况。在人格、态度、动机等测评中,被测评者的动机水平是产生误差的最重要的因素。

(3)受教育程度、价值观等文化因素。被测评者受教育程度不同,其成长的文化背景不同,价值观不同,会造成被测评者对测题的理解、答题态度、答题偏好等的不同,从而造成测评误差。

(4)有关经验。如果在测评之前,被测评者已经具有与测评有关的经验,比如已经经历过类似的或同一类型的测试从而掌握了有关的答题策略,就可能对测评结果产生较大的影响。笔者曾做过试验,让 5 名笔者熟悉、已知其智力水平的学生进行知觉和图形推理的大量练习,然后再进行瑞文标准推理测验,结果测得的结果比他们的实际智力高出不少。相对而言,智力较高的人的练习和经验对测评结果会有较大的影响。对于速度测验、动作灵活性等测试,练习和经验对测评结果也影响较大。

(四)测评者因素

(1)测评者以貌取人,对被测评者有偏见,会造成测评误差。测评者不良的言行举止对被测评者的心理状态产生干扰、暗示、误导,会造成误差。测评者评分的标准不一致,先紧后松、先松后紧、忽高忽低,或有意无意地修改评分标准,对某些人特别照顾,都会引起误差。

(2)测评者可以是自己,也可以是上司和下级,这三类人都可能由于缺乏绩效评估的训练而造成误差。测评者作为上司,在评估时可能会由于偏见、偏爱等原因造成误差;作为本人,可能会由于高估、记忆偏差等造成误差;作为下级,可能会由于以偏概全、人际压力等造成误差。

第二节 人事测评误差的控制

人事测评误差的控制可以从控制测评工具的误差、控制测评实施过程的误差、控制测评者的误差和控制被测评者的误差四个方面实施。

一、控制测评工具的误差

(一)测评形式的选择

测评的形式在人事测评中占有相当重要的地位,它对测评目的的达成以及误差的产生具有直接的影响,因此在进行人事测评时,要紧扣测评的目的来选择测评的形式。如果决定采用观察类测验,测验前要对观察情景的选择、观察时机的选取、观察时间的长度做充分准备,尤其是观察指标的采用更是关键,如果条件许可,应该尽量采用客观的仪器,如录音、录像设备进行观察,避免由于肉眼观察带来的主观偏差。客观记录的观察资料可以进行反复比对,或请多个专家独立评判,从程序上减少误差的产生。客观记录手段的采用,在行为模拟类测验中同样适用。投射类测验一般不宜单独使用,由于其测验时间长度的不确定性、对测评者专业背景和经验的依赖、重测信度低、主观解释难以统一等原因,其测验的结果应该审慎地采用。

标准化纸笔测验是目前在人事测评中使用最广泛的一种形式,无论是成就测验还是人格测验,或者是能力倾向测验,都有多种形式。如Y-G性格测验试题前面部分有练习题,给予被测评者练习的机会,在一定程度上可以减少测验经验的影响;16PF有三个选择项,可以减少猜测因素;MMPI有测谎题,可以区分被测评者的自我掩饰程度。除此之外,它们具有各自不同的特点:Y-G性格测验共120题,揭示12种人格特质,主要以情绪特质为主;16PF共187题,揭示16种人格特质,覆盖认知、情绪、意志行为等方面;MMPI共566题,揭示10种人格特质,以检验心理健康程度。人事测评中多选用16PF进行性格评定。

目前的标准化测验中多采用选择题,尤其以包含四个备选项的单项选择题为多,因为这对避免猜测因素的影响是有效的。

在人事测评中,无论是采用面试、心理测量、绩效评估还是其他测评技术,都要注意测评形式与实际工作的吻合度。采用动态测评与静态测评相结合、物理测量与心理测量相结合、具体测量与抽象测量相结合的测评方式,有助于保证测评的客观性,控制误差的产生。

(二)综合考虑测评指标的特点

为了提供足够的有价值的信息,从而反映个体的心理特征,测评指标必须具备两个条件:一是行为样本要有足够的数量;二是行为样本应具有代表性和典型性。

在心理测量中,测验难度的理想分布是呈现钟形曲线的常态分布,即处于中等难度的项目的百分比最高,依次向两端递减。在这种情况下,测验的误差也相应地处于较小的状态。测验的难度应该随着测验目的的变化而变化,当测验目的是让绝大多数人获得成就感从而对本职岗位产生兴趣时,可以选择难度偏低的测验,使大家皆大欢喜。事实上,人事测评常常出于选拔、晋升、奖励的目的,多数情况下属于筛选性测验,因此难度相对偏高,只允许少数人过关。只有根据人事测评的目的来选择合适的测验难度,才能有效控制误差。此外,测验长度的选择要考虑题目的同质性和难度水平两个条件,以便有效控制误差。

在面试中,面试项目的科学选择、面试清单的合理设计、面试程序的严格标准化,以及在绩效评估中,对心理特征、工作行为、工作结果进行全面评估并以合理的权重分配,都是有效控制误差的方法。

二、控制测评实施过程的误差

(一)测评前的准备

在人事测评前做充分的准备工作,可以减少实施过程中产生的误差。在面试前,熟悉面试的整个程序,预见可能面临的困难和挑战,准备好各种现场应急措施,熟悉评分标准,都有助于控制误差。在心理测量前,熟读心理测验的指导手册,熟悉测验程序、测验材料、测验器具、测验场地等,都可以减少施测过程的误差。在人事测评前,尽可能全面地收集客观资料,熟悉整个评估体系和评价标准,也有助于减少误差。在明确人事测评整个测评程序的前提下,按部就班地实施是控制误差的必要条件。

测评者应该具有良好的专业素养。对测评者进行专门的测评前培训,是最基本最重要的准备。除此以外,在临测验前花足够的时间做充分的现场准备工作,可以减少和避免误差的产生。在人事测评前,通过预测验熟悉测评过程,也是减少误差的有效方法。

(二)采用标准化指导语

通常指导语有两种:一种是给被测评者的;另一种是给测评者的。

对测评者的指导语是为了保证测评情景的一致性,主要是对整个测评过程的细节做进一步解释,包括:测评场地的布置,涉及照明、桌椅、隔音、温度等;测验材料的分发;如何计时计分;如何回答被测评者提问以及如何应对意外事件发生。测评者必须严格遵照执行,才能减少误差。

测评者在念完指导语后,要询问被测评者有什么问题,寻求反馈信息,确认被测评者的理解程度。测评者一定要严格遵守施测指导,不能任意发挥或解释,无论对什么人、在什么时候、什么地点使用同一测评项目时,都必须按照同样的程序,提供同样的指导语,这样才能减少误差。

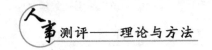

三、控制测评者的误差

在实施心理测量时,测验的选择、施测、计分和解释都必须由受过专门训练的专业人员来进行。测评者既要具备一定的能力,又要恪守一定的职业道德,才能减少误差。人事测评中应该采用"双盲程序"来控制实验者效应,避免测评者通过表情、手势、语气等有意无意地影响被测评者,使被测评者的反应符合测评者的期望,以及凭借被测评者的行为举动、外貌长相、仪表风度和事先接触的资料,来不经意地对被测评者做出预期。

面试中也同样存在以上问题。在绩效评估中,测评者一般不具备测评的专业知识,因此对其进行评估前的培训,介绍评估的相关知识,剖析各种误差产生的原因,有利于提高测评者的认知水平,避免和减少误差。

四、控制被测评者的误差

被测评者的应试动机、测验焦虑、测验经验、练习效应、反应倾向、生理状况等会带来误差,测评者要注意调控,给予被测评者一个公平的机会。

第三节 信 度

一、信度概述

任何测评工具都不可避免地会出现误差,信度通过对误差的分解来衡量测评的可靠性。

(一)信度的产生

信度这一概念产生于对误差的分解。误差是指测量值与真实值之间的差异。如前所述,根据其产生的原因及性质,误差可以分为系统误差(systematic error)和随机误差(random error)。

系统误差是"在一定的测量条件下,对同一个被测特质进行多次重复测量时,误差值的大小和符号(正值或负值)保持不变,或者在条件变化时,按一定规律变化的误差"。它是由某些固定的原因引起的,例如仪器结构、实验条件、依据的公理等,因此具有重复性、单向性和可测性。

随机误差是指"由于在测量过程中一系列有关因素微小的随机波动而形成的具有相互抵偿性的误差"。随机误差产生的原因非常复杂且难以消除。它与信度密切相关。

根据经典测验理论中的观测分数是真分数与误差分数的和($X = T + E$),可以推导出方差公式

$$S_X^2 = S_T^2 + S_E^2$$

式中,S_X^2 为被测评者观测分数的方差;S_T^2 为真分数方差;S_E^2 为误差分数方差。

进一步分解

$$S_T^2 = S_V^2 + S_I^2$$

式中,S_V^2 和 S_I^2 分别表示与测量目的有关的变异和与测量目的无关的变异。因此

$$S_X^2 = S_V^2 + S_I^2 + S_E^2$$

(二)信度的定义

信度是指测量结果的可靠性、一致性和稳定性,即测量结果是否反映了被测评者稳定、一贯的真实特征。随机误差的大小直接影响信度的高低,随机误差越大,信度越低。从这一角度出发,信度也可定义为"测量结果受随机误差影响的程度"。一项信度较高的测验应该具有这样的特点:在同样的条件下,所测量的结果具有重复性,即多次施测,可以得到一致的结果。

信度高低的量化指标称为信度系数。信度系数是指"测量的总变异中真分数造成的变异所占的比例"。用公式表示为

$$r_{XX} = S_T^2/S_X^2 = 1 - S_E^2/S_X^2$$

式中,r_{XX}为信度系数。当信度系数为 0.80 时,其含义是实得分数中有 80% 的变异是真分数造成的,仅有 20% 来自测量的误差。可见,信度系数越大,测量结果越准确。

在理想的状态下,$r_{XX}=1$,即测量所得的分数就是真分数。但在实际操作中,信度系数不可能完全等于1,只能无限接近1。在人员素质测评实践中,能力与成就测验的信度系数一般应达到 0.90 以上,性格、人格类测验应达到 0.70 以上。这是选择人员素质测评工具的基本标准。

二、信度类型

信度建立在对误差的分解之上,观测分数的误差来源不同,从而产生了不同的信度类型。

(一)重测信度

重测信度(test-retest reliability)又称再测信度,是指"以同样的测评与选拔工具,按照同样的方法,对于相同的对象再次进行测评和选拔,所得先后结果间的一致性程度"。两次测验的相关系数即为重测信度或稳定性系数。稳定性系数越大,说明测验的一致性越高。其计算公式如下:

$$r = \frac{N\sum xy - \sum x \sum y}{\sqrt{\left[N\sum x^2 - \left(\sum x\right)^2\right]\left[N\sum y^2 - \left(\sum y\right)^2\right]}}$$

式中,r为稳定性系数;N为测量结果数据的个数;x为被分析的测量结果数据;y为重复测量结果数据。

重测信度越接近1,说明测量结果可靠程度越高;反之,测量结果可靠程度越低。

重测信度所考察误差的来源是时间变化带来的随机影响。它建立在三个基础假设之上:第一,想要测量的特征不是变化的,而是稳定的;第二,就遗忘与练习而言,二者的效果相同;第三,被测评者的学习效果在两次测量期间没有差别。但现实的情况是,如果施测的时间间隔把握不当,会使得练习和记忆对测评产生影响,且前后两次测量不完全独立,施测的环境也难以保证完全相同。因此在评估重测信度时,必须特别注意重测所间隔的时间。

(二)复本信度

复本信度(alternate-form reliability)又称等值性系数,是指"以两个等值但题目不同的测验(复本)来测量同一群体,然后求得被测评者在两个测验上得分的相关系数"。

顾名思义,当预估到误差主要来自两个版本的随机误差时,我们会考察和关注复本信度。相关系数越大,说明两个复本构成带来的变异越小。这种估计方法的核心在于复本的构建。对于同一个测评工具要构建两个复本,它们在题目的数量、类型、内容和难度等各个方面都要等值。

在具体的应用中,通常需要计算等值性系数。当测量结果用分数表示时,用积差相关法计算等值性系数;当测量结果表现为等级或名次时,用等级相关法计算等值性系数。积差相关法的计算公式与稳定性系数的计算公式相同(参见重测信度的计算方法),等级相关法的计算公式如下:

$$r = 1 - \frac{6\sum D^2}{N(N^2-1)}$$

式中,r 为等值性系数;N 为测量结果的个数(被测评者人数);D 为同一被测评者两次评定等级之差。

需要特别指出的是,复本信度也要考虑时间间隔因素。其测验方式分为两种:一种是在同一时间里连续进行测验,可以判断两次测验内容之间是否等值,得到的信度系数称为等值性系数;另一种是间隔一段时间后再进行测验,这种方法不仅可以判断两次测验内容是否等值,而且可以反映时间因素对被测评者潜在属性的影响程度,得到的信度系数称为等值稳定性系数,具有较高的准确性,应用也更为广泛。

(三)同质性信度

同质性信度是指测验内部的各个题目在多大程度上考察的是同一内容,表现为所有测验题目得分的一致性。需要特别指出的是,某些题目看似测量的是同一特质,但实际上是异质的。因此不能仅从表面进行直观判断。例如,"2+4=?"和"3+9=?"都是个位数的加法,但它们并不是完全同质的,因为后者的计算还涉及进位。

为了保证测验只测量一种特性或内容,必须满足同质性条件。如果某一测验的同质性程度值很低,则说明在同一个测验中包含不同的测量内容,应该对其加以分解,使得每个分量表只测量一种特质,常见的16PF包含16个分量表,每个分量表分别测量一种人格特质。

在数学计算上,可以采用克龙巴赫 α 系数计算同质性信度,计算公式为

$$\alpha = \left(\frac{K}{K-1}\right)\left\{1 - \frac{\sum S_i^2}{S_t^2}\right\}$$

式中,K 为构成测验的题目数;S_i^2 为每个测题分数的方差;S_t^2 为测验总分的方差。

(四)评分者信度

在某些测量情形中,例如投射测验、无领导小组讨论等,被测评者的得分依赖于评分者的判断,这些判断往往带有主观成分(受到评分者的知识水平、对测评标准的把握等各种因素的影响),从而产生误差,使得不同评分者之间的评分不一致。基于这种情况,需要考察评分者信度。

所谓评分者信度(scorer reliability),是指"数名不同评分者采用同一套量表对相同被测评者进行评分,对所得结果进行一致性检验,以估计量表的评分客观性"。就其操作而言,最简单的方法就是由两个独立的评分者对随机抽取的同一份试卷进行打分,然后计算分数间的相关系数。在计算相关系数时,可以采用积差相关法和斯皮尔曼等级相关法。此外,也可以使用肯德尔和谐系数来计算评分者信度,前提是评分者在三人以上,且采用等级积分。公式如下:

$$W = \frac{\sum R_i^2 - \frac{(\sum R_i)^2}{N}}{\frac{1}{12}K^2(N^3-N)}$$

式中,K 为评分者人数;N 为被评的对象数;R_i 为每一个对象被评等级的总和。如果在同一评分者的评分中有相同等级出现,可应用下式:

$$W = \frac{\sum R_i^2 - \frac{(\sum R_i)^2}{N}}{\frac{1}{12}K^2(N^3-N) - K\sum \frac{N^3-N}{12}}$$

式中,K 为评分者人数;N 为相同等级的个数;R_i 为每一个对象被评等级的总和。

采用客观性项目的测验具有一套相当标准化的评分程序,因此由评分引起的误差变异是可以忽略的。但是如果量表包含相当多的主观项目,且评分者在评分时难以避免地掺杂进主观判断成分,评分者之间所评分数的误差变异就会出现。一般认为,如果在成对的受过训练的评分者之间平均相关系数达到 0.90 以上,评分就是客观的。

三、信度的影响因素

影响信度的因素很多,被测评者、测评者、测验内容、施测环境等各类主客观因素均能引起随机误差,导致分数不一致,从而降低测验的信度。下文介绍其中几个重要因素,需要在测验中特别予以关注。

(一)样本特征

①样本团体的异质程度。如果样本团体同质性较高,则分数分布范围较小,所得的信度系数就很小;反之,如果团体异质性较高,则会得出很大的信度系数,造成假性高相关。基于以上原因,不能认为当某个测验在一个团体中有较高的信度时,在另一个团体中也具有较高的信度。在这种情况下,往往需要我们对信度进行重新测量。②样本团体平均水平。平均水平过高或过低都会影响测验的信度。因为对于不同水平的团体而言,项目的难度不尽相同,这种难度上的变化累积起来便会影响信度。由于这种影响不稳定且缺乏规律可循,因此难以用统计公式来推断。

(二)测验的长度

一般来说,测验越长,信度越高。这是因为:首先,测验加长,可能改进项目取样的代表性,从而能更好地反映被测评者的真实水平;其次,测验的项目越多,每个项目的随机误差越可以互相抵消。值得注意的是,测验越长、信度越高并不代表测验越长越好。

我们可以用斯皮尔曼-布朗公式的通式来计算增加测验长度的效果：

$$r_{KK} = \frac{Kr_{xx}}{1+(K-1)r_{xx}}$$

式中，K 为改变后的长度与原来长度的比值；r_{xx} 为原测验的信度系数；r_{KK} 为测验长度变为原来的 K 倍时，该测验的信度系数。随着测题数量的增加，信度系数的变化情况如表 9-1 所示。

表 9-1 测题数量与信度系数之间的关系

测题数量/个	信度系数
50	0.83
100	0.91
200	0.95
300	0.968
400	0.976
500	0.98

可见，随着测题数量的增加，测验的效果符合边际效益递减规律。因此，在编制测验题目时，在满足信度系数要求的前提下，应该将数量控制在适度的范围内。这样不仅可以节约编题者的时间和精力，而且可以避免因数量过多引起被测评者的疲劳和反感而对测验信度带来不良影响。

（三）测验的难度

测验的难度与信度没有直接对应关系。但是当测验太难或太容易时，分数的范围就会缩小，从而降低信度。同时如果题目过难，被测评者可能凭猜测作答，从而无法反映出其真实水平。因此，只有当测验难度水平可以使测验分数的分布范围最大时，测验的信度才会最高，通常这个难度水平为 0.50。但这一难度水平更适合简答题。对于选择题，由于存在一个相对较大的猜对概率，其难度应当相应有所提高。根据洛德的观点，各类选择题和判断题的理想平均难度为：五个选项的选择题 0.70，四个选项的选择题 0.74，三个选项的选择题 0.77，判断题 0.85。

四、提高测量信度的方法

（1）测验保证标准化。测验的一系列程序、指标等应经过严格的设计，按照测量学的要求去做，以保证测验内部的一致性和稳定性。

（2）样本特征要具有广泛的代表性。在总体内抽样，样本应体现出多层次、异质性，这样样本的分布要宽广些，得出的信度指数会相对较高。如果选择的样本都集中于某一个层次，可能会造成分数分布比较集中，影响到信度系数。

（3）注意测验环境的影响因素。测验环境包括心理环境和物理环境，在测试时尽量在物理环境相对一致的前提下使被测评者保持轻松的心态，以免影响其正常发挥。如晋升测试中，很多人由于情绪紧张而发挥失常。

（4）根据测试内容选择合适的信度系数指标。对于跨时间稳定性的测试可采用重测信度，如个性测验；对于易找到复本的测试可采用复本信度，如职业资格考试。

(5)注意测验的难度和长度。在实际情况下,如果某个测验适用范围广,其难度水平通常适用于中等能力水平的被测评者,而对较高水平的被测评者和较低水平的被测评者可能较易或较难,这就会使得分数分布范围缩小,信度水平降低,因此一个标准化的测验,在难度设计上应该基本满足不同能力水平的被测评者。

另外,测验时还要注意测验的长度,虽然在一个测试中增加同质的题目,可以使信度提高,但测验也不宜过长,否则会引起被测评者的疲劳和厌倦,从而影响测验的质量。

第四节 效 度

一、效度概述

人员素质测评是否真正测出了我们想要测评的特质或内容,是否达到了我们想要的结果,就是通常所说的效度问题。概括来讲,测验的效度就是指测验的有效性,即测验能够达到目标的程度。大家可能会对此不解。只要知道自己的目标,找个工具测量就好了,为什么还要追究测量到目标的程度呢?其实,对于物理概念的测量,这个矛盾并不突出。比如,要测量人的身高,拿尺子量一下就行。因为大家对长度和高度没有任何争议,尺子就是用来测量长度和高度的。但是,在测量抽象的概念时,这个问题就非常明显了。比如,测量一个人的智力,但是我们对智力的界定存在很大的模糊性,智力只是逻辑推理能力吗?智力只是数学运算能力吗?智力只是语言能力吗?显然不是。那么以上三种能力的总和就是智力吗?好像也不是。可以看到,对智力这样一个抽象概念的理解存在很大的不确定性。因此,效度可能是比信度更加重要的选择和评价测评工具的重要标准。

效度这一指标来源于对测评工作有效性的衡量,效度是选择和评价测评工具的另一个重要标准。

(一)效度的定义和特征

效度(validity)是测验的有效性程度,即测评工具能够准确测出其所要测量特质的程度。测量结果与要考察的内容越吻合,效度越高;反之,效度越低。从统计的角度出发,效度也可以定义为"与测量目标有关的有效方差与总方差的比率",用公式表示为

$$r_{XY} = \frac{S_V^2}{S_X^2}$$

式中,r_{XY}为测验的效度系数;S_V^2为有效方差;S_X^2为总方差。

效度具有以下特征:

第一,相对性。任何测验的效度均是针对一定目标而言的,通常在专指的情况下才具有意义,即测验只有用于与测量目标一致的目的和场合才会有效。所以,在评价测验的效度时,必须考虑目的与功能。

第二,连续性。效度是一个程度概念,不存在全有或全无的区别,通常用相关系数来表示。因此,使用"有效"或"无效"这样绝对的语言来评价测量结果有失妥当,而采用"高效度""中等效度""低效度"的说法可能更为科学。

第三,影响因素的复杂性。效度受到随机误差与系统误差的综合影响。与信度不同,测量过

程中只要存在误差,无论是系统误差还是随机误差,都会影响测验效度,而信度只受到随机误差的影响。

(二)信度与效度的关系

信度与效度共同构成选择和评价测评工具的重要标准,二者在人员素质测评中都具有重要作用。简单来说,信度考察的是测验的准确性和可信程度,而效度考察的是测验的有效性。二者既相互区别又相互联系。

高信度是高效度的必要条件而非充分条件,这与信度和效度的产生有关。前文提到,信度来源于随机误差,而效度受到随机误差和系统误差的共同影响。根据公式 $S_X^2 = S_V^2 + S_I^2 + S_E^2$,当随机误差方差减少时,信度提高。有效方差的比例可能增加,但是其余系统误差的方差既可能增加,也可能减少,因此效度不一定高。但如果效度高(随机误差和系统误差的方差都小),信度必然高。因此,高信度是高效度的必要条件而非充分条件。举例来说,用磅秤这一工具来测量身高,每次的测量值都很稳定、很一致(信度高),但测量的结果是体重,而不是测量的目标——身高,因此效度很低。二者的关系可以总结如下:

首先,信度低,效度不可能高。因为如果连测量数据的准确性都不能保证,效度也就成了一句空话。

其次,信度高,效度未必高。因为信度只能说明测量的数据是准确的,但这个数据可能并不是我们想要的,也不能有效反映测量的目标。

最后,效度高,信度必然高。一个有效地满足目标的测量,其测量数据必定是准确的、稳定的。

二、效度分类

一般而言,我们将效度分为内容效度、构念效度和效标关联效度三类。

(一)内容效度

内容效度(content validity)指的是测题取样的适用性,是确定测量内容是不是想要测量的行为领域的代表性取样指标。如果实际测量到的内容与想要测量的内容保持一致,则表明测量结果的内容效度高。

分析内容效度需要注意三个方面的问题。第一,应该明确内容的范围。该范围可以包括一些较广泛的材料与技能,也可以是一个有限的题目总体;可以包括具体的知识,也可以包括复杂的知识。第二,测题应是所确定内容范围的代表性取样。这就意味着取样方式不能以随机或者方便为原则,而应根据材料或技能的代表性来选取题目,一方面使得选出的题目能包含所测内容范围的主要方面,另一方面使各方面题目的比例适当。第三,要注意区分测验分数中无关因素的影响,即明确地辨别客观和主观的因素。

内容效度专门针对测题编制者所确定内容范围的有效性进行描述,具有特定性的特点。如果测评所确定的使用范围与测题编制者的定义相吻合,那么测评工具就会有效地发挥作用;如果范围难以界定,使用内容效度则是无效的。因此,从实际应用来说,内容效度主要用于成就测验和以选拔及分类为目的的人事测评。成就测验主要是测量被测评者掌握某种技能或学习某门课程所达到的程度,这比较容易形成内容范围。能力倾向和人格测验则不适合使用内容效度。

内容效度的评估方法有经验推断法、专家判断法、统计分析法。

(二)构念效度

构念效度(construct validity)是指测验能够测量到理论的特质或者概念的程度。所谓构念,是指一些抽象的、假设性的概念或特质,是对某一学科研究领域的模糊要素进行概括化的途径。构念通常不能直接观察和测评,例如思维能力、智力、创造力等。但我们通过可以观察到的各种信息(如具体的行为特征),能够确定被测评者是否具有该项特征或素质。

构念效度的检验步骤通常包括:

(1)根据已有的文献、研究结果、实际经验等建立构念的假设性理论;

(2)根据构念的假设性理论,进行测评工具的编制;

(3)选取适当的样本施测;

(4)以科学的统计方法来检验测评工具是否可以有效解释构念的理论。

(三)效标关联效度

效标指的是衡量测验有效性的参照标准。它通常可以直接、独立地测量出目标行为。效标关联效度又称为效标效度(criterion validity),是指测验分数与外在标准(效标)之间的相关程度,这个相关系数也就是效标效度系数。因此,可以采用统计中的相关公式直接计算出效标效度系数。计算公式如下:

$$r = \frac{\sum_{i=1}^{n}(x_i - \overline{x})(y_i - \overline{y})}{\sqrt{\sum_{i=1}^{n}(x_i - \overline{x})^2 \sum_{i=1}^{n}(y_i - \overline{y})^2}}$$

式中,n为样本数量;x_i,y_i为各样本观测值;$\overline{x}$,$\overline{y}$为样本均值。

按照效标测量材料获得的时间,效标效度可以细分为同时效度和预测效度。前者对效标材料与观测分数同时收集,主要用于对现状的诊断;后者往往在测量结束后隔一段时间再收集效标材料,反映的是测验分数对被测评者相关行为的预测程度。由于不需要长期追踪,同时效度的应用比较普遍。相应地,在人事选拔、分类和安置等领域,常常需要使用预测效度。

效标效度的难点在于必须把效标转化为可操作的指标,才能进行比较。因此,效标具有双重含义:一是代表其概念内容的观念效标;二是对其进行具体度量的效标测量。例如,高校毕业生的选拔测验,其观念效标是学业能力,而效标测量则可以用沟通能力、敬业度等具体指标来表示。下文列举部分常用效标以作为参考。

(1)学业成就:如在校成绩、学历、有关奖励和荣誉、教师对学生智力的评定等,常作为智力测验的效标,也可作为某些多重能力倾向测验和人格测验的效标。

(2)实际工作表现:令人满意的效标测量,多为一般智力测验、人格测验和一些能力倾向测验的效标。

(3)特殊训练成绩:能力倾向测验常用的效标。

(4)等级评定:观察者根据测验欲测量的心理特征在被测评者身上的表现而做出的一种个人判断。

(5)效标团体的比较:找出两个在效标表现上有差别的团体,比较它们在测验分数上的差别。

(6)先前有效的测验:一个新测验与先前有效的测验的相关也经常作为效度检验的证据。

三、效度的影响因素

信度会影响效度,除此之外,效度还受到测验本身、样本团体、实施过程和效标等因素的影响。

(一)测验本身

效度的高低与随机误差和系统误差有关,因此,凡是能造成测验结果误差的因素,都会影响效度,包括测验项目的质量、测验的长度等。

(1)测验项目的质量。测验项目是否能较好地代表所测素质的内容与结构,其语言表述是否清楚准确,难度控制是否合理,都直接影响测验的内容效度与构念效度。

(2)测验的长度。一般来说,增加测验的长度可以提高测验的信度,从而很大可能也会相应地带来效度的提高。如果已知一个测验的信度和效度,将测验长度增加,根据斯皮尔曼-布朗公式可以计算长度增加后的新测验的效度。

$$r_{Y(nX)} = \frac{r_{YX}}{\sqrt{\frac{1-r_{XX}}{n}+r_{XX}}}$$

式中,$r_{Y(nX)}$为测验长度增至n倍的新测验的效度系数;n为新测验长度与原测验长度的比率;r_{YX}为原测验的效度系数;r_{XX}为原测验的信度系数。计算表明,新测验的效度高于原来的测验。

(二)样本团体

效度受到样本团体以下特征的影响:

(1)团体的外部性质,主要是指团体的类型,包括所从事的工作、背景等各方面的影响不容忽视,在编制测验时最好将样本团体分为若干亚团体,使效度数据与样本团体性质相匹配。

(2)团体内部的异质性。前文提到,样本团体的异质性对于测验的信度非常重要。由于效度受到信度的影响,相应地,效度系数也会受到样本团体分数分布的影响。如果其他条件相同,样本越同质,团体分数分布的范围越小,其效度越低;反之,样本异质性越大,团体分数分布的范围越大,效度越高。

(3)样本容量。样本容量越大,测验误差越小,效度越高。

(三)实施过程

测验实施过程中的干扰因素可能来自多方面:

(1)客观环境,例如噪声、高温等容易引起不适的因素,可能会导致被测评者的反应出现偏差。

(2)测评者。例如,测评者潜意识的引导可能会导致被测评者做出有违其真实意图的反应。

(3)被测评者。被测评者的特质,如生理、心理、动机、情绪、态度等因素,都会影响其心理特征的稳定性,进而影响效度。

(四)效标

效标是测验的外在因素,不会引起测验误差。但作为衡量测量结果有效性的标准,效标本身应具备构念效度（即能够有效测量出人们所想检验的特征），这样才能真正反映出预测指标的有效程度。一个好的效标应该满足以下标准：

（1）效标必须能最有效地反映测量目标，即效标测量本身必须有效；
（2）效标必须具有较高的信度，稳定可靠，不随时间等因素而变化；
（3）效标可以客观地测量，用数据或等级来表示；
（4）效标测量的方法简单，省时省力，经济实用。

四、提升效度的方法

（1）控制系统误差。系统误差是影响测验效度的主要因素。它主要包括仪器不准，题目和指导语有暗示性，答案安排不当（被测评者可以猜测）等，控制这些因素可以降低系统误差，提高效度。

（2）精心编制测题和测验量表。首先，测题内容要适合测验目的，如知识性测题就不能全面反映被测评者的智力水平，它主要测量其知识水平。其次，测题要清楚明了，用语要让被测评者理解，排列由易到难。最后，测题的难度和区分度要合适。

（3）严格按照测验程序进行测量，防止测量误差。要严格按照测验手册进行测量，不能做过多的解释，按标准评分，两次测验间隔要适当。

（4）样本容量要适当。当样本容量增大时，样本对总体的代表性提高。样本大，被测评者的内部差异增大，扩大了真分数的方差，使效度提高。样本容量一般不应低于30。另外，抽样方法也很重要，一般用随机抽样，当群体很大时，可分层抽样。样本容量扩大时，其代表性才随之增大。

（5）正确处理好信度与效度的关系。信度是效度的必要条件，但信度高的测验，效度不一定高；而效度高的测验，信度却比较高。但是，既要有高效度，又要有高信度是不容易做到的。最大可靠度（信度）要求测验项目之间有高度的组间相关，最大预测有效度却要求低度的组间相关。最大可靠度（信度）要求项目等同的难度，最大预测有效度却要求项目的难度有所区别。中等程度的组间相关（0.10～0.60）通常可产生良好的效度（0.30～0.80），并且产生满意的信度（0.90）。

（6）适当增加测验的长度。增加测验的长度可提高测验的信度，也可以提高效度，但增加测验的长度对信度的影响大于对效度的影响。

本章小结

- 误差是在测量中与目的无关的变因所引起的不准确或不一致的效应。事实上，误差存在着两种主要的形式：一种是随机误差；另一种是系统误差。
- 人事测评的误差主要有四类：第一类是来源于人事测评工具本身的误差，第二类是来源于测评实施过程的误差，第三类是来源于被测评者的误差，第四类是来源于测评者的误差。
- 为了保证人事测评的准确性、可靠性和科学性，专业人员必须认识、预见各类误差，并在实施过程中尽量避免、减少和控制误差。
- 人事测评误差的控制可以从控制测评工具的误差、控制测评实施过程的误差、控制测评者的误差和控制被测评者的误差四个方面实施。
- 信度可分为重测信度、复本信度、同质性信度、评分者信度。
- 信度的主要影响因素有样本特征、测验的长度和测验的难度。可以通过多种方式对影响信度的因素进行控制,提升测评信度。
- 信度与效度的关系:信度考察的是测验的准确性和可信程度,而效度考察的是测验的有效性。二者既相互区别又相互联系。
- 效度分为内容效度、构念效度和效标关联效度三类。
- 信度会影响效度,除此之外,效度还受到测验本身、样本团体、实施过程和效标等因素的影响。可以通过多种方式对影响效度的因素进行控制,提升测评效度。

 复习思考题

1. 人事测评的误差来源有哪些?
2. 如何有效控制人事测评误差?
3. 什么是信度?它有哪些类型?
4. 影响信度的因素有哪些?如何提升人事测评信度?
5. 什么是效度?它有哪些类型?
6. 影响效度的因素有哪些?如何提升人事测评效度?
7. 简述信度与效度的关系。

第十章 人事测评报告

学习目标

1. 了解人事测评报告的定义及构成要素;
2. 掌握人事测评报告类型及表述方法;
3. 理解并掌握人事测评报告撰写的原则及注意事项;
4. 掌握人事测评报告分析方法。

引导案例

人事测评报告为什么需要专门人员解读

A公司请国内知名人力资源测评公司给四十多位中层管理人员进行了岗位人事测评,随后测评公司给A公司每位测评人员一份20页的测评报告。A公司高层领导看了测评报告后,感觉测评内容与结论难以理解,特别是心理测评方面,认为测评报告不能作为中层人员岗位配置的依据。A公司人力资源部工作人员随后联系了测评公司,测评公司答复说,测评后会派专门人员到公司解读测评报告。

测评报告需要专门人员解读的原因有以下几点:

(1)复杂性。测评报告通常包含大量的数据、指标和术语,对于非专业人士来说可能难以理解。解读报告可以帮助个人或组织更好地理解测评结果及其意义。

(2)个性化。每个人或组织的情况都是独特的,同一份测评报告对于不同的人可能有不同的解读。解读报告可以将抽象的数据和指标与实际情境联系起来,为特定的个体提供相关的解释和建议。

(3)应用性。测评报告的目的通常是帮助个人或组织做出决策和采取行动。解读报告可以阐明报告中的洞察和发现,使其更具实践意义,并为进一步的行动计划提供指导。

(4)反馈和改进。解读报告还可以作为反馈机制,帮助被测评者了解他们的优势和改进的领域。通过解读报告,个人或组织可以识别问题,并采取相应的行动来改进和提升。

解读测评报告可以将抽象的数据和指标转化为有意义的信息,并为个体或组织提供指导和决策支持。这样可以使个人或组织更好地理解、应用和改善测评结果,从而实现个人或组织的目标。

第一节 人事测评报告概述

一、人事测评报告的定义

人事测评实际上是一个搜集信息、处理信息、输出信息或反馈信息的过程。当我们对人事测评结果做了系统分析之后,最后剩下的工作即为报告测评结果了,从而形成人事测评报告。因此,人事测评结果的报告作为人事测评信息的输出或反馈,同样是人事测评过程中的一个重要环节。人事测评报告是在测评实施之后,通过对一系列测评过程产生的数据和信息进行综合分析,形成的包含对被测评者的素质评价、测评机构、时间、测评人等相关信息的一种报告。

二、人事测评报告的构成要素

标准的人事测评报告主要包括以下一些基本格式。

1. 前言

每项测验都有它的目的和要求,前言就是对该项测验的总体说明,特别是一些相关基础理论的发展过程以及运用情况在此次测验中起到的作用等。

2. 测评信息

(1)测评基本信息。测评基本信息主要有测评编号、测评场次、测评机构名称、测评日期等。这些信息主要是为了归类存档,方便以后查询,同时也有利于测评机构树立自己的专业形象。

(2)测评对象信息。测评对象信息主要包括姓名、性别、身份证号码、教育程度、职业取向、个性爱好等。这些信息有利于掌握测评对象的基本情况,为测评项目的选择、实施及以后对此项目的样本研究提供一些基础资料。

3. 测评项目

测评项目的确立是测评过程中的关键步骤,测评机构的专业人员可根据委托方的要求、岗位分析后的工作说明书,以及测评对象的基本信息,选择合适的测评项目。

4. 测评结果及其分析

测评结果是测评对象对测评项目做出相应反应后所得到的一系列对应结果,以及测评机构对这些结果的分析综述,包括文字表述、数据表述和图表表述。这一部分是测评报告中最重要的一环,要求结果一定要客观、实际,表述一定要清楚、易懂,分析解释力求精确适度、完整而不主观。

5. 总评和建议

总评是测评机构对此次测评过程各个环节的整体评价,主要包括项目设计的合理性评价,测评实施过程的严谨性和规则性评价,测评结果分析的科学性、客观性和准确性的评价等。建议是测评机构根据此次测评得到的具体结果,结合委托方的要求、工作分析后的工作说明书,以及分析测评对象的各类相关信息而提出的中肯和客观的建设性意见,主要包括对委托方的建议和对测评对象的建议两大类。

总评和建议这一部分具体反映了测评机构的实力,是测评科研机构和社会运用相结合的集中反映,直接为委托方提供了是否获取这些人才的客观依据,以及获取后如何开发使用的发展趋势;也为测评对象更科学、更客观地了解自己的优缺点,以及自己的发展潜能,为自己的人生选择和职业规划提供最为切实有用的科学建议。

6.测评机构的信息和说明

测评机构的信息和说明是人事测评报告的最后一部分,主要包括免责说明和测评机构的地址、网址等信息。

免责说明是人事测评报告这个整体中不可缺少的一部分,它主要是为了规避由测评报告而引发的各类纠纷和风险冲突,合理阻止使用测评报告进行一切违法活动的企图。免责说明虽然简单,但意义重大,作为一个严谨规范的人才测评机构,千万不能掉以轻心而忽略了这一部分的撰写。

测评机构的信息是指在人事测评报告的最后署上自己的名称、网址、地址以及电话号码、主要联系人等,以方便测评对象以后咨询,也有利于测评机构开展工作、树立形象、提高知名度。

三、人事测评报告类型

(一)人事测评报告的分类

1.按形式分类

按形式分类,人事测评报告常见的有口头报告、分数报告、等级报告、评语报告等。以下介绍两种常用的报告形式。

(1)分数报告。所谓分数报告,即以分数的形式反馈测评结果。分数的形式有多种,依其性质有四种基本形式:①目标参照性分数,即依据测评指标本身要求而给出的分数;②常模参照性分数,即根据被测评者总体的一般水平而给出的相对分数;③原始分数,即在测评活动中直接得到的分数;④导出分数,即通过一定转换形式后得到的分数,其中,常见的导出分数有名次、百分位数、Z分数、T分数、标准九分等。值得一提的是,上述分数形式之间存在交叉关系。分数报告的优点是简洁、可加、可比性强,但缺点是所反馈的信息缺乏准确性。

(2)评语报告。所谓评语报告,即以书面语言的形式反映测评的结果,这是一种最原始也是最常用的测评报告形式。评语报告的优点是信息详细准确,但其可比性差。

2.按内容分类

按内容分类,人事测评报告有分项报告和综合报告。

(1)分项报告。所谓分项报告,即按主要测评指标逐项测评并直接报告,不再做进一步的综合。其优点是全面详细,但缺乏总体可比性,只能做出单项比较。

(2)综合报告。所谓综合报告,即先分项测评,再根据各测评指标的具体测评结果报告一个总分数、总等级或总评价。其优点是总体上具有可比性,但有"削峰填谷"之弊,看不出具体优缺点。

(二)人事测评报告的表述方法

翔实有效的人事测评报告对用人单位而言,直接影响到他们对人才的获取、录用、保持、开发、评价和激励等各个环节,关系到用人单位如何进行科学有效的人事决策和人力资源的最终配置和使用;对测评对象而言,影响到其择业发展的科学合理性,关系到测评对象本人更好地认识自己、把握自己。

一般而言,人事测评报告的表述方法主要有以下四种。

1. 文字表述法

文字表述法是指通过一定的格式,用一些比较容易理解的语言文字来表述测评结果的方法。这种表述法具有描述内容翔实丰富、表述具体完备等优点,可以注意到测评结果的每一个细节,并且可以分类、分系统甚至分等级描述,有利于测评对象更好地阅读和理解测评结果。文字表述法的缺陷在于描述不直观、不简洁,加上文字表意存在着理解上的偏差,甚至会出现多义或歧义等,可能会对测评结果带来负面影响。这就要求撰写者具备较强的文字表达能力。

2. 表格表述法

表格表述法是指对测评数据进行归类、统计,最后形成表格来表述人事测评结果的一种方法。表格表述法举例见表11-1。

表11-1 多重职业能力倾向测评要素分数表

测评	代码	测评要素	分数
多重职业能力倾向测评	XX	一般学习能力	84.00
	YY	语言能力	90.00
	SX	数学能力	76.00
	KJ	空间推理能力	80.00
	ZJ	知觉能力	88.00
	CX	抽象推理能力	82.00
	LJ	逻辑推理能力	95.00
	JX	机械推理能力	85.00

表格表述法是一种定量表述法,格式清楚、数据精确、简单明了、前后对照形成一体,有利于测评对象一目了然地获悉自己的相关信息,也有利于测评机构归纳总结、整理归档。但表格中有些数据的专业性,可能对阅读者的理解造成一定的障碍。与文字表述法相比,表格表述法一般不能提供表格之外的信息,也不能满足对隐藏在测评之后的那些信息做相应评述的要求。

3. 图形表述法

图形表述法是指对测评所得的数据进行相应的处理后,标注在图形上,用图形来表达测评结果的一种方法。图形表述法也是一种定量表述法。其数据客观、准确、简明扼要、形象生动、一目了然,具有很强的直观性,阅读者的阅读不像表格表述法有时那么困难,也不会像文字表述法那样可能会造成阅读误解。因此图形表述法在人事测评中被普遍采用。一般而言,比较常见的图形有折线图、柱形图、环形图、坐标图等。

4.综合表述法

综合表述法就是运用文字表述的同时,结合表格或图形的引用,发挥不同表述方法的长处,形成一份既直观明了,又丰富翔实的人员人事测评报告。事实上,我们可以全部用文字来撰写报告,却很少见到仅靠表格或图形来完成一份报告。表格和图形有其表述上的不完整性,而对某种维度上的测评数据常常需要做进一步的解释,这种解释往往需要文字来做额外的补充。所以人事测评报告的撰写更多地采用综合表述法。

第二节　人事测评报告的撰写

一、人事测评报告撰写的原则

撰写人事测评报告不仅要有一定的格式要求,还必须遵循一些必要的原则。

(一)客观性原则

人事测评报告撰写的客观性原则是指在撰写人事测评报告的过程中无论采用何种方式表述,必须对人事测评的整个过程,包括项目设计、操作实施、结果分析等进行客观科学的描述。这一原则是人事测评报告撰写过程中最为重要的一个原则。即使在人事测评过程中难免有一些主观因素会干扰和影响人事测评的客观性,但测评机构必须对此进行适当的处理和修正,尽可能地保证人事测评报告的客观性和科学性。

例如,在测评前、测评中、测评后进行多方面的客观化控制,以此减少主观因素对测评结果的影响;在测评项目选择时,尽量采用一些被广泛运用、被事实证明具有较高信度和效度的量表,测评实施过程中严格控制主观人为因素的影响;在测评结果分析时,尽量请各位专家参与分析评价,取得最高限度的评价一致性。

(二)一致性原则

人事测评报告撰写的一致性原则是指在撰写人事测评报告过程中,无论项目设计的精确度如何,实施测评的客观性怎样,人事测评报告的撰写力求前后一致、左右贯通,务必做到不矛盾、不冲突,以保证测评报告的科学一致性,尤其是对于那些由各个测验项目合成的人事测评报告的撰写更要注意这一原则。

(三)逻辑性原则

人事测评报告撰写的逻辑性原则是指在撰写人事测评报告过程中,报告的内容、报告的结构等要相互关联,并且有一种由浅入深、环环相扣的内在逻辑规则。人事测评常常是多种测评工具或方法的组合使用,撰写报告时还要考虑不同测评工具或方法的相关逻辑性,从而更好地揭示出被测评者的内在素质。

(四)结构性原则

人事测评报告撰写的结构性原则是指在撰写人事测评报告时要遵循一定的格式,需要有一个比较易懂又不缺乏科学性的规范性结构。一旦形成规范,同一测评机构测评出来的报告基本上拥有一致性的结构,这对于形成测评机构的权威性和树立相应的品牌都是有利的。一般的测评报告结构由六项构成(如本章第一节所述),但不同的测评机构可根据自身的特点进行相应的变化,只要能达到预期的最佳效果即可。

(五)详细性原则

人事测评报告撰写的详细性原则是指在撰写人事测评报告时,对结构中的每个类别,每个类别中的每个指标,包括亚指标,必须知无不言,言无不尽。尤其对每一项测评结果的分析,包括优点、缺点、合理、不合理、适合、不适合等,做到尽可能详尽。

(六)实用性原则

人事测评报告撰写的实用性原则是指撰写的人事测评报告无论如何表述,必须对委托组织或测评对象本身具有针对性,并且对其具有指导意义。实用性就意味着切实可用。有的测评机构出具的测评报告,洋洋数万言却不着边际,有的甚至根本就不适合委托组织或测评对象的外在发展环境,长此以往,难免会影响到测评机构自身的形象,甚至还会造成社会对人才测评行业的误解,不利于人才测评业的发展。

二、人事测评报告撰写的程序

在撰写报告前需要重点理解撰写测评报告的目的和阅读对象,说明测评的背景;撰写中重点说明被测评者的行为特点,注意撰写的逻辑关系;撰写后重点注意检查和审核。人事测评报告撰写程序详见表11-2。

表11-2 人事测评报告撰写程序

撰写前	撰写中	撰写后
1.理解报告撰写的目的和阅读对象 2.熟悉测评标准与评分方式 3.理解素质维度和行为含义 4.掌握管理、职业发展和心理学相关的理论知识	1.概括和总结被测评者突出特点 2.寻找行为证据,回顾访谈记录,进行合议打分 3.按照模板撰写报告	1.检查用语、逻辑和错别字等错误 2.请同组人员或其他测评者审核 3.提交报告

三、人事测评报告撰写的技巧

落实在具体内容上,我们可以看到一份个体测评报告包括推荐建议、综合评价、优劣势分析、能力评价、使用建议、组织培养建议、个人发展建议等基本组成要素,如表11-3所示,可以根据不同的适用场景进行灵活搭配。下面通过几个样例对比探讨各部分在撰写时需要注意的事项。

表 11-3 个体测评报告

要素	目的	内容	适用场景
推荐建议	一句话明确评价结果	是否推荐上岗、入池、重点考虑等	外部招聘、内部竞聘、潜才储备
综合评价	让报告阅读者可以看清被测评者的整体概貌,是定性的评估	在对被测评者进行综合评价时,内容不局限于能力素质,包括性格特点、风格动机等,是对被测评者核心特点的概括介绍	外部招聘、内部竞聘、发展类评估、人才盘点、潜才储备
优劣势分析	总结被测评者的优劣势,使报告阅读者可以迅速把握被测评者的突出优点以及不足之处	不限于能力评估,可以包括任职资格、履历经验、性格特征等	外部招聘、内部竞聘、潜才储备
能力评价	根据测评标准逐一对被测评者的各项能力素质进行分析	围绕被测评者在各项能力素质上的分数以及能力素质本身的定义与行为描述,对被测评者各项能力素质进行评估分析	发展类评估、人才盘点
使用建议	使报告阅读者了解使用与激励被测评者的关键点以及使用风险	使用关键点:沟通要点、任务布置要点等;激励关键点:如何激发被测评者的工作激情;使用风险:应着重关注其哪些方面的表现,针对竞聘、人才盘点目的使用建议,需要从提升人才胜任力的角度出发,提出组织需要提供相应支持的有关建议	外部招聘、内部竞聘、人才盘点
组织培养建议	以被测评者的上级为阅读者,提出未来培养发展的建议	立足被测评者的现状与未来发展、人才发展需要,提出培养发展建议	发展类评估、人才盘点、潜才储备
个人发展建议	以被测评者本人为阅读者,提出个人发展的建议	对个人未来发展的行动建议	发展类评估、人才盘点

(一)评价结果

评价结果可根据不同的评价场景选择不同的展现形式。例如,在晋升、后备选拔时可使用推荐建议来展示核心结论,根据分数划分为不推荐、谨慎推荐、推荐及重点推荐四个等级;履职盘点时可使用胜任建议来展示核心结论,根据分数划分为不胜任、暂不胜任、基本胜任、胜任以及完全胜任五个等级。

(二)综合评价

基于评价目的,综合评价应从能力、经验、价值观、特质/风格、动机(求职动机、发展动机、管理动机)等角度,概括特点,勾勒轮廓并进行诊断和预测,给出评价等级或对应结论。好的综合评价重点突出、简明扼要、提纲挈领并且有整体感,同时能够呼应评价目的,结合工作场景提出明确的诊断和预测结论。不好的综合评价则是面面俱到,仅仅是各分项描述的堆砌,内容零散无序,无法呼应评价目的并做出清晰的诊断和预测。

撰写样例:

××个性鲜明,强势并我行我素,属于开疆拓土型的人才,具有明显的"山大王"作风。他自信并具有很强的支配欲,不在乎别人如何评价自己。在他的字典里,"困难"二字很少出现。无论遇到何种挑战或压力,他都能够较好地承担下来、整合资源并想尽办法达成目标。

与人沟通时目标导向明显,不太在乎他人的感受。从事管理工作的时间尚短,工作中的个人英雄主义较为明显,没有形成对下属的有效激励,也没有清晰的发展他人的意识。

××敢拼敢闯的特点,适合放到开拓性的岗位上。由于他的工作风格容易与上级发生冲突,需要上级具有足够的包容心,更多地看到他的长处,才能更好地发挥他的优势。一旦拓荒期的工作结束,当需要更加全面系统地思考、更加成熟得体地处事、更加有序规范地带领团队才能达成目标的时候,××现阶段的积累和准备显然不足。

总体而言,××综合素质处于中等水平,性格开朗,积极负责,大局为重,将公司利益放在第一位,能采取多种手段与他人建立沟通关系并积极主动地影响他人,面对工作中的困难能积极改变工作方式,促进目标的达成。

(三)分项评价:相对优势、相对不足

一般来说,分项评价会描述个人能力素质水平和行为表现,并分析被测评者的能力素质现状对工作绩效的影响。

好的分项评价能够对个人特点和具体行为进行详细描述,并且每一条结论都有两个及以上的证据支撑,同时保证落脚点均在对工作的影响层面上。不好的分项评价对特点和行为的描述是抽象模糊的,列出的证据不够充分,将偶然行为放大化和一般化,加入个人主观臆断,甚至产生前后矛盾,也容易变成就人论人,结论不能落在对工作和绩效的影响上。

撰写样例:

样例1(能力素质分项描述):在响应客户需求方面,××能够发现公司为客户提供的产品服务或解决方案中的不足,以真诚、负责的态度进行改进;但在目前的业务领域内,对客户需求的前瞻性把握能力还有待提升。

样例2(测评工具分项描述):风格过于强势,甚至专横;沟通中略显生硬,在压力之下经常打断他人谈话,时常深深地沉浸在任务中而顾忌不到他人的感受;工作中个人英雄主义特征明显,尚未体现出如何发现下属的潜力并有针对性地指导和培养他人的意识。角色扮演中,面对即将离职的老师,沟通和挽留的方式较为随意,未能深入洞察对方的需求从而采取能够打动对方的沟通手段。

(四)使用建议

使用建议应具体说明将被测评者用在什么地方、如何用、为什么这么用以及有何用人风险。

好的使用建议要准确具体地描述匹配度高的工作内容,能够综合考虑组织的实际环境、团队搭配、上级领导风格等情况,然后给出配套的使用建议以及用人风险点提示。

不好的使用建议提出的内容模棱两可,只有结果没有建议,并且更多地就当前岗位进行分析,缺少通过岗位调整实现人尽其才的相关建议内容。

撰写样例:

在人才使用方面,建议维持现岗位不变,在具体使用过程中需注意以下方面:

(1)上级应考虑××的特点,增加非正式沟通情景下对于××工作的指派与工作结果的反馈,了解他对工作岗位的困惑和真实想法,多采用发展性的方法做出绩效反馈,减少简单、直接批

评式的负向输入,同时帮助其增强工作自信、树立首席专家的威信。

(2)××追求成功的内驱动力不足,上级应为其设定明确的、有挑战性的目标,促使其奋发向上。例如,重新梳理××的岗位职责,设定新的绩效考核指标,提高协同部门推动服务保障体系建设、流程梳理的指标比重,提高他与横向科室合作完成具体业务的指标比重。

(3)××对技术研究有较大的热情,且专业技术过硬,组织应发挥这一优势,继续安排其从事技术类工作,同时要求他加强自身技术、经验的总结和分享,加强对新人的技术指导。在指导新人的过程中,上级应明确培养任务、培养计划、培养目标,并就培养方法的使用给予他一定的指导和帮助。

(4)××对组织的发展规划和上级的意图理解不是很到位,有时会造成行动执行的偏差,因此上级在分配任务时需与其进行充分的事前沟通,让其明白从事工作的意义所在,在执行过程中进行事中控制,及时纠偏,在任务完成后进行必要的反馈,指明优点与改进方法。

(五)发展建议

发展建议应当包括针对工作瓶颈与发展困惑进行的原因分析和思路点拨,基于发展目标明确能力和经验等差距从而给出发展路径和行动建议,同时基于能力素质及综合情况给出发挥优势的相关建议。

好的发展建议能够做到分析点拨切实中肯,对解开困惑或明确方向有启发和促进作用,且提出的行动建议有针对性,同时具有可操作;不好的发展建议相对空泛笼统,泛泛且没有针对性,不贴合企业实际,不具有可操作性。

撰写样例:

建议继续保持在专业技术上的自我学习能力,主动钻研,不断提升自身的技术实力,高效执行上级下达的工作任务,在工作实践中不断总结反思,从过往工作中总经验,全方位提升自己的工作执行力。

同时,也要注意跳出技术本身,尝试站在不同的视角去思考问题,尤其是站在长远或者全局的视角上,不断提升思维的灵活性、全局性和系统性。

就目前而言,×××还需要进一步扩大自己的人际影响力,积极主动与人沟通,努力扩展自己多方面的知识储备。当前阶段,要培养自己适应不确定性因素的能力,保持情绪稳定性和提升抗压能力尤为必要。因为在项目管理与组织中,体现临时性的事例不断增多,工作任务不断被重新设计,任务越来越需要灵活的团队而不是个人来完成,需要在维持基本原则的基础上,让自己与人沟通的方式更加灵活。

在各类评价报告撰写时要遵循广为人知的"信、达、雅"三个要求。

"信"是指"真,不伪"。评价报告得说得对,像照镜子一样真实反映客观情况。这要求评价报告言之有物、言之有据,用充分的依据进行客观的评价。

"达"是指"至,无过无不及"。评价报告得说得透。这要求言之有用,报告内容必须深刻洞见并且提出的建议中肯、有启发、可操作,切忌就人论人、大而化之和隔靴搔痒。

"雅"是指"文学性,当雅则雅,当俗则俗"。评价报告得说得妙。这要求评价报告可读性强并易于理解和传播。

评价报告需要言之有物、言之有据、言之有用,唯有这样才能帮助组织准确地了解人才,做好人才的使用与激励、培养与发展;帮助员工增进自我认知,从而帮助员工扬长补短、发展突破、优化职业状态,真正发挥人才价值。

四、人事测评报告撰写的注意事项

人事测评报告是人事测评题目设计、过程实施、数据处理等各个环节的最终表述,也是对整个测评过程最直接、最理性的反映。无论是测评设计的独特性,还是测评过程的专业性以及最终结果的科学性,都将在测评报告中体现出来。因此,在测评报告的撰写中需要注意以下事项,防止以下倾向。

(一)宽容倾向或严格倾向

测评者在测评总结时受到自己情绪的影响,采用过分宽容或者过分严厉的评价,造成评价标准的主观随意性,从而影响结果的客观公正。这即不依据分数解释标准来评议,过分宽容或过分严格。

(二)极端化倾向或中心化倾向

这即走极端,倾向于普遍打高分或低分,或总是给中间分数。

(三)以偏概全倾向

这即所谓一错百错,一好百好,缺乏对事实的深入分析。

(四)逻辑推断倾向

这即不是始终按测验所得实际结果进行评议,而是进行逻辑猜测判断。比如,某人有知识,就推断他一定具有判断力,其主要原因是缺乏对各项考核要素的充分理解。

(五)好恶倾向

这即测评人员在自己喜欢的方面或擅长的方面,考核就严;在自己讨厌的方面或自己不擅长的方面考核就宽,缺乏实事求是的态度。

(六)联想效应

它又称"晕轮效应",即因为被测评者在某一方面表现好或者差,测评者就对此人的其他方面给予过高或过低评价,而不是依据事实对被测评者做客观的评价。

(七)定势效应

测评者本身具有个人固有的经验背景、行为方式和价值观,造成其在评价时存在一定的心理定势,有时会不自觉地根据自己的好恶来做出评价,偏离中立、客观、公正的立场。

(八)解释不足和解释过度

一方面,测评总结中所揭示的信息是依据各种测评工具和技术得出的结果,是以数据和基本事实为依据的,测评者如果没有充分解释数据和事实的内容,则会导致信息损失、解释不足;另一方面,测评者如果根据自己的主观臆断、猜测做出评价,而不是根据客观依据,则又会造成解释过度。

由此可见,测评报告最好能经过测评专家的复核,复核的目的主要是保证报告的权威性,保证测验结果的公正、科学、客观和有效;确认整个报告体现结构性、逻辑性、翔实性和客观性的特点。复核可以从这些方面进行:总体评价是否全面,报告内容是否有遗漏,测验结果是否真实有效,测验结果是否有前后矛盾之处,解释是否合理适度,评价是否依据所有事实等。

五、个人测评报告示例

个人测评报告示例如表 11-4 所示。

表 11-4　个人测评报告示例

第一部分：个人信息			
姓名：×× 性别：男 年龄：35 岁 测评岗位：海外销售工程师			
第二部分：人事测评结果			
指标	分数(10 分)	指标	分数(10 分)
组织协调能力	8.5	开拓创新能力	7.0
适应能力	6.3	专业知识	3.5
运用当地语言能力	7.5		
第三部分：素质评价			
1.组织协调能力：该候选人有一定的行政工作经验，能够协调争论，并且能够站在别人的立场上分析和讨论问题。对于不同群体的需求较为敏感，大部分时间可以协调好各方的利益关系。组织能力强，常常可以组织相关人群开展常规以及非常规工作。 2.责任心和奉献精神：该候选人在工作职责不清晰的情况下，能发现并承担各种任务，为此辛苦付出也没有怨言。在个人利益和组织目标发生冲突时，不会考虑个人得失。能够在较大程度上保持工作的积极性。事业心和责任心非常强，总能主动设定详细的工作目标。 3.开拓创新能力：候选人有一定的开拓精神，预测该候选人在工作中比较敢于涉足对公司发展有帮助的非常规活动与项目，但有时会出现犹豫不决的情况。在复杂和有压力的情况下，有时能够比较灵活变通地应对。在工作中，部分时候能够找到不同任务之间的联系，可以从相互联系中找到解决问题的方式。 4.适应能力：该候选人在国外工作的话，预测基本能够尊重当地文化和生活习惯，经过努力可以逐渐融入其中。在从事具体工作时，有时会忽视文化差异的影响，根据自己的惯有做法寻找解决方案；有时可以意识到文化的不同对工作造成的不良影响，但总体对文化差异不是很敏感。 5.专业知识：该候选人专业知识存在不足，这会影响到日常工作的顺利完成。该候选人没有相应岗位的工作经验，工作绩效难以预料。 6.运用当地语言能力：该候选人英语测试成绩较好，英语能力强。在日常工作中，该候选人能够较好地利用英语与对方交流。			
第四部分：组织管理使用与开发建议			
该候选人在组织协调能力、运用当地语言能力、责任心和奉献精神上得分均较高，适应能力和开拓创新能力一般，专业知识有显著欠缺，综合素质一般，在所有候选人中排名中等偏下。从简历中了解到，该候选人具有艺术专业背景，这对文化教育产业来讲具有重大的推动作用。从测试分来看，该候选人组织协调能力相对突出，且做过一线领导，得到领导和同事的一致好评，说明其具备一定的管理技能。该候选人具有较强的责任心和奉献精神，因此应该可以胜任公司的行政管理工作。但同时也应该看到，该候选人专业知识和经验不足，而且从面试情况看，其对应聘岗位的专业知识缺乏足够的意识，可能并不能达到岗位的专业要求。因此，相对而言，该候选人更适合担任行政管理型的岗位，但是上岗前必须参加相关培训。另外，尽管该候选人运用当地语言和适应能力测试成绩均比较好，但其没有在国外生活和工作的经历。因此，虽然其在目的国——美国的交流沟通不会存在太大问题，但是实际跨文化表现还有待进一步考查，必要时要由公司的相应部门给予针对性的指导和帮助。 总体来看，该候选人综合素质尚可，在所有候选人中排名中等偏下，且有明显弱项，建议培训后慎重录用。			

第三节 人事测评报告的分析与应用

一般而言,对测评质量检测之后,当误差在我们所允许的范围内时,我们就要进行测评结果的分析与报告。其中,测评结果的分析包括数据综合和内容分析。

一、人事测评报告数据的分析方法

数据综合即指如何把零散的项目(指标)分数综合为一个总分数的方法。常见的方法有以下几种。

(一)累加法

累加法即把各指标(项目)的得分直接相加。其公式为

$$S = \sum_{i=1}^{n} x_i = x_1 + x_2 + \cdots + x_n$$

式中,S 为总分;n 为测评指数总数;x_i 为第 i 个指标(项目)的得分。

例如,某人的品德素质得分为 25 分,智能素质得分为 40 分,体质得分为 15 分,则采取累加法得其总分为

$$S = x_1 + x_2 + x_3 = 25 \text{ 分} + 40 \text{ 分} + 15 \text{ 分} = 80 \text{ 分}$$

累加法要求各指标同质并单位大致相近,否则要考虑采取加权综合法。

(二)算数平均法

算数平均法即把各项指标(项目)的总得分进行求平均数的运算。如招聘中面试者的测评结果不一致时,可以采取算数平均法对数据进行处理。其计算公式为

$$\overline{x} = \frac{1}{n} \sum_{i=1}^{n} x_i$$

式中,$\overline{x}$ 为算数平均值;n 为测评指数总数;x_i 为第 i 个指标的得分。

(三)加权综合法

加权综合法即将各测评指标(项目)的原始分乘以相应的权重系数,然后再相加的一种运算方法。其具体计算公式为

$$S = \sum_{i=1}^{n} w_i x_i = w_1 x_1 + w_2 x_2 + \cdots + w_n x_n$$

式中,S 为总分;w_i 为第 i 个指标的权重;x_i 为第 i 个指标的得分。

加权综合法是对累加法的一种改进,它不仅综合了被测评者在各项指标上的得分,而且体现了各个指标在整体中的重要程度,因而显得更加合理。但是它也有缺点,有"削峰填沟"之弊,不便于拉开档次。在人才测评中,我们经常会遇到测评指标体系中各测评指标的相对重要性不同的情况,在进行数据汇总时可以采用加权综合法。

(四)加权平均法

加权平均法是求几个权重系数不同的指标的平均值或指标平均值的最终平均值。其具体计

算公式为

$$\overline{X} = \frac{\sum_{i=1}^{n} w_i \overline{x}_i}{\sum_{i=1}^{n} w_i}$$

式中,X 为加权平均数;w_i 为第 i 个指标的权重;$\overline{x}_i$ 为指标平均评定值。

例如,公司决定采用被测评者自评、上级评定和专家评定三种方式进行测评,每种方式的原始分为 100 分,这三种方式的得分在综合评分中的权重系数不同,其权重系数分别为 0.1、0.3 和 0.5。其中,被测评者自评分为 80 分,上级评定的平均分为 85 分,专家评定的平均分为 75 分,则其加权平均分为

$$\overline{X} = \frac{0.1 \times 80 \text{ 分} + 0.3 \times 85 \text{ 分} + 0.5 \times 75 \text{ 分}}{0.1 + 0.3 + 0.5} = 78.9 \text{ 分}$$

(五)连乘综合法

连乘综合法是把各个指标(项目)上的得分直接相乘得到一个总分。其具体计算公式为

$$S = \prod_{i=1}^{n} x_i = x_1 \times x_2 \times x_3 \times \cdots \times x_n$$

式中:S 为总分;x_i 为第 i 个指标的得分。

这种连乘综合方法的优点是便于拉开档次,灵敏度高,但容易产生晕轮效应。当一个指标的得分非常小或为零时,整个测评的总分也会非常小或为零。

二、人事测评报告的内容分析

测评后所得的结果仅仅是个性体,其意义常常不是很清楚。例如,某次人事测评中某人得了 80 分,看这个 80 分也许你会说这个人不错,但并不明白他在公司中究竟算优秀职员还是中等职员。因此获得个体测评结果后,还应从整体上分析。只有从总体中、从个体与个体的相互关系中,我们才能真正把握与认识单个职员的素质水平。

人事测评结果的内容分析,主要包括整体分布分析、总体水平分析、差异情况分析等内容。

(一)整体分布分析

整体分布分析即是通过图表的形式来分析人事测评结果的一种方法,常见的有频数分布表分析和频数分布图分析。

频数分布表也称次数分布表,常见的有简单频数分布表、累积频数分布表和累积百分比分布表等不同形式。其中,累积频数分布表的制作可以在简单频数分布表的基础上进行,累积百分比分布表的编制是在累积频数分布表的基础上进行的。频数分布表分析,即是以频数分布表形式来分析人事测评结果的整体分布情况。

图形化的频数分布表即为频数分布图,也称次数分布图,是以曲线或折线来表示相应的频数分布表的一种形式,常见的有直方图和多边图。直方图是以面积来表示频数分布的图形,多边图是以相应纵轴上的高度点来表示频数分布情况的图形。

(二)总体水平分析

上述整体分布分析的目的在于通过频数分布表或分布图了解在各分数段上的人数分布、最高分与最低分及其差距、偏态与峰态等情况,从而使人们能够从直观上迅速地把握总体情况。总体水平分布则是通过众数或平均数分析来把握全部被测评者的一般水平。

所谓众数,即相同人数最多的那个素质特征、分数或等级,它代表整体水平结构自然群中最大的典型群水平。所谓平均数,即所有测评结果在理论上的代表值。

(三)差异情况分析

差异情况分析包括整体差异分析与个体差异分析。其中,整体差异分析有极差、平均差、方差、标准差和差异系数等不同形式。

标准差、方差、平均差和差异系数都表示了总体的平均差异情况。差异量越大,说明总体内各个个体之间的素质水平差异越大。总体差异量的分析并不能具体地揭示某几个个体或群体之间的差异程度。为此,我们在进行差异分析时还有必要做进一步的差异程度检验。具体方法有 U 检验、t 检验、F 检验、秩和检验等。当测评结果的分布不是很清楚时,一般应采取秩和检验、符号检验等其他非参数检验形式。

 本章小结

- 人事测评报告是在测评实施之后,通过对一系列测评过程产生的数据和信息进行综合分析,形成的包含对被测评者的素质评价、测评机构、时间、测评人等相关信息的一种报告。
- 人事测评报告的构成要素包括前言、测评信息、测评项目、测评结果及其分析、总评和建议、测评机构的信息和说明。
- 人事测评报告按形式分为口头报告、分数报告、等级报告、评语报告等,按内容分为分项报告和综合报告。人事测评报告的表述方法有文字表述法、表格表述法、图形表述法和综合表述法四种。
- 人事测评报告撰写原则包括客观性原则、一致性原则、逻辑性原则、结构性原则、详细性原则和实用性原则。
- 人事测评报告撰写要注意防止以下倾向:宽容倾向或严格倾向、极端化倾向或中心化倾向、以偏概全倾向、逻辑推断倾向、好恶倾向、联想效应、定势效应、解释不足和解释过度。
- 人事测评报告数据的分析方法包括累加法、算术平均法、加权综合法、加权平均法、连乘综合法,人事测评报告的内容分析方法包括整体分布分析、总体水平分析、差异情况分析。

复习思考题

1. 简述人事测评报告的构成要素。
2. 简述人事测评报告撰写的原则及注意事项。
3. 人事测评报告有哪几种表达方式?
4. 人事测评报告数据分析及内容分析方法有哪些?

第十一章 人事测评的具体应用

学习目标

1. 熟悉不同岗位人事测评要素及测评方法;
2. 掌握各类人员人事测评指标体系的建立及测评方案的选择;
3. 了解新兴技术对传统人事测评理论与技术的影响。

引导案例

AI 面试的困惑

"近两年,大量企业会在面试第一轮启用 AI 招聘,是因为外部环境发生了变化。"曾担任某快消品牌人力资源专员的 Angela(安杰拉)说,"疫情成了困扰招聘的物理因素,而就业市场的供给失衡,又造成了海量简历堆积而人力资源专员无暇筛选的情况。"

此时,突破传统招聘的时空限制,并压缩人力和时间成本的 AI 面试,则成了"宠儿"。哔哩哔哩(B 站)UP 主"艾人才"在其文章中提到,在小规模面试场景下,AI 人才智能招聘每轮可为面试官节省至少 65%的面试时间;在大规模面试场景下,面试官的时间可以节省 95%以上。

除此之外,AI 面试的优点还在于相对客观、公平。"采用 AI 面试,可以避免招聘方的主观因素过多地干扰面试结果,减少诸如容貌歧视、地域歧视等,这些因素都是可以在算法中做相关设置的。"智联招聘测评研究院执行院长表示。或正因为此,现如今,全球的 AI 面试市场规模不断扩大。上海丰凡市场调查有限公司(Facts&Factors)的数据显示,2021 年,全球 AI 面试市场规模达 6.1 亿美元,并预计于 2028 年达到 8.9 亿美元,年均复合增长率为 6.5%。

然而,AI 面试可能存在的弊端,也同样值得关注。有业内人士表示,人为设置的 AI 系统是一把双刃剑,既可以增加客观因子,也可以强化偏见。与此同时,处在智能学习初级阶段的 AI 系统,有时甚至会根据"自我判断",不自主地形成 AI 面试偏见。在多个社交平台上,不少参加过 AI 面试的应届毕业生都在怀疑,自己被刷掉或仅仅是因为学历不足或性别歧视。

"在我看来,AI 面试的信息不对称性,是构成面试者质疑的主要原因。"北京邮电大学人机交互与认知工程实验室主任刘伟表示,"AI 面试制造商不应该只服务于企业人力资源部,而是要打通应聘者与 AI 面试系统之间的沟通渠道。"除此之外,AI 面试缺乏洞察力、给应聘者带来的面试体验感差等,也都是 AI 面试被吐槽的问题。刘伟表示,AI 在认知水准方面还很难达到人类的高度,招聘行业未来的发展趋势,应以人机结合为佳。

第一节 各类岗位人员的人事测评

倘若企业想要保持可持续发展,作为企业人力资本核心的企业管理人员的作用不可忽视。企业价值相对于从前来说更加依赖于员工素质,特别是统领全局的高层管理人员所具备的各项素质对企业的发展有着十分深远的影响。企业的核心竞争力也将来自对员工素质的管理。

一、管理岗位人事测评

管理人员是组织经营战略和计划的决策者,担任着战略策划、经营决策、组织领导和管理、人力资源管理等重要职责,因此,企业要十分重视管理岗位人事测评的全面性和准确性。

(一)管理岗位人事测评指标体系

由于历史和现实的种种原因,我国企业管理人员素质高低差别很大。例如,很多管理人员是从技术人员提拔上来的,他们的技术水平很高,专业技能十分出色,然而他们未必拥有足够的管理能力来胜任管理层的岗位,而且不同的企业对高层管理人员的素质要求也各不相同。不同企业的经营侧重点不同,管理人员的日常事务便相应地有了或多或少的差异,从而对高层管理人员的素质要求就不尽相同。企业通过素质测评,可以对管理人员的心理特点、个性特征、知识技能和潜在能力等多方面进行深入的了解与分析,将测评的结果与该岗位的胜任素质进行拟合,甄选出最适合这个岗位、这个企业的人才。

从胜任力的角度来说,管理岗位人事测评的测评要素包括组织管理能力、人际关系管理能力和个人内在能力三个维度,其中组织管理能力是最重要的能力要素。表11-1具体列出了管理人员各测评要素的胜任行为定义。

表11-1 管理人员各测评要素的胜任行为定义表

测评维度	测评内容	胜任行为定义
组织管理能力	战略组织能力	1.能够确定战略经营方向,创造内部、外部环境 2.平衡企业内部、外部利益群体间发生的冲突 3.通过对组织和组织中的人的理解获得对工作的支持 4.准确把握如何组织并完成工作 5.把握战略目标和日常工作之间的衔接
	目标管理能力	1.能够制订组织的战略目标、长期目标与短期目标 2.能够很好地制订并实现自己的工作目标 3.能够指导下属制订并实现其工作目标
	团队建设能力	1.在组织的所有级别创建团队、形成团队互动和合作 2.倡导不断追求进步的高绩效团队,对高绩效团队给予肯定和奖励 3.以多方面的能力和技能形成协作的团队 4.培养、激励各级别员工参与团队工作

续表

测评要素	测评内容	胜任行为定义
组织管理能力	果断决策能力	1.根据具体情况,运用合适的方法,平衡短期与长期目标,做出明智的决策 2.在充分了解和理解企业经营环境的基础上果断地做出决定
	危机应变及处理能力	1.特殊场合应变能力强,能看好时机,采取乐观、积极向上的态度和平静的心态去解决问题 2.头脑机智,冷静沉着,很有把握应对突发事件,面对危机或特殊场合自制力强,勇气和智慧超人,有自信心
人际关系管理能力	人际沟通能力	1.具有良好的沟通技巧,能够有效倾听 2.语言表达能力强,语言理解能力强,能够对接收或发送的语言信息进行正确的解码和编码
	人际关系协调能力	1.能够适时适事地解决人际冲突,使对峙双方进行和平谈判 2.具有较强的人际关系敏感性,言行具有说服力 3.能够有效地授权,具有培养下属的能力,在团队中具有较强的威信
个人内在能力	人格	1.有责任心:可以依靠、有组织性、自律、坚持 2.情绪稳定:遇到问题时能平静地分析、决策,不会感情用事等 3.宜人性:合作、热心、恭谦、值得信赖等 4.开放性:有智慧,有创造性,有教养,有灵活性等
	价值观和动机	具有正确的世界观、人生观和价值观
	专业知识	具备系统的专业理论知识,并能够对其进行合理地利用

将上述三大要素的测评内容汇总后,调查分析组织管理能力、人际关系管理能力和个人内在能力对管理人员胜任其工作岗位的重要性,确定三大要素的权重,同时编制高分标准定义,以做评分参考。

(二)管理岗位人事测评方法

管理岗位人事测评方法有笔试法、书面信息分析法、心理测试法、面试法及评价中心技术等,组织可以根据测评内容的不同选用测评方法及其组合。管理人员测评要素与测评方法(测评工具)的对应关系如表11-2所示。

表 11-2 管理人员测评方法汇总表

测评要素		适合的测评方法(测评工具)
一级指标	二级指标	
组织管理能力	果断决策能力	心理测试(16PF)、评价中心技术(侧重管理技能)
	冲突解决能力	评价中心技术(侧重操作技能)、心理测试(DISC 个性测验)
	团队建设能力	评价中心技术(侧重操作技能)
	计划能力	心理测试(16PF)、评价中心技术(侧重管理技能)
人际关系管理能力	合作沟通技巧	心理测试(16PF)、评价中心技术(侧重管理技能)
	人际敏感性	心理测试(16PF)、评价中心技术
	人际关系处理能力	心理测试(16PF)、评价中心技术(侧重管理技能)
	领导能力	评价中心技术(侧重管理技能与业务)
个人内在能力	身体健康状况	医疗仪器测量、健康档案分析、心理测试(投射测试)
	性格品质	心理测试(16PF)
	知识水平	笔试(成就测试)、结构化面试、评价中心技术(侧重管理技能)
	一般能力	韦克斯勒成人智力量表、心理测试(一般能力倾向测验)
	职业兴趣	心理测试(霍兰德职业兴趣量表)
	创新能力	心理测试(威廉斯创造力倾向测量表)
	思维分析能力	结构化面试、心理测试(16PF)

(三)管理岗位人事测评方案

管理岗位人事测评方案举例如下。

案例 11-1

××公司副总经理人事测评

××公司总裁为了了解公司内各个副总经理的人职匹配情况,特授权人力资源总监组织一次团体测评。人力资源总监接到任务后,聘请三位咨询公司的测评专家协助完成这一工作,并得到总裁的批准。

1. 准备阶段

(1)成立测评小组。测评小组包括测评专家组、测评项目小组,其中测评专家组包括此次测评的主要负责人即人力资源总监,以及三名测评专家,主要负责建立测评指标、重点测评项目施测、汇总测评结果;测评项目小组包括总经理、培训中心经理、招聘主管三人,主要负责测评指标的评估、打分和最终测评结果的讨论。

(2)建立测评指标体系。测评专家阅读各个副总经理的工作说明书、规范及与副总经理职位相关的其他背景材料等,通过汇总各方面的信息,得出初步的胜任素质。

测评专家分别对优绩组、普绩组成员进行行为事件访谈(专家事先不知访谈对象属于哪个组别),专家要对谈话的内容做详细的笔记并全程录音。

第十一章 人事测评的具体应用

通过分析优绩组成员的行为表现,测评专家对所得的胜任素质进行高分标准定义,并赋予权重。表11-3是最终确定的测评指标体系。

表11-3 ××公司副总经理素质测评指标体系

测评要素			测评标准
一级指标（权重）	二级指标（权重）	三级指标（权重）	高分标准定义
个人内在能力(30%)	个性品质(10%)	诚信正直(2%)	言行一致、信任他人、平等待人,建立道德标准并能严格遵守
		自信心(2%)	知道自己的优点和局限性,在必要时能坚持自己的观点
		成就动机(2%)	对成功、个人成就有强烈的渴望,展现出充沛的精力
		适应能力(4%)	能够持续学习和接受变化,寻找机会增长知识、开阔眼界,愿意接受并吸取别人的意见,愿意超越自我
	逻辑思维能力(10%)		能根据多种信息来源做出结论,看问题深入透彻并通过对过去事件的分析做出比较
	改革创新能力(10%)		预见组织需要改革,创造新的规范,倡导各项战略变革;创造、支持、奖励前瞻性思考和风险意识
人际沟通能力(30%)	个人影响力(15%)		向员工灌输成功理念,营造良好的、积极向上的组织氛围;在组织主要战略上,能够获得并保持管理层的支持,适当放权,促进员工取得进步并适当给予表扬
	沟通技能(15%)		有亲和力,使自己的个人沟通风格适应各种关系;通过有效的沟通,影响、促进组织目标的实现
组织管理能力(40%)	业务组织能力(8%)		能够确定战略经营方向,创造内部、外部环境
	目标管理能力(6%)		能够制订组织的战略目标、长期目标与短期目标,很好地制订并实现自己的工作目标
	团队建设能力(8%)		在组织的所有级别创建团队、形成团队互动,倡导不断追求进步的高绩效团队
	果断决策能力(10%)		根据具体情况,运用合适的方法,平衡短期与长期目标,做出明智的决策
	危机应变及处理能力(8%)		特殊场合应变能力强,能看好时机,采取乐观、积极向上的态度和平静的心态去解决问题

2.确定测评方法

由于此次被测评者属于高级管理者,测评专家组决定采用以评价中心技术为核心、以心理测试和书面资料分析等为辅助的方法,分阶段施测。

3.实施测评

测评小组要运用书面资料分析法初步确定被测评者的年龄、学历、专业、从事管理工作的经验等各个方面的差异,对其进行初步测评;运用相应的测评方法和测评工具,由经过专门培训的测评小组在集中的一段时间内对所有副总经理进行深入测评。

4. 汇总结果,得出结论

测评小组评阅试卷,得出原始分数;测评专家来评分;测评项目小组成员录入数据,然后转换原始分数,整合信息。

测评专家共同撰写测评报告,需要经过撰写人员再培训、拟订初稿、共同商讨、统一标准、正式撰写、统筹定稿等环节,从而保证测评报告格式的统一性、结论的准确性。

5. 跟踪素质测评结果

测评结束后,测评项目负责人即人力资源总监继续对副总经理的工作表现进行跟踪和考核,评估此次测评结果是否符合事实,总结经验教训,以便改进素质测评技术。

二、科技岗位人事测评

企业科技人员作为企业技术的主要创造者,在企业人力资源中重要的人力资本地位已经被广泛认同。企业科技人员对企业的生存和发展所起的关键性作用日益突出;同时企业科技人员的绩效对企业整体绩效的核心性影响也日趋突出。因此,科技人员对企业的可持续发展有重要的作用。对于某些企业来说,科技人员不仅是企业实力的象征,还是企业最富挑战力和竞争力的资本。他们参与企业产品的研发、调试、持续改进和产品创新等工作,为企业各个部门业务的发展提供技术支持。对科技人员进行合理的招聘、配置、培训开发、绩效考核等是企业人力资源管理的重点。

(一)科技人员人事测评指标体系

科技人员是组织内从事技术研究和发展、技术支持等其他类似工作的非职能人员。企业科技人员应具备的素质可以概括为生理与心理素质、知识素质、技能与能力素质三个方面。表11-4从三个方面出发,初步分析了科技人员的测评要素,同时列出了不同级别科技人员在各项测评要素上应达到的级别标准。

表11-4 科技岗位人事测评要素及应达到的标准一览表

测评维度	测评要素		各级人员胜任力的定义	
	测评内容	权重/%	高级技术人员	基层技术人员
生理与心理素质(A%)	体质、精力	A_1	健康状况良好、无器质性疾病	
	职业兴趣	A_2	在霍兰德职业兴趣量表中,研究型得分最高	
	职业素养	A_3	达到良好以上	
	人格特质(以16PF为例,主要包括聪颖性、稳定性、实验性、独立性、兴奋性、敏感性)	A_4	技术人员各指标得分标准:聪颖性、稳定性、实验性、独立性这四种人格特质处于高分值域;兴奋性、敏感性等人格特质处于低分值域;怀疑性人格特质处于中高分值域;其他各项人格特质处于中等水平	

续表

测评要素			各级人员胜任力的定义	
测评维度	测评内容	权重/%	高级技术人员	基层技术人员
知识素质 （B%）	专业技术知识	B_1	达到优秀水平	达到良好以上
	专业技术基础知识	B_2	达到良好以上	达到中等以上
技能与能力 素质（C%）	智力（侧重于空间想象力、思维方式、思维变通能力）	C_1	智商在130以上	智商在100以上
	创造力（独创性、想象力、好奇性、疑问性、挑战性）	C_2	达到优秀水平	达到良好水平
	关注细节能力	C_3	达到高级水平	达到中级水平
	归纳思维能力	C_4	达到高级水平	达到中级水平
	技术创新能力	C_5	达到中高级水平	达到初级水平
	技术需求转化能力	C_6	达到中高级水平	达到初级水平
	问题发现与解决能力	C_7	达到中高级水平	达到初级水平

（二）技术人员测评方法

对技术人员的素质测评主要从生理与心理素质、知识素质、技能与能力素质三个方面进行测评，针对不同的测评内容需使用不同的测评方法和工具。表11－5列出了技术人员通用的素质测评方法。

表11－5 技术人员人事测评通用方法一览表

测评要素		测评方法（测评工具）
测评维度	测评内容	
生理与心理素质	体质、精力	书面信息分析、体检（体检表）
	职业兴趣	面谈、心理测试（霍兰德职业兴趣量表等）
	职业素养	面谈（结构化面谈提纲等）、笔试（笔试试卷等）
	人格特质	面谈、书面信息分析、心理测试（16PF）
知识素质	专业知识	面试（面试提纲）、笔试（知识测评试卷）
	专业基础知识	
技能与能力素质	智力	面谈、心理测试（智力测评量表等）
	创造力	面谈、心理测试（威廉斯创造力倾向测量表等）
	各项技能	面试、笔试、操作测试

（三）技术人员人事测评方案

技术人员人事测评方案举例如下。

案例 11-2

××化工有限公司产品开发工程师素质测评

本项测评是根据××化工有限公司产品开发工程师这一岗位的具体任职要求，经过严格的工作分析而设计的。测评的目的在于对公司内产品开发工程师的基本素质有一个较为全面的了解，以便针对性地实施培训和晋升计划。

1. 组建素质测评小组

一般来说，素质测评小组由人力资源部经理、相关专员、产品开发部部长、总工程师等组成。在请求外援的情况，测评小组还包括测评专家。

2. 建立产品开发工程师素质测评指标体系

首先，确定产品开发工程师的测评要素，通过分析和调查，最终确立知识经验、专业能力和性格为其素质维度，据此调查各个维度的相对重要性，确定维度权重。

其次，分析每个维度的具体测评内容，确定二级测评指标，并调查各个指标的重要程度，确定指标权重。表11-6即为建立好的产品开发工程师素质测评指标。

表 11-6 ××化工有限公司产品开发工程师素质测评指标

测评维度（权重）	二级指标	权重/%
知识经验(10%)	专业技术知识	5
	工作经验	5
性格(18%)	内外向性	9
	成长适应能力	9
专业能力(72%)	分析思维能力	8
	专业应用能力	15
	创新开拓能力	14
	团队合作能力	8
	指导教练能力	7
	自信决断能力	6
	学习进取能力	8
	信息敏感性	6

最后，对测评要素进行分级定义，即对每项测评要素进行描述，并确定评价标准，为后期的素质评分提供依据和标准。

3. 选择测评方法实施素质测评

(1) 知识经验测评。对专业知识、工作经验的测评，可采用简单易行、成本较低的履历分析法。

(2)性格测评。一般来说,性格测评均采用心理测试自陈量表,可由16PF来测评。

(3)专业能力测评。对专业能力的测评,可采用面谈和笔试测评法。根据需要测评的具体指标,事先设计好相应的问题;由被测评者在面谈和笔试中的表现来估测其各方面的能力。

4.统计测评数据

通过两种测评方法获得的数据需要分别处理,尤其是心理测试得出的数据。

(1)处理心理测试数据。工程师程××在16PF中的原始得分,需要根据"16PF原始分与标准分换算表"将原始分换算成标准分,再根据内外向性计算公式和成长适应能力公式,计算内外向性和成长适应能力得分。

(2)处理知识经验、专业能力测评数据。根据知识经验、专业能力测评中的得分,通过加权法计算各项指标得分,由此得出维度得分。

5.分析、报告测评结果

对统计后的测评数据进行分析,并运用语言性的文字对产品开发工程师的素质能力进行描述,针对其具体的能力素质做出相应的人事决策。

三、营销岗位人事测评

营销队伍在现代企业中是一支最传统的也是最不可缺少的力量,在现代企业市场营销乃至整个社会经济中占有相当重要的地位。营销队伍建设是营销管理中最需要重视的环节之一,而营销人员就是营销队伍最重要的组成部分。因此,对营销人员素质的测评便显得尤为重要。

企业营销岗位人事测评是企业人员测评的一部分,它是在特定的工作中,采用一定的标准,采用科学的方法,实事求是地评价营销人员的品行、业绩、能力、态度、个性,以确定其综合素质的管理方法。营销岗位人事测评的目的在于通过对营销人员全面综合的测评,判断他们是否称职,并以此作为人力资源的基本依据,切实保证营销人员的报酬、晋升、调动、培训开发、激励、辞退的科学性。

营销人员在企业中负责市场渠道的开发、产品销售等工作,而且他们与客户的接触频率很高,营销人员的言行代表了企业的形象,他们的素质水平在一定程度上会影响到客户对公司的印象、信任度和满意度。在企业管理中,注重对营销人员的素质测评,有针对性地进行营销人员的选拔、培训开发是十分必要的。

(一)营销岗位人事测评指标体系

营销人员的素质主要包括生理与心理素质、知识素质、技能与能力素质三个方面。根据营销人员素质结构,将这三个方面进行一一细化,得到其素质测评的内容,如表11-7所示。

表 11-7 营销岗位人事测评通用要素一览表

测评维度		测评内容
一级指标	二级指标	三级指标
生理与心理素质	体质	健康状况、抵抗疾病的能力
	精力	高强度工作承受能力、持久力
	外在形象	第一印象指数、外在形象指数
	个性倾向	包括职业兴趣与职业素养等
	性格特征	内外向性、自信心、乐群性、稳定性、兴奋性、敢为性、独立性、忧虑性、紧张性
	意志力	坚韧性、抗挫折能力、乐观程度
知识素质	专业知识	市场营销的基本知识和专业技能(如行为分析技能、市场预测技能等),测评其掌握知识的深度、运用知识的熟练程度
	与岗位相关的其他知识	对企业与产品知识、市场与客户知识、相关法律法规知识的掌握程度
	生活知识	了解社会、历史、地理、经济学、文学、美学等方面的知识,测评其掌握知识的广度
技能与能力素质	亲和力	个人形体上所具备的能让周围的人感觉其和蔼可亲,不受到职位、权威的约束所真挚流露出的一种情感力量
	影响力	说服或影响他人接受某一观点,推动某一议程,或领导某一具体行为的能力
	人际沟通能力	正确倾听他人倾诉,理解其感受、需要和观点,并做出适当反应的能力
	市场拓展能力	应用沟通、组织、管理等技能和相关知识,开展市场拓展工作,提升个人业绩和产品市场占有率的能力
	商务谈判能力	在谈判中有效达成共识并最大限度争取和维护公司利益的能力

(二)营销岗位人事测评方法

对营销岗位的人事测评,针对不同的测评内容应采用不同的测评方法与工具,具体如表 11-8 所示。

表 11-8 营销岗位人事测评指标与测评方法对应表

测评维度	测评要素	测评方法(测评工具)
	测评内容	
生理素质	体力、精力、外在形象等	体检、查阅体检表、面试
心理素质	个性倾向(职业素养、职业兴趣)	投射测试、心理测试(霍兰德职业兴趣量表)
	性格特征	心理测试(艾森克人格问卷、16PF 等)
知识素质	专业/岗位/生活知识	面试、笔试、文件筐、情景模拟等
技能与能力素质	言语理解与表达能力	心理测试(一般能力倾向测试)
	知觉速度	
	创造能力	心理测试(威廉斯创造力倾向测量表)
	人际沟通能力	面谈、角色扮演、无领导小组讨论
	市场拓展能力	
	商务谈判能力	

(三)营销岗位人事测评方案

营销岗位人事测评方案举例如下。

 案例 11-3

某公司市场推广人员测评方案

公司总经理赵××意识到,一流的品牌要由一流的人才及团队来塑造。为了全面了解公司现在市场推广人员的胜任能力及潜在素质,总经理决定对这类人员开展一次全面的素质测评。人力资源部经理刘××接到任务后,分析了此次测评的特殊性和重要性,决定寻求专业测评机构的帮助。这一决定得到了总经理的批准。

1. 组建测评小组

刘经理在两位测评专家的帮助下,从公司内部挑选了五位人员组成此次测评小组,并对测评小组人员的工作进行了分配。

2. 建立胜任素质模型

(1)进行工作分析,访谈公司领导。

首先,进行工作分析。在人力资源部经理的协助下,测评专家查阅市场推广人员的职位说明书,了解和收集有关市场推广人员工作职责和任职资格等方面的基本信息。

其次,访谈公司领导。人力资源部经理安排测评专家与总经理、营销副总经理、市场部经理等相关的管理人员进行沟通,了解公司的企业文化、发展战略,询问市场推广人员的任职资格要求、工作业绩现状及高层管理人员对其期望与要求。

最后,测评专家分析整理市场推广人员的工作职责、任职资格和访谈的结果,结合测评机构在相关方面的胜任素质库,确立初步的素质要素。

(2)进行关键行为事件访谈,修订测评要素。选择部分绩效良好和绩效较差的市场推广人员进行关键行为事件访谈,访谈内容包括岗位的工作职责、工作内容、工作流程、工作障碍以及面临的挑战等。通过分析比较两组人员的访谈结果,添加一些未涉及的胜任素质,并将所有的要素进行归类处理。测评专家运用德尔菲法组织测评小组成员对市场推广人员的胜任素质发表意见。

(3)最终建立胜任素质模型。首先,查阅素质词典,分析整理测评维度和各个要素的定义,并根据公司的实际情况确定每个要素的评价标准。其次,组织测评小组调查各个要素的相对重要性,确定每个要素的权重。

(4)建立市场推广人员的测评指标体系。经过上述一系列的工作,最终形成市场推广人员的测评指标体系,如表11-9所示。

表 11-9 市场推广人事测评指标体系

测评要素		权重/%	得分
生理与心理素质(30%)	个性倾向	10	
	性格特征	10	
	意志力	10	
知识素质(20%)	专业知识	15	
	与岗位相关的其他知识	5	
技能与能力素质(50%)	分析能力	10	
	人际沟通能力	15	
	市场拓展能力	15	
	商务谈判能力	10	

3.选择测评方法

在确定了测评指标体系后,就需要根据具体的测评内容选择合适的测评方法。对于综合知识测试、结构化面试、无领导小组讨论等方法,需要编制相应的测评工具。

4.统计处理测评数据

运用各种统计学方法处理数据,使其更具系统性和可比性,并绘制相应的图表使测评结果更直观,便于分析。

5.评价被测评者的素质

分析测评数据所呈现的测评结果,评价公司市场推广人员的个人素质水平及市场推广队伍的整体素质水平,并针对优势和劣势提出相应的人事决策建议。

6.撰写素质测评报告

素质测评结束后,测评专家应将此次素质测评的实施过程、获得的测评数据及其反映的结论以及人事决策建议形成书面的报告,提交公司领导。

第二节 新技术对人事测评的影响

一、计算机与网络技术对人事测评的影响

自20世纪下半叶开始,计算机和网络技术迅速崛起,深刻改变了人类社会的运行模式。人事测评,特别是心理测量也受到了计算机与网络技术的影响。对于网络测评,目前有两种观点。一种观点认为,网络技术比传统的方法更容易获得样本,收集到的数据更有效,而且计算机化的管理能使研究者获得的样本远远多于大多数传统方法获得的样本。另一种观点认为,应该对网络测评方法持谨慎的态度。比如,基斯勒(Kiesler)和斯普劳尔(Sproull)就认为:"当计算机与网络遍及全社会时,电子测量也许将不可行。"

（一）基于计算机与网络技术的测评的优点

1. 可以降低成本

传统测评的经济成本相对较高，如测评材料需要多次印刷、分发、运输、保管等，而网络测评可以大大降低以上成本。传统的心理测评通常要耗费可观的费用来制作测评材料，到不同的地方进行测评还需要花费交通食宿等费用，成本颇高。如乔班奥卢（Cobanoglu）、沃德（Warde）和莫雷奥（Moreo）的研究表明，通过寄信进行测评所产生的边际联合成本是1.93美元；而对于网络测评来讲，尽管网络的固定费用较高，进行网络测评的边际成本却几乎是0。

2. 增加了参与人的便利性

传统测评要求被测评者当面填写，而网络测评可以使那些很难或根本不可能到测评中心的人员（如因身体原因而行动受到制约的人员等）参与测评。通过网络，测评者与被测评者更容易建立联系，可省去很多面对面的环节，因此，更多人员也就可以参与进来。

3. 能提供更优质的测评服务

在许多纸笔测评和评估程序中，被测评者通常在参加测试一两个月之后才会收到他们的分数和解释报告。而在网上，被测评者回答的每个问题都被电脑记录，电脑软件会进行计分，通常是最后一题回答完后马上就会运行解释报告，被测评者会在完成测评后的数秒内得到结果反馈。

网络测评还能让那些很难或根本不可能到测评中心或专业测评办公室去的个体参加测评。此外，网络测评可能会以精确的方式或有趣新颖的形式表现出来，这样，相对于面对面的测评，被测评者就更多地被测评任务所吸引。

4. 更具效度

戈斯林（Gosling）等发现，网络测评在样本代表性、不同的测评呈现方式以及控制无关因素的干扰方面与传统测评是一致的，而且整体的测评结果与传统方法所得到的结果也是一致的。与传统的纸笔测评相比，网络测评和评估提供了更准确的计分。还有研究表明，网络测评与其他研究一致，纸笔和网络版本的信度、其他心理学建构的要素结构是相似的。而且，基于网络的心理学研究的外部效度比使用传统手段的心理学研究效度要高，这正是网络心理学研究方法的突出优点。

5. 催生了先进的测评理念与测评技术

计算机与网络技术的出现与使用，不但减少了传统测评的实施难度，增加了测评使用者的便利，而且使得一些先进的测评理念与测评技术得以实现，计算机自适应测评（CAT）就是一个比较成功的例子。计算机自适应测评可以根据被测评者在已经作答题目上的表现，从题库中序贯选择适合其潜在能力水平的题目给被测评者作答，避免能力高的被测评者作答太多容易的题目，能力低的被测评者作答太多难题。相对于纸笔或非自适应的机考，计算机自适应测评使得被测评者只需作答更少的题目，花费更短的测试时间，就可以获得同样的测量精度。同时，计算机自适应测评建立在客观测量理论基础之上，结合最新的选题和组卷等算法，使测评质量和安全性更高。

现在计算机自适应测评已经广泛用于军队职业能力倾向成套测验（ASVAB）、GRE、GMAT、美国教师资格考试中的普瑞克西斯考试体系（Praxis Series）、美国护士执照或资格系列考试（NCLEX）。在中国，计算机自适应测评也运用到军队入伍考试中。

(二)基于计算机与网络技术的测评的不足

1. 测评完成的独立性难以保证

心理测评通常要求被测评者独自完成,但在网络测评中,这种独立性由于无法监控而难以保证。一些有能力的同谋者可以坐在一旁帮助被测评者并提供答案。虽然现在设计了很多方法来保证被测评者的独立性,但这类方法很容易被避开。

2. 测评本身的安全无法保障

实施网络测评,有可能存在某些人通过测评人员或观察人员非法复制测评和打印测评题目。比如,剪切、复制、粘贴测评题目等。许多编程技术知识强的被测评者还利用运行系统的特点和其他运行程序从屏幕中获取题目。另外,在实施网络测评时,测评数据的安全无法得到充分保障。

3. 测评实施过程的有效性受到影响

传统测评的实施过程是标准化的,但在网络测评中,这一要求由于网络测评实施的环境而受到影响。不同的网络使用的术语不一样,可能导致某些测评的完成比较困难。另外,对于较少接触计算机和网络的个体而言,测评的实施也受到影响。例如,在认知测评中,与经常接触计算机的个体相比,较少接触计算机的个体会因为注意力分散而引起较大的认知负担。

4. 被测评者的权利无法得到充分保障

进行心理学研究之前,必须得到被测评者的知情同意,这是心理学研究必须遵循的基本原则。但怎样通过网络得到真实的知情同意则可能是个难题。我们知道,非个人的标准化网络测评程序不可能适合所有个体。换句话说,通过网络,可能很难让所有完成测评的个体提供真实的知情同意。更为重要的是,被测评者在网络上所留存的信息无法得到严格的保密。被测评者的个人信息可能会被没有道德的数据窃取者和网络黑客截取和破坏,传播出去,这样将极大地损害被测评者的个人隐私,甚至影响其生活和工作。

5. 测评结果解释的科学性无法保证

在解释测评结果时,心理学家既要考虑测评的目的又要考虑不同的测评因素,被测评者的能力和其他特征都可能影响心理学家的判断,或降低心理学家解释的正确性。网络测评经常会在没有前测评和不同的环境中进行。被测评者可能处于非标准化情境中(如在家里、图书馆、学校),心理学家较难或根本没法确切地知道这些情境,这就可能会影响或限制解释的科学性。这些问题可能会在被测评者阅读了使用说明后得以减轻,但有可能只是在分数上减少了一小部分误差。更成问题的是,当测评在没有监控的环境下进行时,被测评者的真实身份还没有办法核实。

二、大数据对人事测评的影响

(一)大数据概述

2011年5月,全球知名咨询公司麦肯锡首次提出"大数据"的概念。大数据指的是所涉及的资料量规模巨大到无法透过目前主流软件工具,在合理时间内达到撷取、管理、处理,并整理成为帮助企业经营决策更积极目的的信息。以往的数据大多是通过抽样所得的,而大数据往往是非结构化的数据或者是半结构化的数据。IBM(国际商业机器公司)指出大数据有五个方面的特征,即海量的数据规模、数据类型繁多、数据流转速度极快、价值密度较低以及数据具有真实性。

第一,大数据的规模大。随着信息技术的高速发展,社交网络、移动网络、各种智能工具、服务工具等都成为数据的来源,人类产生和积累的数据出现爆发性增长,数据的存储单位从过去的GB发展到TB,乃至现在的PB和EB级别。

第二,大数据具有多样性。广泛的数据来源决定了大数据形式的多样性。数字、文字、图片、音频、视频等都成为大数据信息的来源,任何形式的数据都可以对我们进行信息加工产生作用。这些信息可以广泛应用于金融、生产、新闻、娱乐、教育、科研等领域。

第三,大数据的产生非常迅速。生活中每个人都离不开互联网,每个人每天都会产生大量的数据,这对处理速度有非常严格的要求,服务器中大量的资源都用于处理和计算数据,很多平台都需要进行实时分析。

第四,大数据具有大价值,但密度相对较低,这也是大数据的核心特征。相比传统数据,大数据最大的价值在于从大量不相关的各种类型的数据中,挖掘出对未来趋势与模式预测分析有价值的数据,并通过数学算法进行深度分析,发现新规律和新知识,最终达到改善社会治理、提高生产效率、推进科学研究的效果。

第五,大数据具有真实性。大数据的真实性是指数据的准确度和可信赖度,代表着数据的质量。

(二)大数据与人事测评的结合

当前,大数据与人事测评结合的一个重点领域就是招聘。在招聘实施中有两个关键环节:一个是履历筛选,另一个是对求职人员和空缺岗位进行最后的匹配。对于后者,企业可以利用大数据技术从性格、知识、技能、行为、行业等角度建立起岗位胜任特征模型,同时企业可以通过抓取求职者在社交圈等领域的数据来分析其兴趣爱好、个性特征、能力强弱与岗位胜任特征模型的匹配度,从而决定是否录用该求职者。

在培训领域,企业可以利用大数据技术掌握员工的知识、技能方面的基本情况,并及时跟踪其变动情况,为员工哪方面的知识技能需要提升、是否需要进行培训、需要什么层次的培训等提供有力的数据支撑,确保培训设计科学合理、效果显著,提高企业人力资源管理工作的效率和质量。

在绩效管理领域,以往的评分表方法可能会被大数据方法优化甚至替代。企业可以运用大数据信息统筹、建构、分析,加深对员工绩效情况的数据收集和挖掘,分析员工绩效数据及其他数据间的潜在联系,了解影响员工绩效状况的原因,制订个性化的激励方案和制度,提高员工的认同感和依赖感。

另外,在职业生涯管理、选拔和晋升过程中涉及人事测评的环节,也可以采用大数据技术。

三、人工智能对人事测评的影响

（一）人工智能概述

作为当今世界最重要的技术之一，人工智能（artificial intelligence，AI）正逐渐改变着世界。人工智能起源于1956年的达特茅斯会议，在会议上，麦卡锡（McCarthy）和明斯基（Minsky）等人首次提出"人工智能"这一概念，将像人一样认知、思考和学习的机器称为人工智能。此后，人工智能的定义和研究内容不断丰富。例如，斯坦福大学教授尼尔森（Nilsson）认为人工智能是指致力于使机器具有智能的研究。日本学者中岛秀之则将人工智能定义为采用人工方法制造的、具有智能的实体，或者以制造智能为目的的对智能本身进行研究的领域。这些观点均在一定程度上反映了人工智能的内涵。

（二）人工智能的三个发展阶段

至今为止，人工智能的发展经历了三个阶段：逻辑搜索、知识搜索和统计建模。

达特茅斯会议后，人工智能掀起了第一次研究浪潮，进入了以逻辑搜索为主角的时代。在这一时期，计算机能利用逻辑推理和搜索技术解决代数应用题、证明几何定理、解决迷宫问题、挑战国际象棋及将棋等，这些成就使得研究者对人工智能的未来充满信心，明斯基甚至在1970年预言"我们将在3～8年时间里得到一台具有人类平均智能的机器"。然而研究者很快发现，尽管计算机能解决复杂的"玩具问题"，对现实问题却束手无策。公众对人工智能的失望情绪逐渐蔓延，20世纪70年代初，第一次人工智能浪潮逐渐消退。

20世纪80年代初，将知识导入计算机的研究方法为人工智能提供了新的发展路径，人工智能的研究迎来了第二轮高潮，进入了以知识为中心的知识搜索阶段。此次浪潮中出现了很多被称为专家系统的人工智能程序，斯坦福大学开发的MYCIN就是其中之一，它能依据事先输入的判断规则对传染性血液病患者进行诊断，并开出抗生素处方，正确率为69％。由于具有广泛的实用性，专家系统在世界范围内得到了迅速发展，取得了巨大的经济效益。然而专家系统的发展很快遇到了瓶颈：首先，从各领域专家处获取知识是一项耗时耗力的复杂工程。其次，如何将这些知识以计算机能够理解的方式表达出来也是难题之一。再次，人类的判断是基于常识的，而无穷无尽的常识类知识无法全部输入电脑。最后，计算机无法将语言符号与它所表达的意义连接起来。随着这些问题的逐渐暴露，1987年前后，人工智能的研究再次陷入寒冬。

20世纪90年代后期，互联网得到爆炸性普及，海量数据随之产生，基于数据的机器学习技术迅速崛起，由此掀起了以统计建模为主的第三次人工智能研究浪潮。以已有的大量数据为前提，机器学习能帮助计算机一边处理数据，一边对事物进行判断和识别，进而做出预测。IBM的沃森、苹果智能语音助手Siri、谷歌的AlphaGo（阿尔法围棋）、百度的Apollo、OpenAI的ChatGPT等都是第三次人工智能浪潮中的成果。目前，人工智能已初步形成计算机视觉、自然语言理解与交流、认知与推理、机器人学、博弈与伦理、机器学习六大分支，并逐步应用于保险、金融、医疗、教育、农业等各大领域，成为引领未来社会发展的关键技术。

（三）人工智能在人事测评中的应用

1. 人工智能在招聘测评中的应用

人力资源是企业竞争优势的重要来源，甄选合适的人才并将其配置到对应的岗位是人力资源管理过程的核心环节。将人工智能技术与招聘模块结合是许多高科技企业的发展目标。德勤贝新创始人兼首席执行官乔希·贝新（Josh Bersin）称，人工智能与招聘的结合是一块热门且竞争激烈的业务，约75家创业公司在争夺这块价值1000亿美元的人力资源评估市场。基于信息提取、语义搜索等技术，人工智能可以帮助企业快速采集简历信息，搜寻与匹配目标候选人，构建胜任特征模型等，推动企业招聘向自动化、信息化、智能化发展。

简历数据采集是招聘过程中必不可少的环节。随着信息提取技术的发展，未来简历数据采集工作可交给人工智能完成。信息提取技术的目标是从非结构化或半结构化文本中自动搜索并提取结构化的信息。候选人搜寻主要基于语义搜索技术。语义搜索技术是自然语言处理技术的分支之一，旨在使计算机了解隐藏在字面背后的目的，理解文字的真正含义。相较于其他人工智能技术来说，基于知识的语义搜索是一项相对成熟的技术，已初步应用于人力资源管理领域。如美国一家创业公司推出了一款名为Interviewed的软件，该软件不仅能观察到候选人对书本知识的掌握，也能观察到无形的人员素质。它利用自然语言处理与机器学习来进行心理特征描述，预测候选人是否与公司企业文化相契合，包括候选人对短语的偏好等，如经常使用"请"和"谢谢"等词表明他对顾客有同理心。

胜任特征是一种驱动绩效的个人特质，准确构建胜任特征模型是招聘工作的起点。基于大数据和人工智能技术，计算机能从海量数据中自动识别影响员工绩效的关键胜任特征，帮助企业构建预测力强、可信度高的胜任特征模型。目前，腾讯已对该领域进行探索并取得了初步成效。为提升招聘环节的效率和效果，腾讯的人力资源部将腾讯历史上所有的员工按照稳定程度分成多个样本，通过对数据的挖掘找到与稳定性相关的典型特征，建立起能够识别候选人稳定性的数学模型，并以此作为人才招聘的标准之一。

另外，将人工智能引入招聘环节的优势不仅在于节约成本与提高效率，更重要的是它解决了人力资源从业者在招聘过程中的无意识偏见问题。机器能够真正客观地对待每一位候选人。但人工智能与招聘的结合也存在潜在的风险，一家名为Fama的创业公司通过分析候选人的身份、社交网站内容来判断候选人的性格特征，这种方式面临潜在的就业歧视问题和侵犯个人隐私的法律风险。

2. 人工智能在培训测评中的应用

IBM商业价值研究院2016年的一项研究表明，绩效好的企业的人力资源高管更为重视人工智能在培训与开发领域的潜在价值。通过对来自全球不同行业的6000名高管（包括384名人力资源高管及425名首席执行官）进行访谈，研究发现在绩效表现优异的公司中，72％的高管认为认知科学能在人员培训与开发领域发挥价值，而在绩效表现不佳的公司中，这一比例是46％。

决策支持系统（DSS）是一种帮助管理决策者利用数据和模型来解决半结构化和非结构化问题的技术和应用程序，基于人工智能技术与决策支持系统的智能决策支持系统（IDSS）为培训与开发领域的发展提供了新的机遇。早在20世纪90年代,培训与开发就已经成为人力资源智能决策支持系统(HR IDSS)关注的重点领域之一,主要使用的技术是基于知识的系统(KBS)、专家系统(expert system)和粗糙集理论(rough set theory),但这些技术都存在知识表达或知识获取的难题,因此尚未取得重大突破。随着数据挖掘(data mining)技术的发展,海量数据可被转换为知识输入电脑,HR IDSS的智能性大大提高,从而为管理者提供更为全面客观的决策依据,使培训需求分析和培训计划制订更具有针对性,提高培训效果评估的及时性和可靠性,提高培训质量,使员工与组织获得成长。

通过分析员工履历背景、职业发展路径及海量的日常工作互动数据,HR IDSS可以准确识别员工的培训需求,并推荐合适的培训方式,为每一位员工制订个性化的培训课程。在人工智能的帮助下,不同员工能以不同的方式学习不同的课程,从而使员工拥有多样的技能组合,激发员工的学习积极性,提高企业的生产力。此外,机器学习还能实时记录培训反馈及绩效改变,对培训结果进行实时监控和测评,为未来的培训决策提供依据。

中国台湾的彰化师范大学研发团队将关联规则挖掘技术与专家系统相结合,开发了一个员工培训专家系统(ETES)。通过基于if-then规则的专家系统技术,ETES能推断员工的学习情况,进而进行课程推荐。例如,如果某员工有5年工作经验,担任销售部经理,并参加了基础管理课程,则ETES可推断出该员工未来应参加高级管理课程培训。同时,基于关联规则挖掘技术,ETES还能自动生成员工个人的培训策略及培训地图,并依据员工偏好、培训记录和职位为其提供对应的培训材料。

3. 人工智能在绩效管理中的应用

绩效管理是激励员工的重要手段,也是促进企业战略落地的主要方法之一。人工智能的发展进一步促进企业从传统绩效考核向现代绩效管理转变,减少绩效管理的成本,提高绩效考核的及时性,将绩效管理与员工职业发展紧密结合,进一步发挥绩效管理在企业管理中的重要作用。人工智能可对易于量化的绩效考核指标进行自动考核,有效减少绩效考核花费的人力和物力,提高考核的透明度及准确性,同时为绩效改进提供更可靠的参考意见。

棒球大数据是借助数据与科技来进行绩效考核与预测的典范。早在20世纪70年代,被誉为"棒球数据分析之父"的比尔·詹姆斯(Bill James)就开始了对赛伯计量学(Sabermetrics,又称棒球统计学)的研究。发展至今,棒球数据系统已经能对球员最高时速、加速度、路径、角度、行进距离等实时数据进行追踪量化,对球员的赛场表现进行综合评估,并基于球员的历史数据和发展趋势预测其未来表现。在企业实践中,人力资源部可将易于量化的绩效指标交由人工智能进行考核,如客户服务代表和销售代表的推广与销售业绩、招聘专员的招聘任务完成量等。例如,容器商店(Container Store)借助可穿戴设备实时追踪店员与同事、顾客之间的交流互动情况,以及店员在店内的位置移动状况,将此作为绩效考核的依据之一。

另外,不同于传统绩效考核半年甚至一年的绩效考核周期,人工智能可以有效缩短绩效考核的周期并生成及时的绩效奖励,大大增强绩效奖励对员工的激励作用。纽约大学的一项研究已初步表明,人工智能与绩效管理的结合将为企业带来巨大的价值。通过收集并分析1995—2006

年189家公司对人力资本管理(HCM)系统的购买情况及这些公司采取的人力资源管理实践,研究者发现实施绩效薪酬和人力资源分析的企业对人力资本管理系统的需求更旺盛,这表明企业在绩效管理过程中需要智能化人力资源系统的辅助。

本章小结

- 根据管理、科技、营销不同岗位性质和测评目标要求明确人事测评指标体系的建立及测评方案的选择。
- 基于计算机与网络技术的测评的优点有:降低了成本,增加了参与人的便利性,能提供更优质的测评服务,更具效度,催生了先进的测评理念与测评技术。
- 基于计算机与网络技术的测评的不足有:测评完成的独立性难以保证,测评本身的安全无法保障,测评实施过程的有效性受到影响,被测评者的权利无法得到充分保障,测评结果解释的科学性无法保证。
- 大数据的主要特征有海量的数据规模、数据类型繁多、数据流转速度极快、价值密度较低以及数据具有真实性。
- 大数据在人力资源管理过程如招聘、培训、绩效管理、职业生涯管理、选拔和晋升中开始大量应用。
- 人工智能经历了逻辑搜索、知识搜索和统计建模三个阶段。人工智能在人力资源管理过程中开始大量应用。

复习思考题

1. 通常管理岗位人员应具备的素质有哪些?对管理岗位人员的人事测评方法有哪些?
2. 通常科技岗位人员应具备的素质有哪些?对科技岗位人员的人事测评方法有哪些?
3. 通常营销岗位人员应具备的素质有哪些?对营销岗位人员的人事测评方法有哪些?
4. 如何理解新兴技术对人事测评的影响?
5. 你是A公司人力资源部的负责人,根据公司发展要求,需要提升研发人员整体素质,请你设计一套研发人员素质测评方案,为制订研发人员培训计划提供数据支持。

第十二章　VR大数据人事测评

学习目标

1. 了解VR大数据人事测评技术的背景和实施；
2. 掌握VR大数据人事测评结果报告解读；
3. 了解VR大数据人事测评的应用领域。

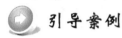

大数据在人事测评中的应用

全球范围内的很多企业认为将员工数据分析应用于人力资源管理过程应当列为企业的重要发展日程。但这一愿景的发展进程却比想象中缓慢，目前，只有掌握大数据与云计算技术以及大量数据资源的大型互联网企业，才有条件将大数据真正应用于包括人才测评在内的整个人力资源管理工作之中，充分发挥大数据助力人才测评、促进企业人力资源优化、提升人力资源管理效能等优势。就国内而言，大数据技术在人才测评中的运用仍然面临以下问题：

1. 平台搭建尚未成熟

大数据应用于人才测评，需要将传统人才测评中基于内部结构化的数据扩展至外部的半结构化及非结构化数据。由于国内还没有规范的外部数据购买、使用程序，要通过正规渠道从外部获取人才测评所需要的大量有价值的行为数据信息，如社交、信用等，仍然存在诸多障碍，导致国内人才测评尚未搭建出成熟、可行的人力资源管理大数据平台。

2. 数据挖掘不够深入

大数据的核心逻辑之一，是通过数据挖掘技术建立起事物的潜在联系。因此，数据挖掘程度的深浅直接决定人才测评所掌握的内在关联的全面性、准确性和有效性。然而，囿于技术的限制，相关人员对这一逻辑的理解程度不同，目前还无法全面建立关于人才行为、素质等因素之间的内在关联。数据挖掘不够深入，限制了大数据分析技术在提升人才测评科学化整体水平中所发挥的作用。

3. 大数据人才匮乏

大数据人才的匮乏是制约我国大数据应用于人才测评发展的另一个因素。大数据技术的应用，意味着学科知识和研究方法的交叉。因此在实施大数据应用时，需要涉及统计、计算机和业务领域等方面的专业人才。以谷歌人员分析为特色的人力资源管理部门为例，传统人力资源管理人员、高端策略顾问人员以及高学历专业分析人员各占三分之一。其数据科学家团队是一个由十几名统计、金融、组织心理学等领域专家组成的多元化分析师队伍。而国内外只有少数高校开设了数据科学或大数据相关的专业，在人才培养方面远不能满足市场需求，导致大数据人才匮乏成为当今的全球性问题，也限制了大数据技术在人才测评及其他人力资源管理模块的应用。

4. 个人信息安全隐患

随着互联网应用的普及和信息技术的高速发展，个人信息安全遭遇前所未有的严峻挑战。大数据时代下，个人信息的泄露不仅对个人利益造成损害，而且对社会秩序带来严重危害。如何顺应个人信息保护意识高涨的趋势，在全面信息化、数字化、网络化的发展转型过程中保障个人信息安全问题，是当前大数据应用与发展需要应对、解决的重要议题。对人才测评而言，人才的个人信息采集、整合、使用过程中的数据安全，数据的多次利用对信息安全造成的风险等因素，也是对大数据技术应用于人才测评的强大考验。

第一节　VR大数据人事测评概述

一、VR大数据人事测评背景

(一)宏观背景

2019年10月30日，国家发展改革委修订发布了《产业结构调整指导目录(2019年本)》。该目录面向新时代的新要求，以深化供给侧结构性改革为主线，将十九大报告特别点名的行业，即人力资源和人力资本服务业列入鼓励类第四十六项，并提出七项具体内容，在这七项内容中，将"人力资源与人力资本信息化建设"作为首要任务，将"人力资源测评""人力资源培训""人力资源信息软件服务"等作为重要抓手。2023年12月27日，国家发展改革委修订发布了《产业结构调整指导目录(2024年本)》，将人力资源和人力资本服务业列入鼓励类第四十五项，更加突出了数字化和技术在人力资源服务中的作用。众所周知，互联网时代的核心是"链接"，AI时代的核心是"判断"，AI必须依赖大数据，而将大数据技术应用于人才测评，是大数据诸多功能中最根本，也是最核心的功能。

(二)技术背景

大数据现代测评技术是测评领域近年来最新和最前沿的技术革新成果之一，是现代科技测评的里程碑技术。该技术不仅解决了传统测评技术媒介单一以及评价中心数据效率较低的问题，而且解决了笔试测评中重认知轻行为、单一枯燥，模拟测评中的社会期许、假设伪装，以及当前所有测评技术的结果判定大都非常依赖专家经验、评估师主观判断三大问题。该技术也成为中国人力资源开发研究会人才测评专业委员会近年年会上最具吸引力的研究话题。

众所周知，大数据技术为人力资源管理带来革命性冲击，数据相对集中的人才测评及选拔领域发生的变化尤为凸显。大数据背景下，我们需要遵循三个理念上的转变，即：要分析与某事物相关的所有数据,而不是依靠分析少量的数据样本;其次,接受数据的纷繁复杂,而不追求精确性;最后,不探求难以捉摸的因果关系,而是关注事物的相关关系。要用"看似不相关,其实强相关"的基本逻辑去做研究,也就是说,从"因果关系"到"相关关系"的思维变革才是大数据测评的关键,建立在相关关系分析法基础上的预测才是大数据的核心。

二、基于元宇宙的VR大数据人事测评的数据采集

元宇宙本质上是与现有物理世界平行的数字世界,目前的主流共识认为元宇宙的底层计算平台是基于VR(虚拟现实)、AR(增强现实)技术的,并将依次经历数字孪生、数字原生、虚实共生三个发展阶段,我们现在正处在数字孪生的早期阶段,其间会产生大量的虚拟数字人。元宇宙与传统VR技术的最大区别之一是元宇宙可以产生三类数据,即用户特征数据、行为交互数据、场景构建数据。基于VR的大数据现代测评技术,满足上述元宇宙的基本共识,是人才测评元宇宙的第一代技术。

所谓虚拟现实,顾名思义,就是虚拟和现实相互结合,是一种可以创建和体验虚拟世界的计算机仿真系统。虚拟现实技术囊括计算机、电子信息、仿真技术于一体,其基本实现方式是利用计算机生成一种模拟环境,从而给人以环境沉浸感。

基于VR设备的数据采集,就是利用VR设备获取用户行为分析数据的一种方法,主要通过VR设备实时获取用户的头部、手臂等坐标数据,建立数据集,进行轨迹还原,从而得到用户的行为轨迹,利用数据建立模型,实现对用户行为状态的分析。下面介绍一个利用VR技术采集大学生数据进行潜质评估的样例。

第一步:检测调试设备。检测潜质评估与开发中心(见图12-1)设备,确保正常运行;根据测评要求,安装测评软件,并对VR设备进行校对调试(见图12-2)。

图12-1 大数据评估与开发中心

图12-2 VR设备调试

第二步:评估适应。为了保证测评能够给大学生带来更好的体验感,真正有效地实现通过大数据对大学生潜质进行评估与发展的目的,潜质评估与开发中心还专设系统适应评估区(见图12-3)。在此区域,大学生可以办理中心系统登录手续;欣赏精美有趣、富启发意义的领导力潜质动画;通过有趣轻畅的VR小游戏来调节身体状态,从而获得更好的评估与发展体验;等等。

图 12-3 系统适应评估区

第三步:开展测试。用户使用 VR 设备进行大数据测评(见图 12-4 和图 12-5)。

图 12-4 大数据评估区域

图 12-5 测评过程与虚拟情景

第四步：生成测评报告。根据VR设备收集的数据，利用数据分析模型，进行数据分析，生成个人测评报告和群体测评报告。

第五步：测评报告分析。通过个人报告解析，可以对用户个体的探索力、共情力和创解力的水平进行分析评价；通过群体报告，可以分析施测群体的优劣势，并据此提出相应的管理建议。

第六步：基于评估结果的引导式开发。云中心对大学生进行动态分析，教学研发区还可以进行相应的课程环节组合选择与课程内容调整，既可以根据中心系统推荐的方案优先级进行选择，也可以在中心资源库中进行自定义，或者提前添加课程需求来申请中心的课程资源。中心引入美国工作坊式组内共同学习的概念，云中心系统将依据学生的潜质评估结果和个性特征进行匹配互补分组，整个培养过程中将形成多组对抗、循环竞争的机制，以此来促进大学生的团队合作，突破自我，探索未知的能力成长。

基于VR的大数据现代测评，其特色是克服了传统测评中社会期许效应、测评过程枯燥单调、测评结果数据单维等局限性，利用类游戏高沉浸感的方式，在情景体验中以近乎无被测感觉的情况下收集大量认知、行为和生理等多维有效数据，每个测评设备都自成评价中心，并均会进行多种形式和维度的加权测评，测评生动、客观、无感、有趣。数据形式的多维性，就决定了数据分析的更高难度和高新技术承载程度。VR大数据现代测评技术不同于传统测评的标准答案比对分析，必须利用人工智能评分系统经过一系列的数据分析和处理，生成测试结果报告。

三、VR大数据人事测评的特点

相对于传统问卷、量表，基于VR的大数据现代测评技术，具有以下显著的特点。

（一）减少社会期许效应

传统的问卷、量表测评，存在较为显著的社会期许效应，比如，问卷中的问题"你是一个有爱心的人吗？"选项有"非常同意""同意""不确定""不同意""非常不同意"。面对这样的题目，绝大多数人会选择前两个，因为这里面有一个社会期许效应，人们都希望自己是一个有爱心的人，这样的人是社会所呼唤的，但是这种传统测评实际测出来的是"想象中的自己"，不是真实的自己，如果测评时收集上来的原始信息是不准确的，那么很难保证测评结果最后的可靠性。而基于VR的大数据测评技术，可以很好地避免此类效应，比如同样的问题，当被测评者带上VR眼镜以后，看到一个老人在路边摔倒了，这个时候我们去看看被测评者的表现就很明显了。VR具有行为捕捉功能，如果被测评者有上前扶老人的动作，或者有上前扶老人的倾向，我们就可以根据大数据去判定这个人的爱心状况，而被测评者的这个动作是无法伪装的，因为人们带上VR眼镜以后，看到的情景是身临其境的情景，是发生在眼前的情景，是眼见为实的情景，不会感觉到"假"。被测评者的反应是自然的，是真实的，是没有经过加工处理的，而这种真实数据是大数据测评中最重要的组成部分,这种"假面效应"的避免是 VR 大数据测评的第一大特点。

(二)场景多维性

我们知道,提高测评信度和效度的一个有效方法是多场景测评,即在不同的场景下对测评的某些维度进行不同侧面的观察及对比分析。而传统的问卷、量表测评,存在测评场景单维的问题。所谓单维,一是通过问卷、量表主要测评学生的认知层面,信息很单一;另一是学生只在一个环境下开展测评,比如在一个指定的教室里,无法实现测评协同。而基于 VR 的大数据测评技术可以很好地避免此类情况。通过 VR 大数据现代测评技术收集到的信息不仅包括认知层面,还包括行为层面、生理层面、语言层面、时间信息、位置信息等。同时,基于 VR 大数据现代测评技术,一个测评系统至少包括三种不同的场景,三种不同的场景就是三种不同的测评环境,通过不同的环境去激发和测评一个人,相互验证,互为因果,稳定关联,这本身就是提高效度的最好办法。

(三)测评客观性

传统的问卷、量表测评,存在主观判断,依赖于专家。有专家参与的测评自然是好事,问题在于是人就会出错,是人就会有情绪,是人就会受到影响,如何把好事做得更好,既有专家的功能,又没有专家可能的错误、情绪、影响?基于 VR 的大数据现代测评技术正在解决这个问题,通过大量的动态标定大数据对神经网络系统模型进行训练,训练出用于测评数据处理和测评结果判定的人工智能系统,然后通过程序和计算,加持数据处理和测评结果判定,避免人的情绪等方面的影响,更加公正,更加客观,更加科学。

(四)测评公平性

传统的问卷、量表测评是有标准答案的,因此在测评中,如何防作弊成为一个很关键的问题。在很多人才面试中,应试者为了拿高分,学了很多答题技巧,甚至报了很多辅导班,人才测评最后变成了"应试",变成了考官和应试者之间的斗智斗勇,这个肯定不是我们想看到的结果。基于 VR 的大数据现代测评技术,通过 VR 场景,采用类游戏的方式,测评过程中无对错之分,没有标准答案,只有高低的不同,大数据自学习算法会对已有常模进行动态更新和调整,因此这种测评技术不需要防作弊,大大减轻了测评负担。

(五)测评趣味性

传统的问卷、量表测评是基于假设和想象的,存在枯燥、体验感差的问题。比如,一些场景类题目,被测评者需要先读完一段材料以后根据材料作答,而被测评者需要先想象一下这个测评题目中给出的场景,尽量地去假设自己在这样的场景下该如何做。另外,很多专业的问卷,动辄在 200 道题左右,做到最后其实已经无感了,很枯燥,甚至很烦。基于 VR 的大数据现代测评技术有效解决了上述问题,通过 VR 采用类游戏的方式,所有场景都是真实发生在眼前的,不需要想象,不需要假设。同时,类游戏的设置使测评生动有趣,让人沉浸其中,一边玩,一边完成测评,达到了测人于无形、寓测于乐的效果。

(六)数据集成性

基于传统问卷、量表测评去构建评价中心,成本高、周期长、缺少数字化,很多单位和组织是很难做到的。而基于 VR 的大数据现代测评技术,每一个 VR 设备可自成一个评价中心,VR 在这里面具有场域构建、数据采集、行为激发三大作用,通过三大作用让评价中心得以高度集成,这里面包括了多种测评方式,比如类角色扮演、准公文筐处理、类无领导小组等,使得传统意义上很难做到的评价中心成为可能,且成本大大降低,时间大大缩短,物理上最简单的评价中心可以是一台 VR 一体机、一个显示系统、一套大数据测评软件。

通过元宇宙 VR 构建评价中心,实现了三大技术突破:首先,统一了卢因 $B=f(P,E)$ 场论中的环境 E,可以把环境整体打包带走,带到世界任何一个需要的地方。其次,成功在数字世界里完成了测评,实现了真正的数字化。最后,可以以毫秒为单位,对被测评者的行为生理等信息进行全程捕捉,构建真正意义的多源异构大数据。

(七)大数据量级

基于传统的问卷、量表测评是很难做到大数据所要求的数据量级的,一套问卷或量表采集到的数据条数是有限的,一个人一次测评大概在 100~200 条;而基于 VR 的大数据现代测评技术,每次测评可以采集到的数据条数在 2000 条以上,是传统测评的 10~20 倍,这相对于传统测评是一个指数级增长,可以真正做到大数据测评所要求的"海量数据"。同时,通过二次开发,数据量可以在原有基础上再次增加,达到 10000 条以上,再次实现指数递增。

另外一点值得注意,通过数据量增加,专业人员可以构建新的人才测评模型,新的人才测评模型通过大数据验证可以产生新的应用,这解决了传统测评中一套问卷只测一个方面,即传统测评中数据利用效率低的问题。同时这种测评技术融合了心理学、管理学、组织行为学、教育学、计算机、云计算、大数据、图形图形处理、VR 技术、Python、人工智能等,属于典型的跨界、交叉、融合技术。

四、VR 人事测评大数据分析

(一)VR 人事测评大数据分析的步骤

VR 测评大数据系统分析主要包括如下步骤:

(1)数据预处理,主要是去除不完整、含噪声和不一致的数据,进行缺失值处理、噪声数据和离群点的清洗,提高数据的一致性、准确性、完整性、可信性和可解释性。

(2)数据再提取,主要是提取客观选项数据、操作时间数据、行为轨迹数据、语音文字数据,如提取语音数据中的音色、音调、响度、周期、波长、频率、振幅、相位、声压、声强等特征;眼睛关注点数据、手部操作数据等多维度数据、时间数据、空间数据,分别按照约定格式存储,如图 12-6 所示。

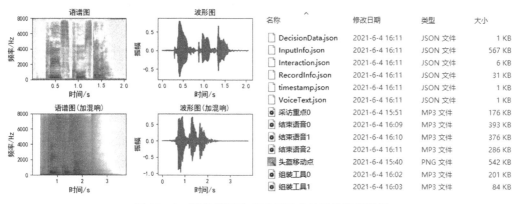

图 12-6　语音谱图处理过程及多元异构数据样例

（3）利用设定算法、人工智能模型进行运算处理,融合多种数据处理结果。

（4）基于前期处理结果和相应的大数据库特征分布情况,调用相关进程和服务,出具个性化报告。从数据采集、数据处理到报告生成的过程,如图 12-7 所示。

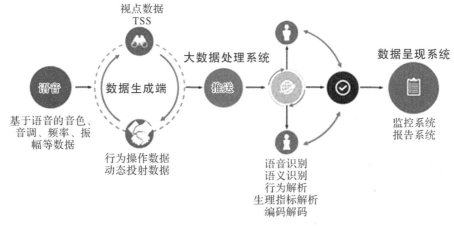

图 12-7　数据收集及分析过程示意图

通过基于 VR 的大数据分析,可以形成有针对性的个体报告和群体报告,为专业化的报告解读和个性化培养方案制订提供数据基础。VR 测评具有生动有趣的类游戏化体验,紧跟现代科技发展前沿,运用多维大数据分析和人工智能处理技术,大大提升了测评的体验感和兴趣关注度,整体提升参与度、好感度。

（二）VR 人事大数据测评理论及潜质分析模型

VR 大数据测评的相关理论基础颇丰富,其测评理论基于行为一致性原理和卢因的 $B=f(P,E)$ 场论,VR 技术基于两个世界顶级 VR 实验室关于 VR 对人的认知和行为最新研究成果〔斯坦福大学的虚拟交互实验室（VHIL）,杜克大学的 DIVE（虚拟环境）实验室〕,测评模型基于 1300 万数据基础,测评产品基于北京潜质大数据科学研究院（PRI）的理论及实证研究,潜质概念基于麦克里兰的冰山素质模型,相关的理论还涉及发展综合模型理论、生态模型理论、社会身份理论、投射原理四大理论基础,通过"多场景测评""假面效应避免""虚拟现实情景模拟""突出行为倾向考察""采集多源异构数据""构建强交互场域"等方式,实现人才测评的游戏化、数字化、智能化。

北京潜质大数据科学研究院是一家从事潜质的理论研究与实践研究的科研机构,结合质性研究和量化研究的方法,构建出了潜质模型"3E Model","3E"是指"exploration""empathy""enlightenment",分别代表"探索力""共情力""创解力",具体见图12-8。

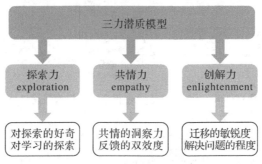

图12-8 三力潜质模型

潜质模型中的探索力对应领导自己(lead oneself),其本质是丰富自我认知世界,即个体对事物、对他人、对自己的认知。探索力分为对探索的好奇和对学习的探索两部分。

潜质模型中的共情力对应领导他人(lead someone),其关键点是同理对方并给对方带来积极影响。共情力由共情的洞察力和反馈的双效度两部分组成。

潜质模型中的创解力对应领导业务(lead something),其核心是基于解决问题的跨领域思考。创解力包括迁移的敏锐度和解决问题的程度。

第二节 VR大数据人事测评报告解读

一、在校大学生测评报告解读

VR大数据现代测评技术的一个重要应用场景是大学生职场领导力潜质评估。大数据分析研究发现,一个人的职业发展,主要是指职位晋升中,专业方面的知识技能起到20%的作用,职场领导力起到80%的作用,包括自我认知的能力、有效共情他人的能力、创造性解决问题的能力。然而,对于将要走入职场的大学生而言,如何尽快适应职场、成功转变角色,并在整个职业生涯中快速发展、实现自身价值,是其最迷茫和困扰的问题之一。职场领导力潜质测评旨在帮助大学生发掘探索力、共情力和创解力这三个能力的潜在素质。潜质评估的过程是发现自身优势的过程,是排解迷茫的过程,也是提升核心竞争力的过程。大学生的测评报告可以结合领导力潜质开发和职业生涯规划课程使用,通过翔实的测评数据指引学生未来的职业发展。

下面我们就以某大学生的职场领导力潜质评估报告为例,对报告进行解读。

(一)综合测评结果解读

该报告是基于3E Model的大学生职场领导力评估,主要用于判断大学生的职场领导力潜质,综合结果如图12-9所示。

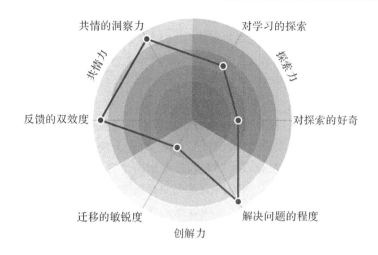

图 12-9 评估结果综合描述

从图 12-9 可以看出,在该学生的职场成长画像中,共情力、探索力、创解力三个职场领导力发展不均衡,该生在共情力方面潜质较高,在探索力和创解力方面表现一般。该生两个表现一般的潜质项又有较大区别,其中探索力的两个子维度均处于中等水平;但是创解力方面,解决问题的程度得分较高,达到了和共情力得分同一水平线,迁移的敏锐度得分很低,是所有六项子维度中最低的一项。该生的共情力是职场成长潜质中的优势方向,可以作为个人的优势继续放大,充分发挥;探索力两个子维度都比较低,属于个人劣势项,在以后的职场中可以考虑有意识避开本潜质项相关的工作方向;创解力现在处于较低水平,但是本潜质项具有较大提升空间,可以通过后期有意识的学习历练得以提升,假以时日,会有很大改变。

(二)共情力测评结果解读

共情力需要从三个层面进行解读和理解,分别是"整体层面""层级层面""发展层面"。整体层面是指从整个得分状况上来分析,了解共情力所有八个层级上的得分总情况;层级层面是指所有层级的个体得分,以及每个层级得分对其他层级的影响;发展层面是在了解了自己在这个潜质项以及每个层级得分的基础上,发现短板及关键阻碍点,进行有针对性的提升发展,以起到事半功倍的效果。图 12-10 展示了某个大学生的共情力测评结果。

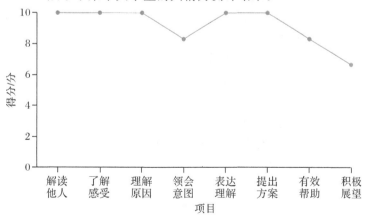

图 12-10 共情力得分概览

从图 12-10 可以看出,从整体层面上来看,该生在共情力这个职场成长潜质项方面处于较高潜质水平,同时本潜质项也是该生的优势潜质项,因此对于本潜质项要从发挥优势方面解读。对于本潜质项,评估报告中给的解读是"能够自然而然地表现出对他人的关怀,有能力化解尴尬",对于这这句话,既是点评,更是要求,要求该生充分发挥优势,达到自然而然展示其关怀和帮助、巧妙化解尴尬的场面。

在层级层面,从图 12-10 上可以很明显地看出,该生在解读他人、了解感受、理解原因这三个认知层面上得分很高,在领会意图这个认知能力上还有提升空间;在行为层面上,该生在表达理解、提出方案上得分较高,但是在有效帮助和积极展望两个方面的得分逐渐降低。这里面突出了问题所在,认知层面在于领会意图,行为层面首先要打通有效帮助。

在发展层面,需要在了解图 12-10 潜质项概况的基础上,结合下文的潜质层级进行更深层次解读,主要是针对上面的领会意图层级和有效帮助层级。

对于领会意图层级,在分数较高基础上,怎样才能在领会意图方面做到更精确更明了?潜质发展池定制化地给出了较好建议"学习马斯洛的需求金字塔,在他人向你倾诉的时候,将他的需求按照金字塔来分割"(见图 12-11)。

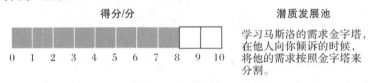

图 12-11 领会意图层级分析

对于有效帮助层级,该生得分也处于较高水平,那么针对这个水平而言还能做哪些,以给予别人更多帮助呢?潜质发展池给了予一定建议,比如"在引发情绪问题的事件不能得到解决的情况下……"这句话是一个例子,教给该生处理问题的另外一种思路,该生尝试以不同的思路来给予别人帮助,比如先聆听对方讲话,会达到意想不到的效果(见图 12-12)。

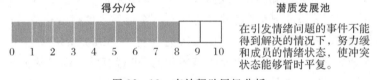

图 12-12 有效帮助层级分析

(三)创解力测评结果解读

上面主要是针对该生优势潜质项的分析和解读,那么该生具有提升空间的劣势潜质项该怎么分析和面对呢?主要是分析创解力,如图 12-13 所示。

针对图 12-13,也需要从"整体层面""层级层面""发展层面"进行解读和理解,但是这三个方面又和优势潜质项的分析方法以及处理方法有所不同。

从整体层面上来看,该生在创解力这个职场成长潜质项方面处于中等潜质水平,同时本潜质项也是该生的劣势(提升空间大)且较易提升的潜质项,因此对于本潜质项要从补齐短板方面解读。从图 12-13 中可以看出,创解力潜质项中解决问题的程度得分较高,但是迁移的敏锐度子维度得分很低,所以想要补齐短板,首要从迁移的敏锐度着力。

在层级层面,从图 12-13 中可以很明显地看出,该生在识别规律、挖掘联系和迁移应用方面

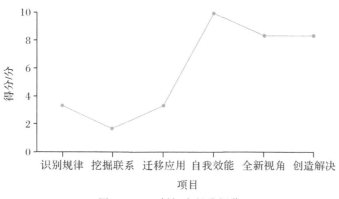

图 12-13 创解力得分概览

相当低,同时不像是一般规律那样挖掘联系得分高于迁移应用得分。在本子维度中,得分高低没有绝对的逻辑规律;同时在创解力潜质项中,又违反了认知层面较高才会在行为层面有更好表现的一般规律。这说明该生认知层面得分较低很可能是因为没有进行系统的学习和训练,而不是本身能力不够的问题,所以该生通过系统的学习和训练后,本潜质项的提升潜力会非常大。

结合上面分析的层级得分表现,在发展层面首先要在得分低的层级上分别训练再加上系统整体培训;面对这种情况,该生可以参照分维度解读中的潜质发展池建议(见图 12-14)进行训练,有了一定基础后再求助于专业的老师进行系统培训。

项目	潜质现状	得分/分	潜质发展池
识别规律 	能够将事物进行归类和概括性的总结,发现事物间的联系,建立起一定的知识框架来理解和应用这些规律。		进行寻找规律的"刻意练习",为自己制订发现规律的探究步骤,并在学习实践中找到一些项目进行运用。
挖掘联系 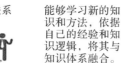	能够学习新的知识和方法,依据自己的经验和知识逻辑,将其与知识体系融合。		在组织社团活动前,比较不同的社团活动(或班级活动等)策划书,找出活动之间的联系,在新的活动中加以运用。
迁移应用	能够将多数掌握的规律运用在日常的问题解决中,经常能从经验中选出不是最优但能够解决问题的规律。可以将同一规律迁移至多个不同领域。		与朋友或同学就某一事件进行头脑风暴,写出尽可能多的思路,然后将众人的想法进行归纳总结,尝试理解其中不同于你的思考方式,并在之后的头脑风暴活动中尝试站在与其他人完全不同的角度思考问题。

图 12-14 潜质发展池

图 12-14 中,"项目"是潜质项中对应的层级名称;"潜质现状"是对该潜质项层级的现状描述;"得分"是该层级得分现状;"潜质发展池"是该生本层级现状下比较有效的一些提升方法。该生只要参照这些提升方法坚持锻炼,就可以得到有效的提升。

(四)VR 情景的反馈检验

VR 作为情景模拟的技术,可以通过情景反馈交流测评结果。通过这些表现和解读,该生可以在解读报告过程中回忆起体验的一些细节,与报告内容产生更多的情感链接,更容易理解和执行报告的提升建议。

图 12-15 包含了 VR 情景探索行为轨迹、VR 配置解药环节得分、VR 抓凤尾鱼环节得分三个图,展示了该生在 VR 体验环节中的一些操作真实表现,这些表现会映射该生的得分,更为重要的是,每个场景下对某些特定的考察点是往复考察,实现一个考察点在多场景下测评,让被测评者加深对测评报告的理解和应用。

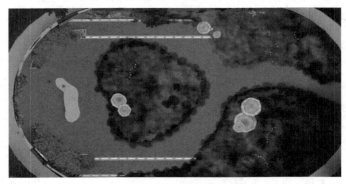

(a)VR情景探索行为轨迹

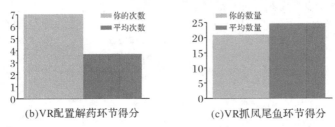

(b)VR配置解药环节得分   (c)VR抓凤尾鱼环节得分

图 12-15　情景反馈检验

(五)岗位职能推荐

人工智能大数据报告分析系统可以根据该生的潜质表现和潜质层级得分进行计算和对比分析,给出该生在以后的职场中更能发挥自身优势的岗位定位和职能推荐,并对推荐的岗位定位和岗位职能给出胜任指数和挑战指数。这个推荐需要从三个方面解读。

从图 12-16 可以看出,以该生现在的潜质现状来分析,该生从事战略运营岗位定位中的前台职能更能够发挥自身优势,取得较好成绩(这个"前台"并非公司具体岗位中门口的前台)。

对于该生来说,并非现在推荐的岗位定位和职能就是绝对能够胜任的,只是相对而言是最合适的、有潜质的,比如该生在"前台"这个岗位职能中,胜任度只有 0.7,达不到岗位胜任指数最佳匹配区间,这说明该生还需要做出一些提升才能胜任该职能,否则胜任度方面是不足的。

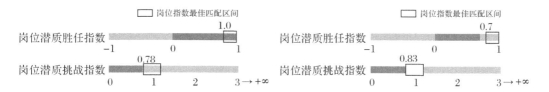

图 12-16 岗位定位和职能推荐

该生还需要注意岗位挑战指数。岗位挑战指数太小，说明该生的能力没有充分发挥，对该生是一种能力浪费；如果岗位挑战指数太高，则该生在所指定的岗位中就比较被动，在一定阶段内可能会挫伤个人的积极性和上进心，一般处于岗位最佳匹配区间最好。该生的岗位定位和岗位职能上挑战指数都处在最佳挑战指数左部边缘，说明该生在推荐岗位定位和岗位职能上都能够比较轻松地应对，相对来说是能力的浪费，也说明该生可以在潜质提升后从事更具挑战的岗位定位和岗位职能才是最好选择。

二、企业员工测评报告解读

上面是对高校学生个体报告进行的解读，下面以某大型互联网企业群体报告为例，从管理者的层面进行报告解读。

(一)层级分析

该测评是基于领导者效能调研系统(trilead survey system,TSS)，TSS 作为 3E Model 线上大数据评估系统，其测评模型来自 PRI 自主研发的 trilead model。该模型主要应用在企业各层级领导者，从领导业务、领导他人、领导自己三个方面，全景扫描企业各层级、各部门的领导者效能现状。通过数据和样本对标，分析领导者的所作所为对企业绩效和人才的影响。

通过图 12-17，我们可以发现：

(1)该企业的高效能领导者比例低于全国对标企业 38 个百分点，绝对值仅为 14%。通过大数据研究发现，当一个企业高效能领导者低于 20% 时，该企业的管理者在管理业务和领导团队方面都存在很大问题，该比例需要尽快提升到新的百分点。

(2)该企业的中层领导者中没有高效能领导者，所有人要么是挫伤型领导者，要么是失焦型领导者，要么是低效能领导者，这样的管理团队没有排头兵，导致中层有断层的风险，需要从挫伤型或者失焦型领导者中进行重点培养。

(3)中层领导者后备中，失焦型领导者占 44%，这种团队存在更多关注人，而不关注公司业务的问题，平时表现在团队氛围很好，一团和气，但是业绩不理想，失去了管理者最本质的工作内容。管理者不能失焦，管理者更不是做烂好人，来公司是要解决问题的，把业务管好。

(4)该公司基层管理者相对而言是最好的一个群体，高效能领导者占 25%，是中层领导者后备的 2 倍多,但是存在大量的失焦型领导者,需要向挫伤型领导者过渡转变,或者直接向高效能领导者转变提升。

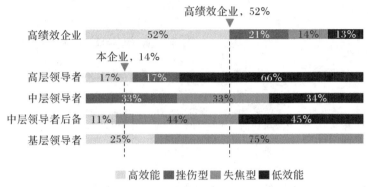

图 12-17　某大型互联网企业群体报告——按层级分析

(二)总体分析

总体分析是指对三个方面九个维度的分析(测评结果见图 12-18):领导业务包括价值创造、价值链接、价值评价,领导他人包括识别人才、激发人才、赋能人才,领导自己包括优势认知、优势变现、优势突破。在做总体分析时,需要带上三副"眼镜",一副是绝对值眼镜,一副是相对值眼镜,一副是期待值眼镜。所谓绝对值,就是图中左边的数字,这个值是指该企业管理者在三方面九个维度的实际得分;所谓相对值,就是右面"VS 高绩效企业"下面的百分值,这个值是相对全国高绩效企业的大数据差值,差值为负,说明低于对标;而期待值,就是自己希望自己的各项得分是多少,而不仅仅是只看报告中的数据。

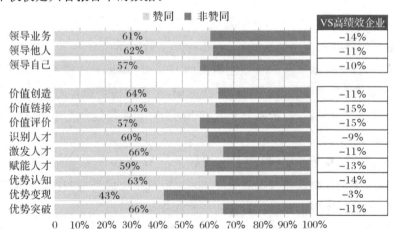

图 12-18　某大型互联网企业群体报告——总体概况

通过图 12-18,我们可以发现:

(1)从相对值来看,该企业价值链接、价值评价是最差的,均低于对标 15%,说明这个企业在战略目标分解上是有问题的,每位员工不清楚自己的工作与企业战略目标之间的关系,自己对企业意味着什么不清楚,企业对自己意味着什么也不清楚。当价值链接出现问题后,会导致一系列问题,比如,上传下达的问题、积极性问题、主人翁缺失问题等。同时,在价值评价上,企业对员工的绩效计划、绩效执行、绩效评估、绩效辅导等均存在问题,员工不清楚做完这件事对自身的价值和帮助,建议该企业从上到下进行战略解码,从下到上进行绩效辅导。

(2)在九个维度中,"优势变现"的绝对值是最低的,但是相对值是最高的,这个数据展示了中国领导者普遍存在的问题,即"优势变现"整体偏低。所谓优势变现就是一个人能够发挥自己的优势,并把自己的优势转变成企业绩效,转变成自己的工作成果,转变成自己的核心竞争力。《中国领导者效能 TSS 调研蓝皮书(2020)》显示,全国范围内,男性领导者在"优势变现"这个维度上平均得分为 40.62 分,女性领导者在"优势变现"这个维度上平均得分为 42.04。这可能是因为在人才培养过程中,木桶原理影响深刻,学校更注重学生的补短教育,而不是扬长教育。这个从小养成的教育理念,直接作用到学生,毕业后进入企业就是这个不及格的结果,所以需要引起注意。未来,我们更应该注重扬长式人才培养,注重人的潜质评估和开发,从"根儿"上解决问题。就该企业而言,优势变现低于高绩效企业 3%,优势突破低于高绩效企业 11%,建议该企业从优势突破上多下功夫,让员工不断放大自身的优势,实现组织的跨越式发展。

(三)职能分析

图 12-19 称为热点图。所谓热点图,就是越红越不好(发烧了),越绿越好。

维度	高绩效企业	前台部门	中台部门	后台部门
价值创造	75%	70%	61%	62%
价值链接	78%	68%	59%	64%
价值评价	72%	67%	52%	55%
识别人才	69%	71%	56%	57%
激发人才	77%	76%	60%	65%
赋能人才	72%	70%	56%	55%
优势认知	77%	71%	63%	57%
优势变现	46%	46%	40%	43%
优势突破	77%	72%	62%	66%

图 12-19 某大型互联网企业群体报告——按职能分析

从图 12-19,我们可以看出:

(1)按职能划分后,中台部门问题是最大的,除了"优势变现"以外,其他各项问题很多。其次是后台部门,如果将企业比作一个作战部队的话,那么前台是打炮弹的,中台是运输炮弹的,后台是制造炮弹的。一个作战部队,当运输炮弹、制造炮弹都出了问题后,前台通常会出现这样的声音"这仗没法打了"。因此急需对中台部门、后台部门进行集中培训提升或者与前台轮岗。

(2)按职能划分后,在九个维度中,价值链接问题最为明显,低于对标企业大数据值 10 个百分点,而价值链接最大的问题在于前台,同时导致了优势认知也出了问题,因此急需对前台进行目标分解。根据大数据池,这里建议采用 DOAM 分解法,将行动方向 D(direction)、目标值 O(objective)、行动计划 A(action)、衡量标准 M(measure)进行三级明确,通过三级明确,让前台知道自己的价值所在,清楚打法,理顺前台核心岗位的关键绩效指标(KPI),聚焦重点,打胜仗,并做好各任务的化学拆解和物理拆解。

(四)中层领导者

这部分报告是按照剥洋葱的逻辑进行的,首先是三方面,然后是九维度,最后是若干具体问题,如图12-20所示。

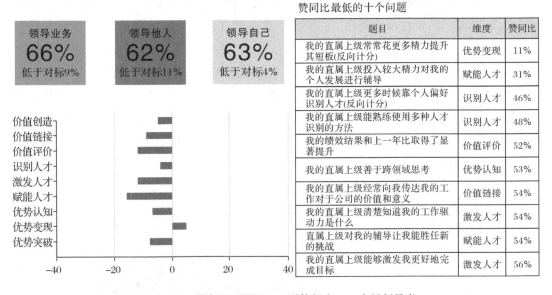

图12-20 某大型互联网企业群体报告——中层领导者

从图12-20,我们可以看出:

(1)这张报告的三方面中领导业务和领导他人与对标企业差距较大。三方面中的第一层洋葱是领导他人(以领导他人为例),也就是带领团队方面需要加强,那么带领团队具体在哪出了问题?我们看到第一个问题是赋能人才(第二层洋葱),也就是企业在用人的过程中没有因材施教,没有做好培养人的工作,这里面建议企业通过教练技术实现赋能人才,具体通过积极聆听、有效提问、正向反馈、建设性反馈四个步骤进行教练赋能。

(2)领导他人的第二个突出的问题是激发人才,也就是企业中用人的问题。根据大数据池,建议该企业通过两个方面解决该问题。一个是通过设定激动人心的目标,这里面目标设定需要注意三个方面,即组织的要求、团队的理想、成员成功的标准,重点是把团队目标和个人链接起来。另一个是通过进一步采用VR大数据评估,发现优势,进而实现用人所长,充分发挥每个人的长处,使其动力十足。

(3)针对九维度下的若干个具体问题(第三层洋葱),在赞同比最低的十个问题中,我们看到,共性问题是人的问题,关键词"人才"出现了六次,而赋能人才出现了两次,其中"我的直属上级投入较大精力对我的个人发展进行辅导"得分为31%,提示该领导需要在这个具体问题上进行改进,以提高自身的领导效能。

第三节　VR大数据人事测评的应用

一、VR大数据人事测评助力企业人才发展

所谓企业就是人的组合，不同的人成就不同的事，不同的事造就不同的未来。基于VR的大数据现代测评技术，核心关注的是人。

（一）人才选拔准确性

近年来企业在人才选拔、人才发展、企业内训等方面已经表现得很突出，众多领军企业已经引入VR大数据测评技术，不仅解决了传统测评过程中需要防作弊的问题，而且解决了因被测评者经验不同而导致的测评不公平不准确问题。在人才需求侧已经采用VR大数据进行人才评估，而不是传统的问卷、量表，这对传统测评方式提出了巨大的挑战。

（二）人才潜质的鉴别

21世纪企业选才新标准由素质选拔转变为潜质选拔，企业人力资源由培训向引导转变，尤其注重扬长式潜能开发，更加看重员工领导力潜质的激发。人的潜质是属于冰山模型以下的内容，具有难察觉、形成时间早、影响持久、难于改变的四大特点，这四个特点导致我们用传统的测评工具很难对人的潜质进行评估，直接催生了VR大数据测评技术在企业中的应用。潜质测评需要环境激发，而这个环境在传统测评中要么很难实现，要么成本昂贵，而VR技术的出现恰恰解决了这个环境营造的问题。

（三）人才评价的客观性

企业的人才评价与发展是很容易受人诟病的，尤其是传统测评依赖于专家评分。专家评分一是依赖经验，二是存在主观性。大数据测评的出现，很好地解决了这个问题，大数据测评依赖的是大数据和AI算法而非经验，且完全客观，更不会作弊。同时，潜能评估，本身是发现人的长处，是因材施教，是以人为本，这些特点促成了基于VR的大数据测评在企业人才评价中广泛使用。

二、VR大数据人事测评提高学校人才培养水平

（一）让个性化教学得以落地

中国的教育有两千多年的历史，总结下来，无非还是圣人孔子说的那八个字："有教无类，因材施教"。有教无类说的是教育公平性问题，经过这么多年的努力，我们已经达到了高等教育的最高发展阶段，即高等教育普及化。随后要解决的问题是因材施教，即教育质量问题。而这个问题，却一直没有真正解决，为什么？因为因材施教也好，个性化教学也好，其前提条件都只有一个，那就是要了解学生，而我们用传统的模式很难做到这一点，一个辅导员、班主任面对上百个学生，一个教授的课堂里至少几十人，都难以做到对学生的深入了解。基于VR的大数据测评，通过科技手段实现对人的了解，用技术使"因材施教"的教育难题有望得以解决。

(二)激发学生学习兴趣和满意度

运用VR大数据现代测评技术,学生不仅可以掌握测评方法,而且在大数据基础上,可以构建新模型,设计新的大数据测评工具。同时,VR技术的应用,有效促进了学生更好地学习相关数据分析软件,增加了趣味性。

(三)提升教师科研水平

基于VR的大数据现代测评技术,帮助教师解决了大数据科研的难点——数据采集。教师在采集到的大数据基础上,可从多角度进行数据挖掘和分析,发表高质量原创论文,对申报课题、教学成果奖以及省级、国家级虚拟仿真项目也有了更好的抓手,并为"双一流"建设提供了"硬实力",为人力资源特色化建设注入了源头活水。

(四)其他典型应用

基于VR的大数据人事测评技术应用广泛,从目前高校应用情况来看,还包括以下几个方面:基于大数据现代测评技术的一系列素质测评;基于大数据现代测评技术的职业生涯规划课程,以及招聘管理、组织行为学等课程;高校双创教育人才发展及培养;潜质教育;基于大数据新的测评工具研发,如应急消防管理VR大数据测评;大数据虚拟仿真实验室建设等。

本章小结

- 大数据现代测评技术是测评领域近年来最新和最前沿的技术革新动向成果之一,是现代科技测评的里程碑技术,解决传统测评技术媒介单一、效率较低以及社会期许效应的问题。
- 人工智能大数据报告分析系统可以根据学生的潜质表现和潜质层级得分进行计算和对比分析,进行岗位定位和职能推荐,并对推荐的岗位定位和岗位职能给出胜任指数和挑战指数。
- VR大数据测评将在人才选拔准确性、人才潜质的鉴别和人才评价的客观性方面助力企业人才发展。
- VR大数据测评可以帮助学校实现个性化教学,提高学生参与积极性和教师的科研水平。

复习思考题

1. 如何理解VR大数据测评的应用价值?
2. 如何采集VR大数据人事测评的数据信息?
3. 人工智能大数据测评报告与传统测评报告有什么区别?解读人工智能大数据测评报告需要注意哪些事项?

参考文献

[1] 彭剑锋. 人力资源管理概论[M]. 3版. 上海:复旦大学出版社,2018.

[2] 寇家伦. 人才测评实战[M]. 广州:广东经济出版社,2011.

[3] 王淑红. 人员素质测评[M]. 3版. 北京:北京大学出版社,2023.

[4] 侯典牧,傅家荣. 人员素质测评[M]. 北京:科学出版社,2012.

[5] 徐世勇,刘亚军. 人才素质测评[M]. 北京:中国人民大学出版社,2014.

[6] 张爱卿. 人才测评[M]. 2版. 北京:中国人民大学出版社,2011.

[7] 张志红,王倩倩,朱冽烈. 人才测评实务[M]. 2版. 北京:机械工业出版社,2011.

[8] 胡宏峻. 人才评估[M]. 上海:上海交通大学出版社,2004.

[9] 顾海根. 人员测评[M]. 合肥:中国科学技术大学出版社,2005.

[10] 唐宁玉. 人事测评理论与方法[M]. 4版. 大连:东北财经大学出版社,2016.

[11] 闫绪娴. 如何进行人才测评[M]. 北京:北京大学出版社,2005.

[12] 桑顿三世. 评鉴中心在人力资源管理中的应用[M]. 上海人才有限公司评鉴中心研发专家组,译. 上海:复旦大学出版社,2004.

[13] 胡月星,等. 评价中心与结构化面试[M]. 银川:宁夏人民出版社,2007.

[14] 刘远我. 人才测评方法与应用[M]. 4版. 北京:电子工业出版社,2020.

[15] 严正,翟胜涛,宋争. 管理者胜任素质[M]. 北京:机械工业出版社,2007.

[16] 萧鸣政. 人才评价与开发:行政管理的基点[M]. 北京:北京大学出版社,2014.

[17] 杜林致. 人力资源测评理论与实务[M]. 广州:暨南大学出版社,2008.

[18] 赵继新,郑强国. 人力资源管理:基本理论·操作实务·精选案例[M]. 北京:清华大学出版社,2011.

[19] 凌文辁,柳士顺,谢衡晓,等. 人员测评:理论、技术与应用[M]. 北京:科学出版社,2010.

[20] 徐世勇,陈伟娜. 人力资源的招聘与甄选[M]. 北京:清华大学出版社,2008.

[21] 李明,李晓霞. 员工招聘[M]. 3版. 西安:西安交通大学出版社,2017.

[22] 徐世勇,李英武. 人员素质测评[M]. 北京:中国人民大学出版社,2017.

[23] 赵曙明,赵宜萱. 人才测评:理论、方法、实务[M]. 北京:人民邮电出版社,2018.

[24] 行金玲,贾隽. 人力资源管理概论[M]. 西安:西北大学出版社,2010.

[25] 谌新民,刘善敏. 人员测评技巧[M]. 广州:广东经济出版社,2002.